大明宫遗址

高本宪　著

陕西新华出版传媒集团

三　秦　出　版　社

·西安·

图书在版编目（CIP）数据

大明宫遗址／高本宪著. —西安:三秦出版社，
2022.8
ISBN 978 - 7 - 5518 - 2667 - 9

Ⅰ.①大… Ⅱ.①高… Ⅲ.①宫殿遗址 - 介绍 -
西安 - 唐代 Ⅳ.①K878.3

中国版本图书馆 CIP 数据核字(2022)第 140341 号

大明宫遗址

DAMINGGONG YIZHI

高本宪　著

出版发行	陕西新华出版传媒集团　三秦出版社
社　　址	西安市雁塔区曲江新区登高路 1388 号
电　　话	（029）81205236
邮政编码	710061
印　　刷	陕西隆昌印刷有限公司
开　　本	787mm×1092mm　1/16
印　　张	19
插　　页	12
字　　数	305 千字
版　　次	2022 年 8 月第 1 版
印　　次	2022 年 8 月第 1 次印刷
标准书号	ISBN 978 - 7 - 5518 - 2667 - 9
定　　价	98.00 元
网　　址	http://www.sqcbs.cn

◎鎏金铜铺首（大明宫遗址出土）

◎ 含元殿遗址（实施保护工程前）

◎ 含元殿石柱础

◎陶水管（大明宫遗址出土）

◎"云南安抚使印"封泥（西夹城出土）

◎麟德殿遗址（1959年发掘照）

◎鸱尾（大明宫遗址出土）

◎三清殿台基遗迹

◎麟德殿西亭与结邻楼之间的铺砌遗迹

◎石刻佛像（太液池遗址出土）

◎大明宫东北城角台遗址（2011）

◎太液池水上建筑遗址（2003）

◎ "翰林"字款白瓷瓶（大明宫遗址出土）

◎ "翰林"字款白瓷瓶拓本

◎白瓷唾盂（太液池遗址出土）

◎瑞鸟刻石（大明宫遗址出土）

◎瑞兽刻石（大明宫遗址出土）

◎鎏金铜狮（大明宫遗址出土）

◎鎏金铜柄首（三清殿遗址出土）

◎鎏金铜鱼饰（大明宫遗址出土）

◎含元殿遗址（实施保护工程后）

◎连当筒瓦（大明宫遗址出土）

◎瓦当（大明宫遗址出土）

◎石栏板（太液池遗址出土）

◎象形石刻（太液池遗址出土）

◎力士刻石（大明宫遗址出土）

◎莲花纹方砖（大福殿遗址出土）

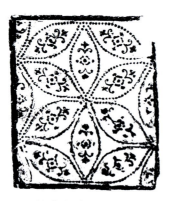

◎梭身合晕纹方砖拓本

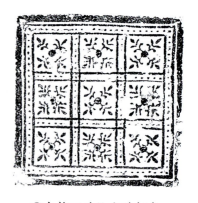

◎九格四叶纹方砖拓本

◎狮纹方砖（三清殿遗址出土）

◎莲花纹方砖拓本

◎葡萄鹿纹方砖拓本

◎玉鹰首（大明宫遗址出土）

◎玉牌饰（大明宫遗址出土）

重玄门

麟德殿

蓬莱殿

含元殿

东内苑

丹凤门

◎大明宫遗址航拍照片（2005）

◎善业泥佛像（含耀门遗址出土）

◎蔓草瑞兽纹石刻拓本（左银台门内出土）

◎大明宫遗址公园卫星监测图（2011）

◎丹凤门遗址保护大厅外景

◎大明宫遗址博物馆外景

◎联合国教科文组织、中国、日本共同保护唐大明宫
含元殿遗址合作项目签字仪式（1995年7月23日）

大明宫永放光芒

二〇〇四年十月廿一日

平山郁夫

◎ 时任日中友好协会会长平山郁夫题词

目　　录

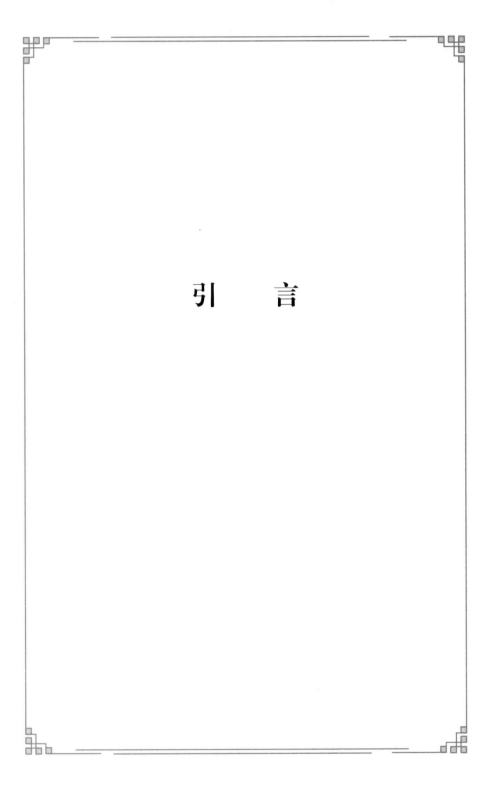

引　　言

秦川雄帝宅，函谷壮皇居。

绮殿千寻起，离宫百雉余。

连甍遥接汉，飞观迥凌虚。

云日隐层阙，风烟出绮疏。

李世民《帝京篇》

（《全唐诗》卷一）

唐朝（618～907），是中国古代历史上一个统一的多民族的中央集权的君主专制王朝，因疆域辽阔、祚胤久长、经济繁荣、文化兴盛、社会有治、国力强大而被史家美誉为"盛唐"。唐朝的首都长安城，既是全国政治、经济、文化中心，更是称著世界的国际大都会。长安城与地方以及周边各国之间的水陆道路，四面通达，八方辐辏。源远流长的丝绸之路，横贯亚洲大陆腹地，延绵上万千米，联结东亚、中亚、西亚，并延伸至南亚、北非、欧洲和东北亚，成为民族交往、东西方贸易和文化交流的大动脉。地处汉、唐时期东亚文明核心区域的千年国都长安城，是丝绸之路东方起点的公认标识。满怀自信的大唐帝国敞开包容开放的胸襟，在广泛传播华夏文明、宣扬国朝声威、倾力缔结国家和民族间友好关系的同时，也吸纳融合异域他族的物质和文化成果，以盛世强国为远邦近蕃所向往，引领时代潮流近三百年。

唐朝的首都长安城，原本是隋朝的首都大兴城。隋朝开国（581）之初，继续以西汉至北周的都城——长安城为都。开皇二年（582）六月，隋文帝因西汉故城年久凋敝、历经丧乱、殿宇朽蠹、水皆咸卤、制度狭小、不称皇居，决计并开始在故都东南近处创制营造新的都城，诏命高颖、宇文恺、张煲等人执掌规划、施工和督察大任，征调数以十万计的民工，夜以继日，轮番劳作。同年十二月将新都城定名"大兴"。至次年（583）三月，各项建设工程进展顺利，宫城、皇城、郭城、坊市、内苑与禁苑按规划大致落成，一座粗具规模的新城拔地而起，横空现世。当月十八日，隋文帝遂即举行迁都仪式，由西汉故城正式徙居大兴城，隋朝以大兴城为首都 36 年。

隋王朝虽然国运短暂，但倾力营造起的新都城，又被应时而兴的唐王朝沿用为都、继续作为国家的统治中心。武德元年（618）五月，唐朝开国之际，去除都城的"大兴"之名，常称"京师"。至高宗永徽四年（653）十二月，又以汉唐两座都城本属一地而恢复使用"长安"旧称。唐王朝国祚久长，历 289 年，其中以长安为首都就达 286 年。天祐元年（904）正月，这座经历了 323 年的隋、唐两代都城，在迭经战乱的破坏而日渐凋敝之际，再因"天祐迁都"最终被毁废，沦为丘墟。这次迁都是中国古代历史上政治地理版图之都城迁徙轨迹的一个重大转折点，标志着长安地区国都地位的最终沦丧，后世王朝的中央政权再未有驻足此地者。作为中国古代史上使用时间最长的都城名称，"长安"的影响力在所有历史地名中位列前茅，甚至成为中国的标识和同义词。

隋朝创建的大兴城，在继承古代都城布局制度和总结吸取前代都城建设经验的基础上，先行规划，后事建设，因地制宜，变革求新，开创了中国古代都城营造史上的一个新时代，堪称巅峰之作。后继的唐王朝虽然对长安城实施了诸多续建、增建、局部改建和修葺缮治工程，但都城的整体形制并未改变，始终保持着隋朝奠定的基本格局。

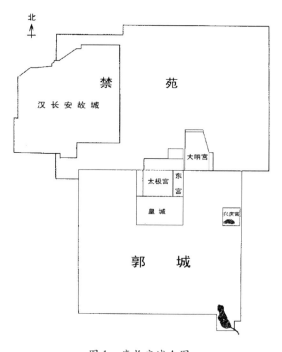

图1　唐长安城全图

汉、唐都城所在的关中盆地，具有优越的自然地理环境和历史人文条件。这里地处关中平原中部，被山带河，四塞险固，沃野千里，物产丰饶，气候温暖，降水适量，农业发达，交通便捷，是中华民族的主要发祥地，被誉为"金城千里，天府之国"（张良语）。位居关中盆地中部的长安地区，原野坦荡，河流纵横，泾、渭、浐、灞、滈、潏、沣、涝等八水环流四周，除有灌溉与舟楫之利，还可满足大量城市人口的生活用水，具备古代社会建设大型城市的基本条件。"秦中自古帝王州"（杜甫诗句），早先的西周、秦、西汉、新莽、东汉、西晋、前赵、前秦、后秦、西魏、北周等十几个王朝或长或短曾相继在这里建都，可谓古代中国的传统建都之地。

隋大兴、唐长安城的规模以宽广宏大、气势磅礴著称于世。全城由北半部的禁苑（隋称大兴苑）和南半部的郭城毗连缀合而成，南北总长约20千米，东西最宽约达13千米，总用地面积不少于230平方千米，并将西汉故城整体包括在禁苑之中。仅以南半部的郭城而论，考古实测东西宽9721米，南北长8651.7米，周长36745.4米，用地面积约84平方千米。都城内外坐落着诸多驰名古代建筑史的门阙、殿宇、寺观、桥梁、祭坛等大型建筑。"不睹皇居壮，安知天子尊。"（骆宾王诗句）隋、唐都城的规模，在中国乃至世界古代社会的历朝都城中位居第一，前后未有超越者。

隋大兴、唐长安城的布局以规整划一、制度完备享誉于世。全城设定一条中轴线，纵贯郭城、皇城、宫城、内苑和禁苑，按照"三重之制""九五之尊"学说由南向北重重区隔，东西幅面以南北轴线为中心线对称展开。宫城（包括太极宫、东宫和掖庭宫）坐落在全城之中心区位；集中容纳各中央衙署的皇城，建置在宫城以南，与居民区完全隔离；内苑和禁苑拱卫宫城和郭城之北面；郭城中的坊里和大市东西对应配置、整齐排列，犹如棋盘格局，郭城的四面城垣各辟置三座门阙，分别与城区主干街道对应通达。"百千家似围棋局，十二街如种菜畦。"（白居易诗句）整座城市呈现出布局主次分明、区划均衡合理、规制严密有序的特点，反映了隋唐时代都城规划的技艺成熟和非凡成就，也说明中国古代都城制度发展到隋唐时期，已趋于完全成熟和定型。隋、唐都城的布局制度对周边国家、民族政权，以及后世的都城规划营造产生了深远影响。

唐长安城常居人口的数量之多，居当时世界城市之首。与西汉故城相比，都城的规划大幅扩展了居民里坊区的范围，为人口增容预留出广阔空间。据学界推算，在中唐时期，长安城已经拥有超过百万的常居人口，约占全国人口的1.6%，成为人类历史上第一个达到百万人口的城市。"月色灯光满帝都，香车宝盖隘通衢。"（李商隐诗句）繁华的长安城里居住着除皇族、官吏、军队、教徒、商贾、奴婢及其他市民等常住民外，还有地方、周边民族地区乃至域外各国来此朝觐贡献、奏计、科举考试、经商、留学、传经布道、求法和游历的大量流动人口，表明这座都城不单是中央集权制国家的政治中心，同时兼具市民城市、商业城市、国际化都市的特征。

都城的管理方面，长安城以基础设施完备、制度健全、管理高效堪称典范，远远超越前代。在城市的街道交通、供水与排涝、绿化、市容与建设、人口与户籍、警备与巡查、商业与税务、灾害应对等方面，都有专门的管理机构和严格的管理制度，保证了整个城市生活的常态有序运转。

唐长安城既是政治之都，也是文化之都。长安地区拥有数千年的人文积淀，曾经长期作为国家的都畿，又是人口东西向或南北向大规模迁徙流动的枢转之地，传统、地域、民族、宗教文化在这里汇聚交融，再加上经由丝绸之路而来的异域文明的碰撞，形成异彩纷呈、活力四射、包容开放的长安文化。唐朝是中国文化发展的成熟定型期，这时的长安文化就是唐文化的精华本、标识图、缩微版，占领世界文化高地数百年，所谓"诗乡""佛都"等称谓，正是唐代长安文化面貌的形象反映。

总之，隋大兴、唐长安城在规划、建设、管理等方面的非凡成就，集中反映了这座都城的时代特征、都市性质、文化中心和国际地位，被认为是中国乃至世界城市发展史上的一个奇迹和范本，已成为永不磨灭的人类历史记忆。

隋朝时，都城只有一处大型宫室，这就是位于郭城北部中央之宫城中的大兴宫，唐朝开国之际，去除"大兴"之名，称"大内"，至睿宗景云元年（710），才被命名为"太极宫"，隋朝和唐初的皇帝都曾在这里朝会和寝居。贞观九年（635）唐太宗在城北禁苑中初创、贞观二十年（646）续建、高宗龙朔三年（663）全面建成大明宫，至此都城就有了两所正宫，由单一宫城制度转变为太极宫、大明宫东西并列的两宫制度。到开元时期（713～741），玄宗将其在藩时的隆庆坊王府逐步改扩建成兴庆宫，至此，长安城就拥有了三处大型宫室，合称"三大内"，都城的天际线也因此而实现了一次更新。就宫室制度与礼仪制度而言，太极宫和大明宫是都城的两所正宫，兴庆宫则属于离宫别馆性质。大明宫因在三大宫室中规模最大、制度最完备、皇帝朝寝时间最长，而被史家看作是大唐帝国的政治中枢和国家象征，又因为大明宫是唐朝对都城的最大增建项目，而被认为是唐代宫室制度和建筑文化的典型代表，标志着唐代建筑技术与艺术之创新发展达到了前所未有的成就。

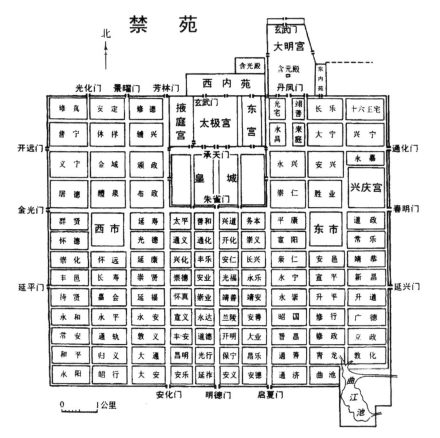

图 2　唐长安城图

　　大明宫从唐初创建，至唐末最终毁废，在伴随大唐帝国盛衰荣辱 270年之后，与长安城一起退出历史舞台。在此后的 1100 余年间，大明宫遗址惨遭人为和自然的双重破坏，穿越重重历史烟尘，但一直保存至今，以一种凝固的物化形态把唐朝的时空与今天的社会生活联结起来，使缥缈依稀的历史记忆变成生动可睹、伸手可触的真实叙述。

今天的西安市区是在唐长安城旧址上重新发展起来的，由于历代城市改造和大规模的现代化建设，唐城遗迹已经所剩无几，仅有大明宫遗址、大雁塔、小雁塔、明德门遗址、含光门遗址、青龙寺遗址、兴庆宫遗址、天坛遗址等几处文物保护单位和少量城墙段落得以保存至今，其中的大明宫遗址是唐城遗址范围内最具代表性的一处单元遗存。考古资料表明，大明宫遗址保存较为完整，范围清楚，遗迹遗物埋藏异常丰富，蕴含大量当时社会生活信息，是见证唐代历史的最重要实物资料，具有高度的历史、文化、科学等多重价值，在中国历史发展的文物序列上占据不可或缺的地位。

按照中国文化遗产保护制度，大明宫遗址在 1961 年被国务院公布为第一批全国重点文物保护单位。依据《中华人民共和国文物保护法》的相关规定，陕西省政府先后两次划定保护范围，并相继树立数十个保护标志。1981 年，西安市政府设立专门机构，行使日常保护管理职责。2005 年，国家文物局、陕西省政府批准并公布《大明宫遗址总体保护规划》。国家还先后安排实施多项遗址保护工程。20 世纪 90 年代由联合国教科文组织、中国、日本三方共同实施的含元殿遗址保护项目，对实现大明宫遗址整体保护事业，具有开创和推动意义。2007 年，西安市政府积极贯彻"抢救第一，保护为主，合理利用，加强管理"的文物工作总方针，按照西安市城市发展总体规划，以实现完整、有效、真实保护大明宫遗址为目标，适时启动大明宫遗址公园建设项目。受西安市政府委托，西安曲江新区管理委员会承担包括大明宫遗址公园建设项目在内的 19.16 平方千米区域的城市改造重任。经过三年的建设工期，至 2010 年 10 月 1 日，大明宫遗址公园建设项目按计划实现全面竣工，同时对公众正式开放。当年 10 月 9 日，国家文物局公布首批包括"大明宫遗址考古公园"在内的全国 12 家考古遗址公园名单，并于 11 月 18 日颁授标牌。至此，大明宫遗址保护利用事业步入全新时期。

20 世纪 90 年代，中国政府将大明宫遗址纳入申报世界人类文化遗产名录的后备清单，积极开展"申遗"工作。2014 年 6 月 22 日，在卡塔尔的多哈召开的联合国教科文组织第38届世界遗产委员会会议上，由吉尔吉斯斯坦、中国、哈萨克斯坦三国联合申报的"丝绸之路：长安—天山廊道的路网"项目获得通过，唐长安城大明宫遗址作为此项目33处遗产地之一，被正式列入世界文化遗产名录。

唐朝已经远去，大明宫遗址还驻留世间，让我们与她长生共舞。

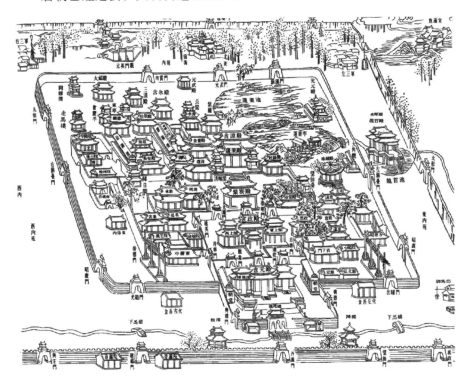

图3　唐大明宫图（清·雍正《陕西通志》）

第一章

大明宫的营造与毁废

瞳瞳日出大明宫，天乐遥闻在碧空。

禁树无风正和暖，玉楼金殿晓光中。

王　涯　《宫词三十首》

武德元年（618）五月二十日，唐朝开国，中国历史再次揭开崭新的一页。此后数年间，各地武装割据势力被逐步平定，使隋朝奠定的国家统一局面得以延续。"玄武门之变"以后，又进入"贞观之治"时期，直到高宗即位初期的四五十年间，政治较为清明，经济逐步恢复和发展，百姓得以休养生息，社会相对稳定，国家一直处于上升时期。这就是唐朝初期在都城创制营造、最终建成大明宫的特定社会历史背景。

大明宫不是一次规划建设而成的，整个营造过程较为曲折，且时间跨度较长，先后经过贞观九年（635）的初建、贞观二十年（646）的再建、龙朔年间（661～663）的续建等三个阶段大规模集中营造，方才实现全面竣工，时间跨度长约30年。

大明宫的建成，使都城的布局发生了局部改观，更重要的是，都城由单一宫城制式转变为两宫制式，形成太极宫与大明宫两座正宫东西并列的格局，实际上这是都城在布局制度层面的一次重大变革。进而言之，皇帝从太极宫迁徙到大明宫寝居和听政，使大明宫取代太极宫成为新的政令中心，太极宫则只用于举行皇帝、皇后丧仪，继位皇帝的枢前即位典礼，以及退位皇帝或皇太后深居其间养老。政令中心的转移明显改变了都城政治生活的地理版图，带来诸多新气象。

唐末僖宗、昭宗时期，长安城迭经战乱侵扰，破败有加，大明宫也多次遭到程度不等的破坏，尽管事后都进行了修葺缮治，但终究难以恢复盛唐时期的辉煌景象，直到发生"天祐迁都"（904）事件，大明宫乃至都城大部被拆毁废弃，仅有皇城得以保留。

一、初建

武德九年（626）六月四日，京城（隋称大兴城，唐朝开国，去除"大兴"之名，常称京师，至高宗永徽四年始称长安城）发生了一起惊天骇地、震动朝野的重大政治事件。时为秦王的李世民，为夺取皇位继承权策动政变，将同母兄弟、位居皇储的李建成和齐王李元吉谋杀于大内（隋称大兴宫，唐朝开国，去"大兴"之名，称大内，睿宗景云元年始称太极宫）北门玄武门，史称"玄武门之变"。事后，高祖李渊不得不面对和接受既成事实，只好顺势册立李世民为皇太子，紧接着又宣布退位，自称太上皇，正式将皇位传给皇太子。八月八日，也就是政变发生约两个月之后，李世民在东宫显德殿举行即位典礼，登上皇帝宝座，成为唐朝的第二代君主。

李渊退位之初，仍然留居大内之中，李世民暂时在东宫居住和听政。直到贞观三年（629）四月，李渊主动提出、并经李世民同意，方才移往城北禁苑中的大安宫居住，李世民遂即由东宫徙入大内朝寝。太上皇此时移居的大安宫，原称宏义宫，是武德五年（622）李渊以李世民有"克定天下"之功而为他专门建造的居所。李世民登上储位后，移居东宫，宏义宫便空出，这时因太上皇要去居住，才改称大安宫。此宫的具体位置目前并未查考清楚，据吕大防《唐长安城图》的标识，大致位于禁苑西南部之西不远的地方。

京城夏季苦热，为避暑，隋文帝于开皇十三年（593）在三百里之外的岐州麟游县创建仁寿宫（今宝鸡市麟游县九成宫镇），从开皇十五年（595）起，连年前往度夏，直至仁寿四年（604）七月，被太子杨广谋杀于此宫。唐初，高祖李渊曾在宜州宜君县建造仁智宫（今铜川市印台区玉华镇玉华村），在南山造太和宫（今西安市长安区滦镇黄峪寺村，贞观二十一年改为翠微宫），并前往避暑。贞观五年（631），唐太宗将隋仁寿宫改称九成宫，并大加修茸缮治，以备行幸。贞观六年、七年、八年的夏季，太宗连续三年前往九成宫避暑，夏初如期前往，十月返回京师。据记载，太宗每次避暑出发前都恳请太上皇一同前往，但都因李渊不愿去曾发生隋炀帝杨广杀父篡位之地而不曾同往。对此，时任监察御史的马周上疏太宗："车驾今行，本为避暑，然则太上皇尚留热所，而陛下自逐凉处，温清之道，臣窃未安"。并提请为太上皇营造一所新宫室，"以称万方之望，则大孝昭乎天下"。（《旧唐书》卷七十四）

贞观八年（634）十月，太宗在九成宫即将结束避暑时，决定修缮扩建麟游县境内的另一处隋代行宫永安宫（今麟游县南的下永安村），以备来年太上皇同来麟游清暑时居住，这样就可以回避他所嫌恶的九成宫。不过，事与愿违，这年秋季，李渊不幸"得风疾"，病情日渐加重，加之年事已高，难耐颠簸之苦，不再适合远行。面对这种情况，太宗遂于贞观九年（635）一月决定放弃扩建麟游永安宫的计划，改在京城禁苑中另行营造一所新宫室，作为太上皇的养老之所，宫名定为"大明"。太宗的这一举动，不仅受到普遍赞誉，而且"公卿百僚争以私财助役"（《唐会要》卷三十），以表达对这位退位开国皇帝的尊崇敬仰之情。

然而，就在营造工程开工不久、远未落成之际，年届七十岁的太上皇便于当年五月六日病死在京城的大安宫垂拱前殿，无缘享用这所新宫室，这不能不说是一个极大的遗憾。李渊辞世后的十余年间，不见有继续营造大明宫或者太宗在大明宫活动的记载，似乎说明四个月的营作工程无有大的进展或建树，且因李渊离世，工事告停。这就是贞观九年第一次营造大明宫的大概情况，可视为大明宫的"初建"或"创建"。

长期以来，学界对大明宫的创建时间、永安宫的地点、大明宫与永安宫的关系等问题，一直未能查究清楚，存在诸多疑点。《唐会要》卷三十有一条史料："贞观八年十月，营永安宫。至九年正月，改名大明宫，以备太上皇清暑。"五代以降，人们长期因循此说，认为大明宫就是永安宫，创建于贞观八年（634）十月。但是，唐人李吉甫《元和郡县图志》"麟游县"条下记："永安宫，在县西三十里，贞观八年置。"据此，再审视《唐会要》的记载，就会发现一些可疑之处：首先，并未提及永安宫的地点，可能是指麟游之永安宫；其次，若永安宫或大明宫在京城，何来"清暑"功能，因疑语句或许有错简；再次，"至九年正月"句后，极可能有脱句，导致文意背离本意，使清楚的史实变得模糊起来。笔者曾仔细研读相关史料，亲往麟游县实地考察，多方深入探讨，撰成并发表《唐朝大明宫初建史事考述》（《文博》2006 年第 6 期）一文，对这一问题提出了新认识。本书即采用此说。

二、再建

在大明宫初创大约十年之后，晚年的李世民又对这处未能完成的宫室进行第二次大规模营造，作为自己晚年在长安的居处。不过，此时常称"北阙"，意思是位于太极宫或郭城北边的宫阙，为何使用这一称谓，尚需进一步探究。有关这次营造工程的史料较为零散，撷取数条如下：

《玉海》卷一百七十引《太宗实录》："贞观二十年十月，司空（房）玄龄及将作大匠（阎）立德大营北阙，制显道门观并成。"《册府元龟》卷十四也收录有这条史料。

《册府元龟》卷十四："敕，奉御王孝积于显道门内起紫微殿十三间，文甍重基，高敞宏壮，帝见之甚悦。"《玉海》卷一百五十九也收录有这条史料，并引《太宗实录》有关二十二年十月"宴五品以上于紫微殿"和二十三年正月"受俘紫微殿"两件要事。

《大慈恩寺三藏法师传》卷七："敕，所司于北阙紫微殿西别营一所，号弘法院。"

《佛祖统纪》卷二十九："诏于京师紫微殿西别创弘法院。"同书卷四十："（贞观）二十二年，上幸坊州玉华宫……十月，车驾还京师，敕于北阙大内紫微殿西建弘法院，命奘法师居之，选名德七人以从，昼则陪御谈玄，暮则归院翻译。"

《旧唐书》卷五十一载，太宗贤妃徐氏上疏谏曰："自贞观已来，二十有二载……妾又闻为政之本，贵在无为，窃见土木之功，不可兼遂。北阙初建，南营翠微，曾未逾时，玉华创制"。文中将北阙与翠微宫、玉华宫并列。

这些较为原始的史料都非常重要，既清楚地反映了太宗皇帝在晚年再建大明宫的基本情况，也破解了相关学术问题。从中可以确知，太宗晚年创建的北阙是位于京城的一处宫室，贞观二十年（646）房玄龄和阎立德奉敕对这处宫室进行了集中的大规模营造，并且完成预定建设计划，此后的两三年间，又陆续添建了紫微殿、弘法院等建筑，玄奘法师曾被安排住在宫中弘法院译经。

此后的唐人诗文中多有以"北阙"指称大明宫者，顾飞熊《武宗挽歌词二首》（《全唐诗》卷五〇九）诗有"冕旒辞北阙，歌舞怨西陵"句，说的是武宗崩于大明宫之事。白居易《长安雪后》（《全唐诗》卷四四八）诗有"朝回北阙值清晨，晚出南宫送暮春"句，其中之"北阙"，无疑也是指"大明宫"。当然，文献中"北阙"一词，也有其他指意，应当注意核查清楚。

从贞观二十年（646）十月起，太宗便由太极宫迁来北阙朝寝，直至贞观二十三年（649）五月病死翠微宫含风殿，其间，除前往玉华宫、翠微宫（即太和宫，贞观二十一年改名）避暑外，凡在京城，就以北阙为朝寝之所，再未到太极宫居住过。据说太宗晚年患有风疾，嫌太极宫低下潮湿，才大营北阙，以为居所。由此可知，太宗才是第一位朝寝大明宫的皇帝，而非后来的高宗。有意思的是，当年李渊为安抚李世民，专门建造了宏义宫，不料最终成了自己的养老之所，现在，李世民为父皇营造的大明宫，却又成了自己晚年的居处。

史籍中有关此期间太宗在北阙活动的记载并不少见，从中可知北阙的主要建筑有显道门、金液门、金飚门等门阙建筑，有朝会、寝居、受俘和设宴的紫微、芳兰、天成、蓬莱等殿堂，还有为玄奘法师居住和译经所建的弘法院等处所。其中的显道门，极有可能就是后来的丹凤门，贞观二十三年（649）三月，太宗曾抱病登上此门，面对京城百姓，宣布大赦。紫微殿是一所大型殿宇，面阔竟达十三间（与后来的含元殿规制相同），贞观二十二年（648）十月，唐军击破龟兹，次年一月，龟兹俘虏到京，太宗在此殿举行受俘仪式。至于此时的紫微殿究竟是后来大明宫中的哪所殿堂，是否被改名或改拆建，目前尚无法核查清楚。

值得注意的是，时任将作大匠的阎立德参与主持了北阙的规划和建设工程。可以想见，此时并非只建成了几座殿室和显道等门，而是在阎立德主持下，对整个宫区制订了全面规划和建设计划，只不过因为太宗的离世，北阙的建设工程才告一段落。应该说这时已奠定了大明宫的基本格局，并粗具规模。后来高宗最终全面建成大明宫，不过是这一大型建设项目的后续工程而已。

太宗晚年朝寝北阙期间，曾"诏军国机务并委皇太子处决。……上乃置别院于寝殿侧，使太子居之"（《资治通鉴》卷一百九十八）。李治便从东宫移居北阙，一边处决军国机务，一边随侍父皇身边。正是在此期间，李治熟识并喜欢上了太宗的才人武媚娘，一来一往间产生了深挚情谊。数年后，高宗在《立武昭仪为皇后诏》中明确说："朕昔在储贰，特荷先慈，常得侍从，弗离朝夕，……圣情鉴悉，每垂赏叹，遂以武氏赐朕。"（《全唐文》卷十一）以武氏是先帝生前所赐为由，力排众议，坚持要册立武则天为皇后，当然，这不过是编造的一个故事罢了。

关于太宗第二次营造大明宫一事，长期未能引起史家注意，其原因在于相关史料零散且缺佚严重。唐以后的志书大多未能明确北阙的地址，有认为北阙就是玉华宫，也有认为北阙位于都城与玉华宫之间的某地，甚至有将北阙内的建筑名称误当作是玉华宫或太极宫内的建置。今人对此也一直未能理清头绪，甚或以讹传讹。拙作《唐太宗大营北阙考》（《文博》2007年第6期）一文，在梳理现存史料的基础上，深入探究，揭露出大明宫营造进程中一段被湮没的史实，澄清和还原了历史的本来面目。本书即采用此说。

三、建成

贞观二十三年（649）六月一日，高宗顺利即位。此后十余年间，除去出行，凡在京城，都在大内（太极宫）居住和听政。直至龙朔年间（661~663），"乃修旧大明宫，改名蓬莱宫"（《唐会要》卷三十），对太宗时创建的这处宫室再度大加营造。经过这次续建工程，大明宫才算全面建成，遂成为高宗在京城的长居之所。应该说这已是大明宫的第三次集中营造。

据史籍记载，这次营造工程规模浩大，动用了大量的人力、财力、物力，除了征收"陇（《唐会要》卷三十记为'延'）、雍、同、岐等一十五州户口"的赋税和劳力之外，还"减京官一月俸"（《旧唐书》卷四），多方筹集财力。整个施工过程大约延续了两年，以龙朔二年（662）四月为限，分为前后两个阶段，前一阶段只是对已有的后宫区各处建筑进行修葺缮治，并添建了含凉殿等殿舍，以备高宗和武后从洛阳返回京师后入居。后一阶段主要是规划建造前朝区的含元殿、宣政殿、部分衙署，以及拓展丹凤门大街，目的是按照太宗时制定的整体规划、把大明宫最终建成一所制度完备、功能齐全的正宫。

《唐会要》卷三十"大明宫"条记录一个故事："初，遣司稼少卿梁孝仁监造，悉于庭院列白杨树。左骑卫大将军契苾何力入宫中纵观，孝仁指白杨曰：'此木易长，不过二三年，宫中可得荫映。'何力不答，但诵古诗曰：'白杨多悲风，萧萧愁杀人。'意谓此特冢墓木也。孝仁遽令伐去之，更植桐柏。"由此可知，这时期的营造工程由梁孝仁奉命主持，宫中的主要植木为梧桐和柏树。

龙朔二年（662）四月一日，高宗和武后从洛阳返回长安，入居大内，至二十二日，有敕将大明宫改称蓬莱宫，并迁入居住，表明前一阶段营缮工程的完成。此后，营造工程继续进行，至龙朔三年（663）四月，后续阶段的工程也相继告竣，前朝区的宣政殿、含元殿等殿宇一并落成。四月二十三日，高宗还亲临新落成的含元殿视察，可以说含元殿的落成是大明宫全面建成的标志。大约两年之后，后宫区又建成了著名的麟德殿。至此，一座恢宏壮丽、美轮美奂的崭新宫殿建筑群在首都长安城横空现世。大明宫的全面建成，为唐朝宫廷生活与政事活动的展开提供了更广阔的空间，对促进各项宫廷礼仪制度的完善与革新，具有重要意义。

在营造大明宫的同时，高宗还做出两个决定，一是按照传统神仙学说将宫名改为蓬莱宫；二是于龙朔二年六月，"制，蓬莱宫诸门殿亭等名"（《旧唐书》卷四），将太宗时已有的和新建成的宫门和殿堂重新统一命名，其中的显道门就极可能在这时改称丹凤门，蓬莱殿因与新宫名对应，未做改动，其他如金液、金飚等门阙名和紫微、天成等殿名或因此次改名而不再出现于宫廷生活的记录。

高宗何时徙居大明宫，各书记载不一，当以《旧唐书》卷四所记的龙朔二年（662）四月二十二日"造蓬莱宫成，徙居之"为是，这年六月一日，武后生旭轮（睿宗李旦）于宫内含凉殿，可为一证。另外，《广弘明集》卷二十五记，这年四月二十一日，京城寺院二百多僧人齐聚蓬莱宫前，就沙门不拜君亲直接向皇帝请愿。此事似乎说明，高宗四月一日从洛阳返回长安时，并未入居大内，而是径直来到蓬莱宫居住，至二十二日才发出诏命，宣布正式徙居蓬莱宫。有些史料将高宗龙朔三年（663）四月二十三日视察新落成的含元殿，说成"移仗就蓬莱宫新作含元殿"（《唐会要》卷三十）。对此应准确理解，如果以此作为高宗徙居大明宫的时间，显然有悖史实。实际上高宗虽然于龙朔二年入居蓬莱宫，但因宫中南半部之外朝区仍在建设中，朝政活动只能在太极宫举行，待次年含元、宣政等殿宇落成，才正式开始在蓬莱宫举行朝政活动，即所谓的"移仗就蓬莱宫"。两天后的四月"二十五日，始御紫宸殿听政，百僚奉贺新宫成也"（《唐会要》卷三十）。这次朝会的意义非同寻常，是都城的政治中枢由太极宫转移至大明宫的标志。

促使高宗续建和迁徙大明宫的直接原因大约有三个，一是大内地处龙首原南坡之下，内里多置水渠池沼，十分潮湿，"高宗尝患风痹，以宫内湫湿"（《太平御览》卷一百七十三），需要居住在大明宫这样的高敞之所；二是武则天迫害王皇后和萧淑妃致死后，大内中时有鬼祟，"频见王、萧二庶人披发沥血，如死时状"（《旧唐书》卷五十一），夜不能寐，况且已有数月身孕，不愿在旧宫大内中生活，龙朔二年（662）四月从洛阳回到京城后，就住进了蓬莱宫，即便如此，仍然噩梦不断，因此更愿意前往洛阳居住，直至后来把洛阳当作自己"大周"朝的首都；三是大内位于郭城之内，毗连坊里，规模制度稍嫌狭小，"屋宇拥蔽"（《太平御览》卷一百七十三），很难增添更多的建筑，有必要另辟一处能够体现大唐风范的新宫室。当然，除这些直接原因之外，广置宫室，追求奢华，不过是封建帝王的一种本性追求，无需要有什么缘由。

关于高宗第三次营造并最终建成大明宫之事及相关问题，笔者所撰《唐高宗与大明宫》（《文博》2008 第 5 期）一文，对史实和相关史料有专门探讨。

四、宫名

大明宫的宫名，前期多有改动。贞观九年（635）初创时定名"大明宫"，这应该是对北齐晋阳（今山西太原）旧大明宫宫名的沿用。隋朝时，曾将位于北齐西都的大明宫扩建，改称晋阳宫。据《元和郡县图志》卷十三所记，至唐宪宗时，太原府的大明城依然存在。传说李渊太原起兵前的某天，在李世民的谋划下，由时任隋晋阳宫总监的裴寂出面，相邀在宫中饮酒作乐，醉酒后又私下安排宫女侍寝，使其被罪而促其尽快举义。这个故事未必真实，但李渊曾在此宫中活动或居住是毫无疑问的，这也许就是太宗最初取用"大明"作为太上皇新宫室之名的缘由，其实在古代史上，后世沿用前代的国号、年号、宫名和殿名并不少见。

太宗晚年再建和寝居大明宫期间，则常称"北阙"，意为太极宫北边、或郭城之北的宫阙。高宗龙朔二年（662）四月，因循道家神仙学说，以宫内已有蓬莱殿，对应将宫名改为"蓬莱宫"。数年后的咸亨元年（670）又改称"含元宫"，直至武则天长安元年（701）十月行幸西京长安、入居此宫，十一月恢复"大明"旧称并固定下来，一直沿用到唐末。

无论"大明""蓬莱"，还是"含元"，都有其特定的来由和意蕴。"大明"乃太阳之别称，《礼记·礼器》记："大明生于东，月生于西。"唐朝皇帝逢元日、冬至前往南郊圜丘（天坛）举行祀天之礼，都以大明

（日）和夜明（月）作为百神之二神享祀。唐人李华《含元殿赋》说："如山之寿，则曰蓬莱，如日之升，则曰大明。"又说："含元建名，《易》乾坤之说，曰含宏广大，又曰元亨利贞，括万象以为尊"（《全唐文》卷三百一十四）。

由于大明宫位于太极宫东北，因此又被称为"东内"，反之，太极宫被称为"西内"或"西宫"。至玄宗创建兴庆宫之后，因大明宫位于兴庆宫之北，也有被称为"北内"或"北宫"，兴庆宫也就相应称"南内"或"南宫"。在唐代的诗文中，也常见用"北阙"来指称大明宫。在使用这些名称时，一定要仔细斟酌本意，尽求准确。

唐朝大明宫对后世产生了深远影响，仅就宫名而论，又见元代大都（今北京）之正宫即以"大明"为名，并有大明门、大明殿等建置名称。

五、朝寝大明宫的皇帝

在唐朝二十二位（有作二十一位，不计少帝）皇帝中，除去高祖、中宗、少帝、睿宗、哀帝外，其余十七位皇帝都曾在大明宫居住和听政。特别是从玄宗到昭宗，各代皇帝接续不断的朝寝，使大明宫长期保持着国家政治中枢的地位，也使各项宫廷礼仪制度不断变革和日臻完备。先后发生在大明宫内的多起重大政治事件直接关系到皇朝的命运。同样，各代皇帝都在宫内或多或少地实施了修缮、添建、改拆建等营作工程。

各代皇帝朝寝大明宫的情况如下：

高祖李渊　唐朝开国皇帝。隋朝末年，天下大乱，群雄蜂起，时任太原留守的李渊，因时顺势，于大业十三年（617）七月，起兵太原，进军关中，十一月占领国都大兴城。次年（618）五月二十日，隋恭帝禅位，李渊即皇帝大位于京城大内太极殿（当时去除隋都城"大兴"之名，常称京师，去除正宫"大兴"之名，常称大内，将大兴殿改称太极殿），"改隋义宁二年为唐武德元年"（《旧唐书》卷一），完成隋唐换代。至武德九年（626）六月四日发生"玄武门之变"，八月八日退位，在位九年，其间一直在大内朝寝。退位初期仍居大内，至贞观三年（629）四月，始移居位于禁苑中的大安宫，六年后的贞观九年（635）五月六日，崩于大安宫中之垂拱前殿，享年七十岁，葬献陵（今陕西三原）。虽然太宗正在为其营造大明宫，但新宫未成就，太上皇已驾崩，不曾入居。

太宗李世民 高祖次子，母太穆窦皇后。因对唐朝建国和巩固政权立有大功，开国后被封为秦王。武德九年（626）六月四日策动"玄武门之变"，夺得皇位继承权。八月八日李渊退位，李世民即位于京城东宫之显德殿，至贞观三年（629）四月，始由东宫迁入大内朝寝。贞观二十三年（649）四月前往南山翠微宫避暑，五月二十六日病死于宫内含风殿，享年五十二岁，葬昭陵（今陕西礼泉），在位二十四年，先后居东宫、大内、北阙。贞观九年（635）为父皇李渊创建大明宫，但因李渊当年去世而罢工事。晚年再次兴建大明宫（时称北阙），奠定基本格局，粗具规模。贞观二十年（646）十月以后，除去前往玉华宫、翠微宫避暑外，凡在京城，常居北阙，首开唐朝皇帝朝寝大明宫的先河。

高宗李治 太宗第九子，母文德长孙皇后。贞观二年（628）六月十三日生于东宫丽正殿，十七年（643）四月七日在大内太极殿被册立为太子，二十三年（649）六月一日在太极殿枢前即位，成为有唐第一位举行太极殿枢前即位礼的皇帝。龙朔元年（661）起，高宗再次大规模续建大明宫，二年（662）四月从洛阳回到京城，遂改称大明宫为蓬莱宫并徙入居住，次年，宫内含元殿、宣政殿实现竣工，标志着大明宫最终全面建成。此后，凡在长安，即以大明宫为朝寝之所，但因七次行幸洛阳，六次避暑九成宫，实际留居长安的时间并不多。弘道元年（683）十二月，高宗在最后一次行幸洛阳期间，病死于洛阳宫贞观殿，在位三十五年，享年五十六岁，葬乾陵（今陕西乾县）。临终有言："若延吾一两月之命，得还长安，死亦无恨。"（《旧唐书》卷五）对长安的眷恋之情，溢于言表。

武则天 高宗皇后，唐朝一代女皇帝。贞观十一年（637），时年十四岁的武氏被召进宫，充作太宗才人。太宗驾崩后，武氏到禁中德业寺剃度为尼（学界对武氏出家的寺名与寺址多有讨论，本文以德业寺为是。今西安北郊的感业寺，极可能是唐代以后有人利用北周某寺旧址改名而立），不久又被高宗征召入宫，进封昭仪，永徽六年（655）十月，立为皇后。弘道元年（683）十二月，高宗驾崩于洛阳之初，武氏临朝称制。天授元年（690）九月九日，经过一番精心策划、周密筹备，武则天登上洛阳宫正门则天门，向洛阳百姓宣布"革唐命，改国号为周，改元为天授，大赦天下"（《旧唐书》

卷六），正式登上皇帝大位，成为中国历史上唯一的女皇帝。至神龙元年（705）正月发生"神龙政变"，方传位皇太子，当年十二月崩于洛阳上阳宫仙居殿，享年八十三岁（武氏年龄有疑点，取《旧唐书》卷六所记为是），合葬高宗乾陵。在这二十余年间，武氏长居洛阳，仅在长安元年（701）十月至三年（703）十月返回长安的两年间，居大明宫听政。

中宗李显　高宗第七子，母武则天。显庆元年（656）十一月诞生于长安大内某殿院（此殿院后来改为佛光寺）。弘道元年（683）高宗驾崩后，被立为皇帝，仅两月即被母后废黜。神龙元年（705）正月，于洛阳通天宫再即帝位，恢复国号，仍留滞洛阳，至次年（706）十月始返归长安，入居大内听政，以示正统。景龙四年（710）六月二日，中宗被皇后韦氏和女儿安乐公主毒杀、崩于大内神龙殿（后改为神龙寺），享年五十五岁，葬定陵（今陕西富平）。中宗两度为帝，在位仅六年，先后居洛阳宫和长安大内。

少帝李重茂　中宗第四子，宫人所生。景龙四年（710）六月七日在大内太极殿行柩前即位之礼，中宗韦皇后临朝称制。六月二十日夜，临淄王李隆基与太平公主发动政变，诛灭韦皇后党系。二十四日少帝被迫宣布退位诏书，让位于皇叔李旦，在位仅十八天，居大内。少帝退位后被封为温王，又改封襄王，迁往集州（今四川南江）安置，开元二年（714）七月薨，年十七岁。今人在唐帝系中大多不列入少帝，其实就法理和即位、退位程序而言，他都是合法的一代皇帝，尽管在位时间很短。

睿宗李旦　高宗第八子，母武则天。龙朔二年（662）六月一日诞生于大明宫含凉殿。嗣圣元年（684）二月，第一次被立为皇帝，但形同虚设，不理政事，仍由母后临朝称制。天授元年（690）九月，武则天改朝换代，李旦又被降为皇嗣，在这七年间，一直居住在洛阳东宫，至圣历元年（698）又将储位让与兄长李显。景云元年（710）六月二十四日，在长安大内太极殿的中宗灵柩前，少帝宣诏退位，睿宗随即行柩前即位之礼，这是他第二次登基。这年十月有诏"以京大内为太极宫"（《唐会要》卷三十），至此时，长安大内才有了法定正式宫名。至延和元年（712）八月传位太子李隆基，在位两年余，退位前和退位后都居太极宫。开元四年（716）六月崩于太极宫百福殿，享年五十五岁，葬桥陵（今陕西蒲城）。

玄宗李隆基 睿宗第三子，母昭成窦皇后，垂拱元年（685）诞生于洛阳东宫。景龙四年（710）六月，二十五岁的李隆基与姑母太平公主合谋政变，诛灭中宗韦皇后势力，为父亲李旦夺得帝位，自己遂被立为皇太子。延和元年（712）八月受父皇传位，开始在太极宫武德殿听政。先天二年（713）七月三日，再次策动政变，清除姑母太平公主党系，完全掌控朝政。玄宗即位不久，就决定并着手修葺缮治大明宫，准备从太极宫移居大明宫朝寝。这项工程持续一年余，至开元二年（714）六月完工，下制《大明宫成放免囚徒等制》（《唐大诏令集》卷一百八），遂由太极宫迁徙大明宫居住和处理朝政。开元二年，又将其在藩为王时的隆庆坊王宅改制为兴庆宫，十六年（728）再大加扩建兴造，使都城有了第三所大型宫室，从此，开始了来往于大明、兴庆两宫朝寝的模式。天宝十五载（756）六月，因"安史"叛军攻破潼关，当月十二日，玄宗匆忙由兴庆宫回到大明宫，次日凌晨又离开大明宫，经禁苑延秋门出奔蜀地避难。至七月太子李亨在灵武即位为止，玄宗在位计四十五个年头，创唐朝皇帝执政最长的纪录。次年（757）九月，官军收复长安，玄宗返回后以太上皇的身份先居兴庆宫，后又被迫移居太极宫，宝应元年（762）四月五日崩于太极宫神龙殿，享年七十八岁，葬泰陵（今陕西蒲城）。玄宗在长安的居处多有变动，即位之初，在太极宫听政，后移往大明宫朝寝，中后期则来往于大明、兴庆两宫居住和听政，退位后先居兴庆宫，后居太极宫。

肃宗李亨 玄宗第三子，母元献杨皇后。景云二年（711）九月三日诞生于长安东宫别殿。开元二十六年（738）被立为太子。天宝十五载（756）六月，安史叛军进逼长安之时，李亨随父皇出奔，马嵬驿事变后，与父皇分道，前往灵武（今宁夏吴忠北），七月十二日，受群臣劝进，在灵武即帝位，并以此地作为号令天下、平定叛军的总指挥部。至德二载（757）九月，唐军收复一年有余的都城，十月二十三日，肃宗返回京师，入居大明宫。十二月三日，太上皇也回到长安。二十一日，两代皇帝一同来到宣政殿，举行传授国玺仪式，以示追认肃宗灵武即位的合法性。上元元年（760）五月，肃宗下敕迎请法门寺佛骨舍利在大明宫中供奉 60 天，开创法门寺佛骨舍利到大明宫供奉之先河。宝应元年（762）四月十八日，即太上皇驾崩的第十三天，肃宗也因病辞世于大明宫长生殿，享年五十二岁，葬建陵（今陕西礼泉），在位仅七年，其间，居大明宫四年余。肃宗驾崩前两天，大明宫内发生一起政治动乱，张皇后以肃宗名义召太子李豫入宫，图谋废立，宦官李辅国和程元振及时在九仙门护卫太子到凌霄门（有记为"青霄门"，据辛德勇《隋唐两京丛考》，当以"凌霄"为是）外飞龙厩避难，然后动用禁军收捕并诛杀张皇后一干人等，使太子得以顺利继位，首开唐朝宦官拥立皇帝之先例。

代宗李豫 肃宗长子，母章敬吴皇后，开元十四年（726）出生于洛阳，是有唐以来第一个以长子身份继位的皇帝。按礼仪制度，肃宗驾崩后，代宗应当在太极宫太极殿举行枢前即位仪式，但玄宗驾崩后，棺枢已停放在太极殿，肃宗的棺枢便只好停放在太极殿之北的两仪殿，因此，宝应元年（762）四月二十日，代宗在两仪殿行枢前即位之礼，成为唐代唯一的特例。大历十四年（779）五月，代宗崩于大明宫紫宸内殿（《全唐文》卷四百九《代宗睿文皇帝哀册文》则记"崩于大明宫蓬莱殿"），享年五十四岁，葬元陵（今陕西富平）。代宗在位十七年，常居大明宫，其间，广德元年（763）十月，发生"吐蕃犯京"事件，出奔陕州。吐蕃占领京师，伪立宗室李承宏（高宗章怀太子之孙）为帝，都城惨遭焚掠，士民逃散。十二天后，关内兵马副元帅郭子仪率部收复京城，代宗避乱出奔两个月后才回到长安。

德宗李适 代宗长子，母睿真沈皇后。天宝元年（742）出生于长安东宫。大历十四年（779）五月太极殿枢前即位，贞元二十一年（805）正月崩于大明宫会宁殿，享年六十四岁，葬崇陵（今陕西泾阳）。在位的二十六年间，常居大明宫。在此期间，建中四年（783）十月发生"泾师兵变"，出奔奉天（今陕西乾县）。当时闲居京城的原泾原节度使朱泚受到叛军拥护，经过一番考量后，在大明宫宣政殿举行仪式、自立为大秦皇帝。至次年五月，官军平定叛乱，收复京城，出奔在外的德宗才回到长安。德宗时期，对大明宫北城一带多有建树，重新建造玄武门和重玄门，创置二门楼观。贞元六年（790）春季，德宗依循法门寺佛骨舍利三十年一开的说法，继肃宗之后再次迎请佛骨到大明宫供奉一月。

顺宗李诵 德宗长子，母昭德王皇后。上元二年（761）出生于大明宫，建中元年（780）正月立为太子，至贞元二十一年（805）正月行太极殿枢前即位之礼，终于登上帝位，算来居储位整整二十五年，创有唐一代太子居储时间最长的纪录。即位不久，因为长期身患"风病"，口不能言，遂于当年八月逊位，在位仅六月余，居大明宫。退位后移居兴庆宫，元和元年（806）正月崩于宫内咸宁殿，年仅四十六岁，葬丰陵（今陕西富平）。唐朝记录各代皇帝的史书"实录"，大多失传，只有韩愈编撰的《顺宗实录》完整传存至今，为史家所珍视。

宪宗李纯　顺宗长子，母庄宪王皇后。大历十三年（778）出生于大明宫。永贞元年（805）八月九日在大明宫宣政殿即位，至元和十五年（820）正月突然驾崩于大明宫中和殿，传言被宦官陈弘志"弑逆"，年仅四十三岁，葬景陵（今陕西蒲城）。在位的十五年间，常居大明宫。宪宗竦慕贞观、开元盛世，视太宗、玄宗为楷模，勤兢议政，睿谋英断，倚重宰相，整肃朝纪，坚决翦削藩镇，大有进取，国家一时呈现崭新气象，因被史家誉为"元和中兴"。大明宫建福门外的百官待漏院、东面宫城外的夹城、太液池岸上的四百间长廊等建筑就是在宪宗时期建造而成。元和十四年（819）正月，适逢法门寺地宫佛骨舍利三十年一开之际，笃信佛法的宪宗，将佛骨舍利迎请到大明宫供奉三日。

穆宗李恒　宪宗第三子，母懿安郭太后（郭子仪孙女、代宗皇帝外孙女）。贞元十一年（795）诞生于大明宫别殿，元和七年（812）被册立为太子，元和十五年（820）正月在太极殿枢前即位，长庆四年（824）正月崩于大明宫清思殿，年仅三十岁，葬光陵（今陕西蒲城），在位只四年，常居大明宫。穆宗不像父皇宪宗那样励精图治，勤勉为政，而是纵情享乐，游猎无度，未能延续"元和中兴"之绩，政绩也乏善可陈，还大兴土木，据传在大明宫新造成宝庆殿、永安殿、百尺楼等建筑。

敬宗李湛　穆宗长子，母恭僖王皇后。元和四年（809）出生于大明宫。长庆二年（822）被册立为皇太子，四年（824）正月在太极殿枢前即位，时年十六岁。敬宗本性贪玩，宝历二年（826）十二月八日晚在禁苑"打夜狐"后还宫，又与宦官饮酒作乐，酒酣被谋杀于大明宫寝殿，年仅十八岁，葬庄陵（今陕西三原），在位只三年，常居大明宫。敬宗喜好钻研土木工程，热衷在宫内穿池修殿，兴造不辍，竟然用铜三千斤、金箔十万片造成清思院新殿。又有波斯商人李苏沙投其所好，进献沉香木材，以供建造亭子所用。长庆四年（824）四月十七日，大明宫发生一起小乱，染坊工匠张韶等百余人暗藏兵器，从右银台门混进大明宫，呼拥奔窜至清思殿，登上御榻进食，过了一把皇帝瘾，结果当日即被禁军捕杀殆尽。事发时敬宗正在清思殿打毬，闻听变乱，匆忙逃往左银台门外左三军避难，至次日事变平定才回到宫中。敬宗生前未立太子，未留遗言，皇子幼小，宦官苏佐明等谋害敬宗后先迎绛王李悟（宪宗之子）入宫，意图拥立，执掌禁军的王守澄等宦官在部分朝臣的支持下，杀绛王等人，又迎江王李昂（文宗）入宫继位。

文宗李昂　穆宗次子，母贞献萧皇后。元和四年（809）出生于大明宫。宝历二年（826）十二月十二日在宣政殿即位，未行太极殿枢前即位之礼，时年十八岁，至开成五年（840）正月病死大明宫太和殿，年仅三十二岁，葬章陵（今陕西富平）。在位的十四年间，常居大明宫。文宗恭俭儒雅，爱憎分明，颇有帝王之道，受到史家好评。文宗朝，大明宫发生一起被史家称为“甘露之变”的重大政治事件，大和九年（835），时任宰相李训密受文宗旨意，图谋用武力剪除宦官势力，但因谋划不周，未能铲削宦竖，反而殃及无辜，血溅宫廷，震动了朝野。开成五年（840）文宗驾崩之际，宰相李珏等已奉密旨迎皇太子成美（敬宗之子）入宫监国，但宦官仇士良等又假造遗诏，迎皇太弟李炎入宫继位，成美被送返宅邸后殒命。

武宗李炎　穆宗第五子，母宣懿韦皇后。元和九年（814）出生于东宫。开成五年（840）正月在太极殿枢前即位，会昌六年（846）三月二十三日因长期服食丹药、久病不治而崩于大明宫寝殿，年仅三十三岁，葬端陵（今陕西三原），在位仅六年余，常居大明宫。武宗性格鲜明，处事果敢，奉行崇道抑佛之策，在宫禁之中建造了灵符应圣院（在东内苑）、望仙观和仙台等道教场所。会昌五年（845）全面发动毁佛运动，共拆除天下寺院四千六百余所、兰若四万所，还俗僧尼二十六万五百人，将所废寺院的铜像用于铸钱，铁像用于铸造农具，金银像销毁上缴财政，京城仅留慈恩、荐福、西明、庄严等四所寺院，史称“会昌法难”。这是武宗一朝称著史册的重大事件。

宣宗李忱　宪宗第十三子，母孝明郑皇后。元和五年（810）出生于大明宫。武宗临终时宣遗诏被立为皇太叔，会昌六年（846）三月二十六日在太极殿枢前即位，时年三十七岁。至大中十三年（859）八月七日崩于大明宫寝殿（极可能是宣化殿），享年五十岁，葬贞陵（今陕西泾阳）。在位十四年间，常居大明宫。宣宗奉行佛、道并举之策，使佛教有所恢复，武宗废佛时，京城两街仅留四所寺院，此时又添置了十六所寺院。在晚唐的皇帝中，宣宗最有政治抱负，相传其早年所作诗章中，就有"日月每从肩上过，山河长在掌中看"（《全唐诗》卷四）。即位后也颇有作为，政绩突出，受到史家好评，《资治通鉴》卷二百四十九有："宣宗性明察沉断，用法无私，从谏如流，重惜官赏，恭谨节俭，惠爱民物，故大中之政，讫于唐亡，人思咏之，谓之小太宗。"宣宗在位时，一直未立太子，临终之际才决定将自己偏爱的第三子夔王李滋立为太子，并托付给宦官王归长等人，不料驾崩之后，因左军中尉王宗实的干预，未能成功，王宗实派人从十六王宅将宣宗长子、郓王李漼迎到大明宫，先拟诏书立为太子，再安排正式即位，王归长一干则全部被收监斩杀，三年后，夔王李滋也离世。

懿宗李漼 宣宗长子，母元昭晁皇后。大和七年（833）生于光王（宣宗）藩邸，大中十三年（859）八月十三日在太极殿枢前即位，时年二十七岁。咸通十四年（873）七月十九日驾崩于大明宫咸宁殿，年仅四十一岁，葬简陵（今陕西富平）。在位的十四年间，常居大明宫。懿宗纵情享乐，挥霍无度，宫中供奉乐工近五百人，每月设宴十多场，痴迷佛教，荒废国政，导致社会矛盾日益尖锐，先后爆发裘甫和庞勋起义，揭开了唐末农民起义的序幕。懿宗辞世前的当年四月，下诏迎请法门寺佛骨舍利到长安，先在大明宫内道场供奉三日，再送各寺供养，轰动了京城，僖宗即位伊始，当即下诏奉送佛骨回法门寺地宫安放，并将大量金银器、瓷器、丝绸织物、琉璃器等稀世珍宝随同佛骨舍利一起封存在佛塔地宫之内，在时隔千余年后的1987年，地宫被发现并发掘，佛骨舍利和随奉宝物再次现世，轰动学界，震惊世界。

僖宗李儇 懿宗第五子，母惠安王皇后。咸通三年（862）出生于大明宫，咸通十四年（873）七月十八日，懿宗临终之际被立为皇太子，二十日在太极殿枢前即位，时年十二岁。文德元年（888）三月六日崩于太极宫武德殿（《资治通鉴》记崩于灵符殿），年仅二十七岁，葬靖陵（今陕西乾县）。僖宗在位的十五年间，发生了两次出逃事件，第一次是广明元年

（880）十二月至光启元年（885）三月，因黄巢军占领都城，逃往外地四年余；第二次是光启元年（885）十二月，至文德元年（888）二月，为躲避河东李克用沙陀军，出奔兴元（陕西汉中）两年余。第二次出奔期间的光启二年（886），发生朱玫奉嗣襄王李煴在大明宫伪立的事件。僖宗第一次出奔前和返京后，都在大明宫居住，第二次出奔返京后，因大明宫遭乱军破坏，未及缮治，而入居稍加修葺的太极宫，二十天后因病不治而亡。

昭宗李晔　懿宗第七子，僖宗同母弟，咸通八年（867）出生于大明宫，文德元年（888）三月六日，在僖宗临终之际被册立为皇太弟，八日在太极宫枢前即位，时年二十二岁。天祐元年（904）正月受朱全忠胁迫迁都洛阳，当年八月即被朱全忠派兵杀死在洛阳宫中，年仅三十八岁，在位十七年，葬和陵（今河南偃师）。昭宗即位初期主要朝寝太极宫，也有在大明宫活动的记载。乾宁三年（896）七月，凤翔节度使李茂贞欲掌控皇帝，"请以兵师入谨"，昭宗无力阻遏，只好投奔华州节度使韩建，暂居华州两年，至光化元年（898）八月返回京城后在大明宫朝寝。光化三年（900）十一月，发生宫廷政变，宦官刘季述率禁军进入大明宫，以"废昏立明"为由，逼迫昭宗退位，将其幽禁于东宫少阳院，立太子李裕即位。五十多天后，军将孙德昭等领兵攻杀刘季述，迎昭宗复位。天复元年（901）十一月，凤翔节度使李茂贞勾结禁军中尉韩全海，挟奉昭宗出幸凤翔，三年（903）正月，被宣武节度使朱全忠以武力迎还长安，返京后，来往于大明、太极两宫朝寝。天祐元年迁都之际，昭宗正月二十六日离开长安，途经华州时，"民夹道呼万岁，上泣谓曰，'勿呼万岁，朕不复为汝主矣'"（《资治通鉴》卷二百六十四），已预感到自己乃至国朝的终结。四月十日到达洛阳后，遂即在洛阳宫贞观殿受朝贺，次日，登上光政门，宣赦，改元"天祐"。有唐一代，迁都之议不断，直至此时才随着迁都的实现而画上句号。

哀帝李柷　昭宗第九子，母宣穆何皇后。景福元年（892）出生于太极宫。天祐元年（904）八月，朱全忠杀害昭宗，矫宣遗诏，立李柷为帝，在洛阳宫枢前即位，时年十三岁，至天祐四年（907）三月禅位后梁太祖朱晃（即朱全忠），在位仅三年，常居洛阳宫。哀帝退位后，被送往曹州（今山东菏泽）居住，次年二月即被朱全忠鸩杀，年仅十七岁，葬温陵（今山东定陶）。

皇　帝	在位起止（公元）	在位（年）	即位地点	朝寝宫室
高祖李渊	618～626	9	太极宫太极殿	大内（即太极宫，下同）
太宗李世民	626～649	24	东宫显德殿	东宫、大内、北阙（大明宫）
高宗李治	649～683	35	太极宫太极殿	大内、蓬莱宫（大明宫）、洛阳宫
中宗李显	683～684		洛阳贞观殿	洛阳宫
睿宗李旦	684～690	7	洛阳	洛阳宫
武则天	690～705	16	洛阳则天门楼	洛阳宫、大明宫
中宗李显	705～710	6	洛阳通天宫端扆殿	洛阳宫、大内
少帝李重茂	710		太极宫太极殿	大内
睿宗李旦	710～712	3	太极宫太极殿	太极宫
玄宗李隆基	712～756	45	太极宫武德殿	太极宫、大明宫、兴庆宫
肃宗李亨	756～762	7	灵武城南门楼	大明宫
代宗李豫	762～779	17	太极宫两仪殿	大明宫
德宗李适	779～805	26	太极宫太极殿	大明宫
顺宗李诵	805		太极宫太极殿	大明宫
宪宗李纯	805～820	15	大明宫宣政殿	大明宫
穆宗李恒	820～824	4	太极宫太极殿	大明宫
敬宗李湛	824～826	3	太极宫太极殿	大明宫
文宗李昂	826～840	14	大明宫宣政殿	大明宫
武宗李炎	840～846	7	太极宫太极殿	大明宫
宣宗李忱	846～859	14	太极宫太极殿	大明宫
懿宗李漼	859～873	14	太极宫太极殿	大明宫
僖宗李儇	873～888	15	太极宫太极殿	大明宫、太极宫
昭宗李晔	888～904	17	太极宫太极殿	太极宫、大明宫、洛阳宫
哀帝李柷	904～907	3	洛阳崇勋殿	洛阳宫

六、发生在大明宫的伪立事件

史家多以"安史之乱"为界，将唐朝历史分为前、后两期。后半期的唐朝，国力衰落，政局不稳，各种矛盾并发，特别是藩镇割据、宦祸和党争，加上后来的农民起义，使国家沿着下坡路一直走向灭亡。在此期间，大明宫发生的数起伪立事件，正是这一大趋势的必然结果和佐证。所谓伪立，就是违背皇位继承的常规和程序，无视合法皇帝的存在，另立君主，妄图窃取帝位，篡夺政权，以至改朝换代。

第一起伪立事件发生在代宗即位之初。"安史之乱"爆发以后，唐朝军力大部调往东线与叛军作战，西线防守空虚，此时吐蕃强盛，乘机占领了河西、陇右大片土地，并不时侵扰搜掠关中，直接威胁到京畿地区的安全。广德元年（763）十月，吐蕃入寇泾州（今甘肃泾川），时任泾州刺史的高晖无力抗击，举城投降。吐蕃大将马重英以高晖为向导，率军二十万经邠州（今陕西彬州）、奉天（今陕西乾县）、武功，再渡渭河，过司竹园（今周至县东），沿南山向长安行进。十月七日，代宗闻听吐蕃军队即将兵临长安城下，匆忙离开大明宫，出禁苑光泰门奔往华州（今陕西省渭南市华州区），紧接着又被宦官鱼朝恩所帅神策军迎驾至陕州（今河南三门峡西）。九日，吐蕃军队轻而易举地占领了京城，高晖和马重英遂将搜寻到的唐宗室广武王李承宏带到大明宫，拥立为皇帝，并颁布年号，妄图取代代宗皇帝。查李承宏其人，乃高宗重孙、章怀太子之孙、邠王守礼之子，吐蕃军或因其为金城公主兄弟而亲善相待。二十一日，吐蕃军听说郭子仪率大军将至，便带上搜掠的财物和人口撤离长安。高晖看到大势已去，率二百骑行至潼关，即被唐军守将擒杀。郭子仪收复京城后，将伪皇帝李承宏送到代宗行在，代宗对这位叔辈宗亲一切不问，放华州（一说虢州）安置，不久死于居所。这次"吐蕃犯京"事件不到半个月就结束了，两个月后，代宗回到长安。面对吐蕃侵扰，代宗在陕州期间，听信宦官程元振等人提议，意欲迁都洛阳，但因受到郭子仪等重臣谏阻而罢。

第二起僭伪事件发生在德宗时期。德宗即位后，立志削平藩镇，中兴社稷。经过一番运筹，削藩事业虽然取得一定进展，但也遇到极大挫折。建中四年（783），为了增援襄城（今河南襄城）前线作战，德宗紧急征调泾原节度使姚令言率军奔赴襄城，十月二日，五千泾原将士由西向东到达长安，第二天，姚令言进宫在紫宸殿与皇帝告别，此时行进到长乐阪（今浐河西岸长乐坡）的将士，正由京兆尹出面犒劳送行，不料将士以饭食粗糙、未得到皇帝赏赐为由，举军哗变，掉头返回城中，拥聚在丹凤门前讨要说法。此时刚刚出宫的姚令言也一时无法控制局面。德宗闻讯，连忙派人宣慰、赐给财物，还是难平众怒。眼看局面失控，一时又无军队阻抗，德宗只好领着太子等百余人出大明宫玄武门，经禁苑、过渭河向咸阳奔去。此时正在禁苑中进行军事训练的右龙武军四百军士，闻听皇帝有难，当即扈从保驾。四日，德宗一行到达奉天（今陕西乾县），次年三月，又移驾梁州（汉中）。当时，哗变士兵听说皇帝跑了，顷刻间涌入宫中搜掠抢夺财物。姚令言无奈，只好将闲居京城的前任泾原节度使朱泚迎请进大明宫，拥立为统帅。十月八日，早有野心的朱泚登上宣政殿，"僭即伪位，自称大秦皇帝，号'应天'元年"，不久又"改国号为'汉'，称'天皇'元年"（《旧唐书》卷二百下）。此后，唐军与叛军经过约半年的对峙和相互讨伐，至兴元元年（784）五月，唐军在大将李晟的统一指挥下，从禁苑光泰门（今西安东北郊广大门村附近）突破叛军防线，一举收复京城。朱泚等人逃往泾原，被部属射杀。七月，出奔十个月的德宗才从梁州回到长安。这就是称著于史的"泾师兵变"事件。就性质而论，朱泚称帝不属于伪立，应该与黄巢大齐政权一样，算是一个改朝换代的短命的割据政权。

　　第三起就是僖宗时期的嗣襄王伪立事件。僖宗十二岁即位，朝政全由宦官田令孜操持，自己则沉湎于游乐之中。剿灭黄巢起义军以后，朝廷财政拮据不济，濒临破产。光启元年（885），朝廷收回河中的安邑和解县（今山西运城）盐池之利，以供军费。在将河中节度使王重荣改任泰宁（今山东兖州）节度使时，遭到王重荣抗拒。田令孜只好调邠宁节度使朱玫等讨伐王重荣，不料王重荣与河东节度使李克用（沙陀人）联合，在沙苑（今陕西大荔）一战，击溃朱玫等军，并进军长安，要求皇帝诛杀田令孜。情急之下，田令孜挟持僖宗经凤翔、宝鸡，逃往兴元（今陕西汉中）。此时朱玫又变身投靠李克用，意图诛杀田令孜，追回皇帝，结果未能追上皇帝，却碰到随皇帝出奔、因病掉队的宗室嗣襄王李煴（肃宗玄孙），便将其带回长安。光启二年（886）五月，朱玫和在京朝官将李煴迎进大明宫，推立为皇帝，改元建贞（一作永贞），遥尊僖宗为太上皇。此时，远在兴元的田令孜自知积怨太深，难以自保，请僖宗任命自己为西川（今成都）监军，离开了朝廷。十一月，本为朱玫爱将、驻军凤州（今陕西凤县）的王行瑜私下接受僖宗密诏，率军回师长安，将朱玫斩杀于善和坊私邸，顿时引发京城大乱，百姓被抢掠，大明宫也在此次兵祸中遭到毁灭性破坏。李煴一时无所依靠，只好逃往河中，被王重荣斩杀，函首送往僖宗行在。这次伪立事件持续约半年。光启三年（887）三月，僖宗由兴元到凤翔暂住，等待长安宫室的修缮，文德元年（888）二月二十一日才回到长安，进入太极宫居住，因长期路途颠簸，罹病不治，三月六日崩于宫中武德殿，终于结束了自己历时十五年、颠沛流离的皇帝生涯。

第四起伪立事件发生在昭宗时期。光化三年（900），已是昭宗在位的第十三个年头，此时，削藩大事毫无进展，朝廷威望一落千丈，皇帝成为军镇的猎物，昭宗自觉无力回天，变得消沉起来，每日喜怒无常、暴戾不羁，随意滥杀身边宫人和宦官。时任左、右军中尉的宦官刘季述，为巩固自己的地位，以废昏立明为由，威逼百官在拥立太子监国的文状上署名。十一月六日，刘季述领兵进入大明宫中，先到思政殿，又到乞巧楼，找到昭宗，当面出示文状，并训责一顿，随即将昭宗与何皇后共用一辇送往东宫少阳院（有记为东内少阳院，疑误，不取）幽禁起来，门锁用铁水浇锢，派人把守，每天的食物从墙上小洞递进去。当月十日，皇太子李裕由刘季述安排，在大明宫即皇帝位，以昭宗为太上皇，把软禁太上皇的少阳院改称"问安宫"。光化四年（901）元日，出宰相崔胤暗中策动，左神策军指挥使孙德昭等人分别行动，利用早朝时机，突然冲入东宫，破门救出昭宗，迎护到长乐门楼（太极宫南面一门）。另一路人马将刘季述等人擒获并押解至城门下，昭宗正要当面诘责，刘季述已被军士乱棍打死。住在大明宫的伪皇帝李裕正准备上朝，闻听事变，赶忙派人将传国印玺送还父皇，自己则被宦官护送到左军藏匿，在得到昭宗宽恕之后，仍旧被送还东宫居住。这起历时五十天的伪立事件终于落下帷幕，宫廷生活又恢复原状，但政治局势变得更加复杂叵测。

有唐一代，从来不乏觊觎皇位的野心家，特别是那些有皇室宗胤背景的人，总是时刻关注着政局形势的变化，一有风吹草动，便蠢蠢欲动，只是现实并没有给他们多少机会，有的虽有谋划但尚未举事就被扑灭胎中。

七、黄巢称帝大明宫

大明宫是唐朝的政治中枢，一度也是黄巢农民起义军大齐政权的政令中心。

黄巢，曹州冤句（今山东菏泽）人，年轻时曾数次到长安参加科考，都未能及第，有《不第后赋菊》诗："待到秋来九月八，我花开后百花杀。冲天香阵透长安，满城尽带黄金甲。"（《全唐诗》卷七三三）后来又从事私盐贩运。乾符二年（875）黄巢率乡民揭竿举事，响应王仙芝农民起义军。乾符五年（878），王仙芝战死，黄巢独领农民军攻城略地，南北征战，终于在广明元年（880）十一月占领东都洛阳，不久又攻陷潼关，兵锋直逼长安。这年的十二月五日，僖宗在延英殿坐朝，宰臣仍无挽救危局之策，退朝之后，当即由神策军五百骑扈从，离开大明宫，经皇城含光门，再经西郭城金光门出奔山南。

同日下午，黄巢率义军行进至长安东郊霸上（霸上所指，学界多有讨论，有认为在灞河之东，也认为在灞河西畔的白鹿原北坡），受到未能出逃的唐左、右金吾大将军张直方及其他文武官员的迎接，并陪同从东郭城的春明门入城，径直来到太极宫。此时，聚集在太极殿前的数千名宫女，亲睹并一齐迎拜这位声震天下的英雄。当天，黄巢并未留足宫中，而是暂时退居宦官头目田令孜位于坊间的宅邸中。经过数日筹备之后，黄巢才于十二日正式入居大明宫，十三日举行盛大开国大典，"即皇帝位于含元殿，画皂缯为衮衣，击战鼓数百以代金石之乐"（《资治通鉴》卷二百五十四），接着又登上丹凤门城楼，向长安百姓庄严宣布，国号"大齐"，年号"金统"，并依照礼仪制度大赦天下。这是中国历史上非同寻常的一天，黄巢农民起义军大齐政权在唐朝首都大明宫正式诞生。

黄巢占领长安期间在大明宫的活动情况，包括朝仪等制度，史籍少有记载，但有一点可以肯定，在两年四个月期间，大明宫始终完好无损，正如史籍所言："黄巢据京师，九衢三内，宫室宛然。"（《旧唐书》卷十九下）

尽管黄巢起义军占领长安、建立了大齐政权，但唐朝并未灭亡，仍在积极调遣兵力围剿讨伐黄巢起义军，再加上起义军用兵指挥失误和部将朱温的叛变降唐，以及粮食转运不济等原因，造成军事形势逆转，起义军由攻势变成守势，日渐难以抵抗官军的围困。中和三年（883）四月八日东渭桥（今西安市高陵区耿镇白家嘴村附近）一战，农民军在长安的防线彻底崩溃，不得不撤离长安，实行战略转移。九日，黄巢匆忙收拾残部，离开大明宫，从禁苑东垣光泰门突围出城，经由蓝田道东退。迄于此时，大齐政权在长安城存了两年四个月。此后，又经过一年多的艰难转战，黄巢于中和四年（884）七月十五日在山东泰山狼虎谷（一说为今山东省莱芜市牛泉镇祥沟村）被杀身亡。这场撼动唐王朝统治根基的轰轰烈烈农民大起义，终于以失败告终。大齐政权同样在大明宫历史上写下了不可磨灭的篇章。

八、毁废

　　唐朝末期，统治集团腐朽没落，各种社会矛盾空前尖锐，连年不息的军阀混战，使社会凋敝，民情动荡，特别是声势浩大的农民起义动摇了唐王朝的统治根基，国家危机四伏，政权处于风雨飘摇之中。此期间发生在长安的数次战乱，导致政权更迭，市民蒙难，更使历时约300年、本已日久残破的都城，满目疮痍，败落有加。尽管每次乱局之后，都要修葺缮治，但终究难以恢复盛唐景象，直至"天祐迁都"，最终毁废。查诸史籍，唐朝末年发生在长安城的兵燹战祸，在短短二十余年间，竟有八次之多，其中僖宗朝四次，昭宗朝四次，各次战乱对大明宫、太极宫乃至都城造成的破坏，程度不等，各有侧重。

　　第一次兵祸发生在广明元年（880）十二月，时黄巢农民起义军突破潼关，兵锋直逼长安。五日上午，僖宗退朝后仓皇出逃，下午，黄巢率军进至都城东郊霸上，当时未能随皇帝出逃的左、右金吾大将军张直方等人来到起义军营地，面见黄巢，然后导引大军渡过灞河、浐河，由春明门入城，起义军终于占领了唐王朝的统治中心。虽说这是一次军事占领，但既未发生攻城，双方军队也未交锋激战，当属和平解放，都城未受到任何破坏。此后农民军占领长安的两年四个月期间，黄巢一直居大明宫，以此为大齐政权的政令中心，宫内各处应当完好无损。

第二次战祸发生在僖宗中和三年（883）四月。"初，黄巢据京师，九衢三内，宫室宛然"。此时黄巢军因东渭桥之战败绩，防线失守，退出长安，各路官军乘势涌入城中，"争货相攻，纵火焚剽，宫室居市闾里，十焚六七"（《旧唐书》卷十九下），对都城造成极为严重的破坏。但"惟含元殿独存，火所不及者，止西内、南内及光启宫而已"（《新唐书》卷二百二十五下），说明这次祸乱主要殃及的是大明宫，宫内各处遭到惨重破坏。事后，僖宗"令京兆尹王徽经年补葺，仅复安堵"（《旧唐书》卷十九下），才有所恢复。僖宗光启元年（885）三月返回京城后，仍然入居大明宫，并且还在宣政殿朝会和受册尊号，说明大明宫虽遭破坏，但经过近两年的修葺，状况大致恢复完好。

第三次战乱发生在光启元年（885）十二月。僖宗返回京城仅数月后，朝廷为池盐之利与河中节度使王重荣发生矛盾，宦官田令孜派邠宁节度使朱玫进讨王重荣，不料，王重荣联合河东节度使李克用军在沙苑（今陕西大荔）击败朱玫禁军，以致"神策军溃散，遂入京师肆掠"（《旧唐书》卷十九下），紧接着李克用沙陀军又逼进京师，僖宗只好再次出奔，逃往凤翔（今陕西凤翔）避乱。这次"乱兵复焚，宫阙萧条，鞠为茂草矣"（《旧唐书》卷十九下），长安城再遭厄运。但次年朱玫挟持嗣襄王李煴在大明宫伪立期间，曾任伪职的李拯有退朝诗"紫宸朝罢缀鸳鸾，丹凤楼前驻马看，唯有终南山色在，晴明依旧满长安"（《旧唐书》卷一百九十下）。表明这时紫宸殿、丹凤门等建筑依然完好，说明这次战乱主要祸及的是太极宫，大明宫并未遭到多大破坏。

第四次祸乱发生在光启二年（886）年十二月。这时僖宗仍滞留兴元（今陕西汉中），本是朱玫爱将的王行瑜，在凤州接受僖宗密诏，率军到长安，将朱玫杀死，"并杀其党数百人，诸军大乱，焚掠京城，士民无衣冻死者蔽地。"（《资治通鉴》卷二百五十六）嗣襄王出逃至河中（今山西永济），被节度使王重荣斩杀，函首僖宗行在。事后，"京城除大内（太极宫）正衙（太极殿）外，别无殿宇"（《旧唐书》卷一百六十五）。僖宗因长安宫室严重破坏，无法安身，而推迟至文德元年（888）二月才返回京师，入居稍事修葺的太极宫。此后，昭宗即位初期，也居太极宫。显然，大明宫在这次战乱中遭到毁灭性破坏，宫中主要建筑所剩无几，此后，丹凤门、含元殿、宣政殿、麟德殿等宫内重要建筑再未被提起，推测都毁圮于这次兵祸。

第五次战乱发生在乾宁二年（895）七月。当月八日，禁军左、右两军在城内相互攻战，左军总指挥李继鹏"纵火焚宫门，烟炎蔽天，……城中大乱，互相剽掠。"（《资治通鉴》卷二百六十）这里的宫门是指太极宫的宫门。昭宗闻乱，匆忙登上承天门，忽有飞箭射穿御衣，眼看局面一时难以收拾，只好在近卫军士扈从下离开太极宫，出郭城启夏门，经华严寺，夜宿于莎城镇（今西安市长安区引镇），第二天又来到谷口（今西安市长安区大峪口村）稍事停顿，再移驻石门镇（今西安市蓝田县汤峪镇）佛寺。约五十天后，城中局势平定，才于八月二十七日返回京城，时因"宫室焚毁，未暇完葺，上寓居尚书省"（《资治通鉴》卷二百六十），至十月才由皇城中的尚书省入居稍加缮治的太极宫。这是太极宫遭到的又一次厄运。

第六次兵祸发生在乾宁三年（896）七月。时凤翔节度使李茂贞带兵进犯京师，意图挟持皇帝。昭宗只好出奔华州，投靠镇国军节度使韩建。岐军进长安后纵火焚掠，"宫室廛闾，鞠为灰烬，自中和以来葺构之功，扫地尽矣"，（《旧唐书》卷二十上）使刚刚缮治的太极宫又遭劫难。事后，李茂贞又上书昭宗，愿意"献钱十五万，助修京阙"，再加上"诸道贡修宫阙钱"，于是，昭宗"乃以（韩）建兼领修创京城使，建自华督役辇运工作，复治大明宫"（《旧五代史》卷十五）。这次集中修治宫室的工程规模较大，由韩建部将蔡敬思督役，费时约一年余，至光化元年（898）二月大致完工。昭宗八月返回长安，径直进入大明宫居住，说明这次主要修复的是大明宫，也就是说大明宫在光启二年（886）十二月被毁的十二年后，又被重新营修缮治，大致得到恢复。但有两点值得注意，一是宫中出现了像寿春殿这样的新殿名，二是宫中的含元殿、宣政殿、麟德殿等殿名再未出现于史录，推测这次修复仅限于后宫区，而且是局部的。1978年西安出土的《唐重修内侍省碑》（保全《唐重修内侍省碑出土记》，《考古与文物》1983年第4期）对这次都城的大规模修复工程有详尽记叙。

第七次兵祸发生在天复元年（901）十一月。当时禁军中尉韩全诲与凤翔节度使李茂贞相勾结，将昭宗劫持到凤翔，并焚毁了大明宫。当日昭宗在思政殿，韩全诲带兵当面强请出幸凤翔，昭宗并不同意，刚登上乞巧楼，又被逼迫下楼，实际上已被绑架，"上行才及寿春殿，李彦弼已于御院纵火"（《资治通鉴》卷二百六十二）。出宫门时，昭宗"回顾禁中，火已赫然"（《资治通鉴》卷二百六十二），使茸构缮治不到四年的大明宫又遭重创，破坏惨重，以致天复三年（903）正月昭宗返回京城后，只好到太极宫居住。但在此后的一年间，仍有昭宗在大明宫活动的记载，说明宫内还存留一些可供使用的殿堂房舍，或者又有所缮治。

长安城遭遇的第八次祸乱，发生在天祐元年（904）正月。当时朱全忠派"遣牙将寇彦卿，奉表请车驾迁都洛阳，全忠令长安居人按籍迁居，彻屋木，自渭浮河而下，连甍号哭，月余不息"（《旧唐书》卷二十上），同时也"毁长安宫室百司"（《资治通鉴》卷二百六十四）。显然，所谓迁都，实际上是将皇帝绑架到洛阳，把居民强行赶到洛阳，同时拆除都城的大量建筑，把有用的材料运往洛阳，使延续 322 年，历隋、唐两代的都城，遭到最后、最彻底的一次大破坏，大明宫与太极宫一并沦为废墟，这就是称著于史的"天祐迁都"事件。这次迁都是中国古代历史政治地理版图上都城迁徙轨迹的一个重大转折，标志着长安地区国都地位的最终丧失，后世王朝的中央政权再未有驻足此地者。

可以看出，僖宗光启二年（886）十二月，大明宫遭到一次毁灭性的破坏，宫内建筑大部损毁，基本无存，虽然昭宗光化元年（898）由韩建组织力量进行大规模重建，但只修茸缮治了后宫的部分建筑，前朝正殿、门阙等大型建筑无力重建，未能全面恢复原貌。到天复元年（901），大明宫再度遭到重创，宫内建筑所剩无几。至天祐迁都时，宫内存留的殿宇房舍最后被全部拆毁，并将其中有用的建筑材料（主要是木材），顺渭河运往洛阳。据此，大明宫从贞观九年（635）一月初创，至天祐元年（904）一月最终毁珍废弃，总计存在了整整 270 个年头。

第二章

大明宫的规模与布局

……

山河千里国，城阙九重门。

不睹皇居壮，安知天子尊。

骆宾王《帝京篇》

（《全唐诗》卷七七）

布局和布局制度是古代都城、宫城、陵园、苑囿研究的中心课题。创建于唐朝前期的大明宫，作为隋、唐时代众多宫室的代表，是中国古代都城及宫室营造史，乃至建筑史上一座划时代的里程碑。大明宫的建筑、布局乃至布局制度的研究，对建构中国古代宫室和都城制度发展史，具有重大学术意义。借助文献资料和考古成果，目前大明宫布局的复原研究已取得突破性进展，在宫城的规模和形制、布局和空间区划、殿堂等建筑单元的配置关系、水系和道路的分布、部分建筑的本体复原，以及宫城近围环境空间复原等方面的研究，已有诸多著述面世，可谓成果斐然。然而，也有某些相关的学术问题，特别是涉及宫室制度层面的某些问题，或因史籍记载的疏略不备和阙佚，或因遗址损毁和考古进程的制约，一直未能核查清楚，还未能建构起完整的认识体系，仍有待于研究的深化。同时，对相关史料的舛讹和今人的误读，也有必要一一讨论澄清。

一、位置与地形

大明宫在都城的位置，史籍有清楚记述。《长安志》卷六、《类编长安志》卷二都说："大明宫在禁苑之东南，南接京城之北面，西接宫城之东北隅。"这一经典记述，原本出自唐人韦述的《两京新记》一书，虽然《唐六典》《新唐书·地理志》《太平御览》《唐两京城坊考》等书也有引录，却并不完整或字句稍有出入。在《两京新记》无完本传世的情况下，《长安志》的这一完整录文就尤显珍贵。

这段话有三重意思，一是明确了大明宫的方位，即坐落在都城禁苑的东南区域，坐北朝南，既偏于全城之中心位置，又不像太极宫地处郭城之内；二是明确了大明宫与外郭城的南北毗连关系，即大明宫的南城垣与外郭城的北城垣处于同一线位，也就是说创建大明宫时并未另行构筑南面宫城，而是利用了外郭城北城垣东边的一段作为南宫城（并不否认重新构筑某些城垣段落），这已被考古资料所证实；三是明确了大明宫与太极宫的相对位置关系，即大明宫的西南隅与外郭城中宫城的东北隅相接近，地处东北方位，因此，相对太极宫而言，大明宫又被称为"东内"，表明两所正宫的东西并列关系。

大明宫在都城的这种特殊位置，有其特定的原因，从历史角度看，创建大明宫时，都城早已落成，且最初的大明宫只是在都城禁苑中营造的一所离宫别馆，大约在太宗晚年才重新规划扩展为一所正宫，属于添建项目，受到早已落成的都城格局的制约，不像太极宫与都城同步规划、同期建设，居于都城之中央位置。再从都城的空间布局看，大明宫的选址和规划，既要考虑自然地形的利用，还必须妥当处理与郭城的南北对应、与太极宫的东西并列、与全城中轴线的联结等都城布局制度层面的各种关系。应该说当时的规划设计者对此类问题的处理非常到位，可谓恰到好处。

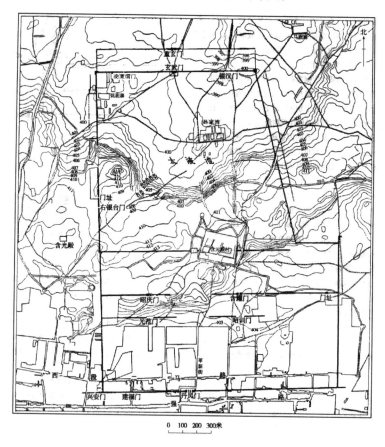

图 2-1　大明宫遗址区域地形图

大明宫周边环境已大致查考清楚。西面城垣的南段，与西内苑、含光殿院相邻，中间仅隔着一条南北向的夹道，即西内苑的东面城垣与大明宫西城垣之间的空间，宽 50 余米（2014 年兴安门发掘报告发布的最新数据为 73.3 米），夹道南端就是通往郭城的兴安门。东面城垣南段旁侧建置有东内苑，再东与仗内教坊（或小儿坊）毗连。北城垣之外，是一处内苑建置（考古报告且称之为"北夹城"，详见下文），此内苑以北不远处，当是禁苑中的先蚕坛和另一处宫室鱼藻宫，偏东处又有九曲宫，鱼藻和九曲两处宫室乃中唐时期添置。对于大明宫附近，乃至禁苑中各处建置的情况，史籍记述较为零散，田野考古调查则仅限于西汉故城遗址，更大范围的调查一直未能积极开展，成为隋唐都城研究的一大空白。随着今天西安市城区不断向北扩展，原禁苑内许多汉、唐时代的遗迹正在快速损毁消失，甚至连田野资料都来不及收取，更有甚者，与禁苑相关的一些地名也在逐渐湮灭，这必将为汉唐两代长安城的保护与研究，乃至人类记忆留下难以挽回的遗憾。

唐长安城的禁苑，隋称大兴苑，是都城的一项相对独立的、制度性建置，与郭城、宫城、皇城、内苑共同构成都城的城池体系。其南接郭城之北城垣，北临渭河，东抵浐、灞二水，西以汉故城西城垣为限。《玉海》卷一百七十一引《长安志》："禁苑在宫城之北，东西二十七里，南北二十里。"（今本《长安志》卷六讹作"南北三十三里"）推算其范围应不少于 140 平方千米。禁苑的地形属关中盆地渭河冲积平原二级阶地，高程 400 米左右，局部（龙首原高地）为残存三级阶地，高程 410 米左右，两阶地最大高差约 13 米，地表为湿陷性黄土，厚 10 米至 20 米不等。禁苑中的龙首原只是长安城东、浐河西岸龙首原高地最北边的一道支脉。这道黄土原地东起浐河西岸，西抵沣河东岸，横亘禁苑之南部，逶迤延绵五六十里。传说秦时有黑龙出南山，饮水渭河，其趋行之道，化为土山，始成龙首原（见《元和郡县图志》卷一）。此原东高西低，有墓志将西段称为龙尾原。早在秦汉时代就已利用这一高地建置宫殿，如秦之兴乐宫（汉称长乐宫）、汉之未央宫与建章宫，因有"疏龙首以抗殿"（张衡《西京赋》）的说法。创建大明宫之际，同样充分考虑到对龙首原高地的利用，以原上高地为主，向南北扩展，使宫区地形呈现为中部隆起，南部和北部低下的走势，又因为此段龙首原正处于东西走向往东北方向折转的部位，所以原上地面更显得宽展一些，南北宽度 600 米至 1200 米不等，原上高地比原下平地一般高出 11 米左右，宫内的含元、宣政、紫宸、麟德等重要殿堂大多坐落在高地之上。唐人所言的"规崇山而定制"（李华《含元殿赋》，《全唐文》卷三一四），"北据高冈，南望爽垲，视终南如指掌，坊市俯而可窥。"（《太平御览》卷一百七十三引韦述《两京新记》）正是反映大明宫地形地貌基本特点的真实准确表述。

二、城垣与用地

宫室的规模，通常是指宫城的二维空间，即用地面积的大小，但是，要真实、全面反映某一宫室的规模，其城垣长度、城门的建置、殿堂等宫内建筑的容量和体量等情况也应该是考量的方面。

大明宫的用地面积究竟有多大，今人的各种著述分别有 3.11 平方千米、3.2 平方千米、3.3 平方千米、3.42 平方千米、3.57 平方千米等不同说法，其中 3.2 平方千米一说出自马得志先生《唐代长安与洛阳》一文和《中国大百科全书·考古学》"大明宫遗址"词条。实际上这些数字都未必严密精准，只是一个大约数字，因为长期以来一直未能对大明宫遗址的四至测定坐标点，且东城垣南段的线位也因为被现代城市道路（太华路）占压而一直未能勘察清楚。另外，对宫区范围的不同认识，也会造成不同的计算结果。一般而言，大明宫的面积应当是以四面城垣闭合所形成的空间为准（包括城垣本体占地），不应包括宫城外围的内苑、夹城等附属建置的空间。同样，计算太极宫的面积就不应包括东宫、掖庭宫、西内苑，太极宫只是都城之宫城的一部分，有的著述将宫城与太极宫相混淆。从都城的布局制度看，虽然内苑与宫城相接，状似附属范围，但实际上是都城的制度性独立空间单元，不应视为宫城的范围，因而不应把东内苑视为大明宫的范围。此外，勘测作业分别以城墙内侧、外侧、中线为基准点，也会得出不同的数据，尽管相差并不很大。

史籍对大明宫用地范围的记载，有两组数字，一是《长安志》和《新唐书·地理志》所说的"南北五里，东西三里"；另一是吕大防《唐长安城图》题记所说"广二里一百四十八步，纵四里九十五步"（宋赵彦卫《云麓漫钞》卷八），《长安志图》也引用了这一数字。可以看出，前者只是一个大约数字，后者虽经实地步测，但难免有误差。另外，今人多将唐宋时期计程单位的"一步"按 1.47 米来折算，也未必精确。所以，这两组数字只能作为参考，不可作为凭据。

据中国科学院考古研究所编著的中国田野考古报告集《唐长安大明宫》提供的考古实测数据：大明宫西面城垣南北长 2256 米；北面城垣东西长 1135 米；东面城垣的走向不很规则，可分为南北两段，北段长 1260 米，呈东南—西北走向，北偏西 12°，南段长 1050 米，两段共长 2310 米；

南面城垣也就是都城北郭城东边的一段，长约 1370 米。由此，大明宫四面城垣闭合形成的宫区总用地面积约 2.95 平方千米，四面城垣合计总长 7071 米，这是反映大明宫规模的两个最主要数据。将来有条件对遗址进行准确勘测后，会得出更精确的数据。今人多将东内苑（东城垣外部分和北城垣外部分）和夹城（东城垣外和西城垣外）与宫区一并计算，就会得到一个稍大的数字，或为 3.57 平方千米。

就宫区用地面积而言，大明宫比同时期的太极宫大出了许多，太极宫占地只有约 1.9 平方千米（见杨鸿勋、马得志《关于唐长安东宫范围问题的研讨》，《考古》1978 年第 1 期）。若与用地约 4.84 平方千米（2250 米×2150 米）的西汉未央宫相比，大明宫又小了许多。东汉、北魏的洛阳宫和元大都的宫城，都不及大明宫大。今存的北京明清紫禁城只有 0.72 平方千米，大约相当于大明宫的四分之一。可见大明宫用地规模在历代宫室中属于较大的一座，仅次于西汉未央宫，在东汉及以后各代的宫室中属规模最大者。

需要说明的是，在 2008～2010 年大明宫遗址公园建设期间，考古机构对四面城垣的局部段落进行续掘和复掘，取得了新成果，经使用现代测距仪器重新测量核定，将西城垣的长度修正为 2308 米，比原测数据多出 52 米，将北城垣的长度修正为 1171 米，比原测数据多出 36 米，东城垣和南城垣因条件所限未能重新测定（龚国强、李春林、何岁利《西安市唐大明宫遗址考古新收获》，《考古》2012 年第 11 期）。据此，宫区面积将会略大于 2.95 平方千米。

大明宫四面城垣的结构和规格，未能全部查清。据已有的考古资料可知，城体的结构分为城基和城墙两部分，均用黄土夯筑而成，城基部分沉埋于唐地面以下，墙体部分外露地上。残存的城墙遗构，夯土密实，层理平直，两壁皆有收分，大多不用砖石砌筑包壁，只在城门及其关联的马道等部位砌筑有砖壁。

大明宫城垣的规格，并不统一，西、北、东三面城垣基本相同，即城基一般宽 13.5 米，沉埋厚度不等，多在 1.5 米上下，城墙根部宽 10.5 米。南城垣一直未能勘测清楚，2005 年发掘丹凤门遗址时，测定南城城基宽 10.3 米，城墙根部宽 9.8 米，规格稍小于其他三面城垣，这可能因为长安郭城与大明宫的宫城不是同时一次性构筑所造成的差异，也可能是因为隋唐时期的营造法式对郭城与宫城采用不同规格所致。对于大明宫宫城墙体的高度，因无完整的城墙实体可供测量，所以一直难以确定。唐人李筌《太白阴经·筑城篇》说："古今度城之法者，下阔与高倍，上阔与下倍，城高五丈，下阔二丈五尺，上阔一丈二尺五寸，高下阔狭，依此为准。"（《太白阴经新说》，解放军出版社，2008 年）若照此推断，大明宫城墙高度竟有 20 米左右，似嫌过高。若按《两京新记》太极宫宫城"高三丈五尺"（《太平御览》卷一百五十六）的记载来推论，大明宫宫城的高度也应有 10 米之多。单就大明宫南城垣而言，《唐六典》说长安郭城高一丈八尺，约合 5.35 米，若按《太白阴经》度城法推算，墙体底宽仅只 2.68 米，显然与考古实测数据出入较大，对此，有待深入讨论。推测在营造大明宫时，重新改筑了对应的一段郭城，使墙体加宽，改变了原来的规格。

　　大明宫的城垣遗址经过千余年的风雨侵蚀，早已残破不堪，加上近代以来的人为破坏，更是面临绝迹之厄运。2007 年，南城垣因早已没入市区，被现代建筑叠压，除城门部分之外，其他城基损失较多，不成连贯。西城垣的南半段在 20 世纪 30 年代已没入市区，因此遭到严重破坏，大部分已无迹可觅，只有北半段保存尚好，城基和残存墙体还接续不断。东城垣的南段已被现代城市道路（太华路）彻底摧毁。北段一直作为耕地权属地界的田埂，尚保存有连贯的城基约 1300 米；唯北城垣因稍偏僻于市区，又一直作为农田的地界，相对保存最好，现仍可看到地面以上残存的夯土墙体东西连成一线，延绵不断，高出地面有 2 米至 3 米不等。

　　庆幸的是大明宫东北城角台遗址至今仍然矗立地上，因土台与北城垣连成一体，高低起伏，被民间俗称为骆驼岭。据 2009 年初步勘测，东北城角台为夯土筑成，夯层密实清晰，基台呈四方形，底边边长约 15 米，外表包砌砖壁，现地面以上部分尚残存 5 米多高。城角台的南壁与东城垣相接，西壁与北城垣相接，登台的马道设置在北城垣墙体的内侧，长约 40 米，由西向东可登上城墙。分析城角台遗址结构，推测其高度当不少于 13 米，高出城墙约 3 米，上部面积约 150 平方米，应当建构有楼观（或角楼）之类建筑，《长安志》卷六记大明宫东北部有一个叫作"大角观"的建筑，《长安志图·唐大明宫图》也在北城垣东端明确标记有大角观，或可认定此城角台上的楼观就是大角观。后世有人将大角观当作宫中的一处道教宫观，似嫌依据不足。

　　城角台和城垣、城门一样，也是宫城体系的组成部分，凡是城墙相交处，都构筑有城角台，大明宫西北城角台也已发现，建筑形制与东北城角台相同，此外，在西城垣与第三道宫内横墙相交处，也有类似建筑结构。

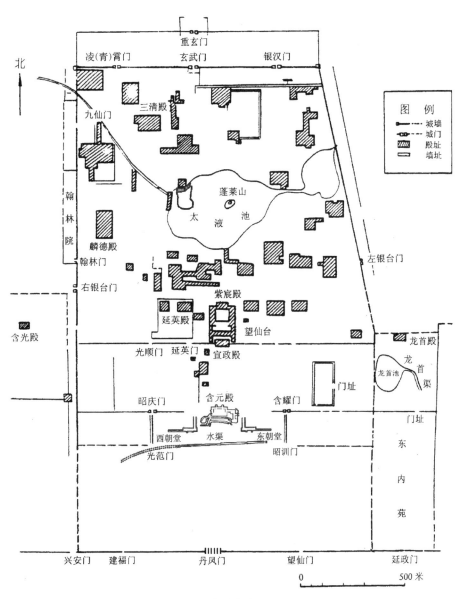

图 2-2 大明宫遗址平面图

2007 年大明宫考古遗址公园建设项目启动，按照园区的总体规划，在有效保护四面城垣遗址的前提下，采取多种形式展示城垣的线位和走向。

其中北城垣遗址和西城垣遗址北段按照"原真性保护"的原则，不干预遗址本体，只在残存的城垣遗址上面覆盖一定厚度的黄土，上部放置少量石块显示城垣宽度，覆土上面栽植草类浅根植被，以防止覆土流失。这种城垣遗址的保护展示方式，受到文物保护界的普遍认可和好评。值得注意的是东城垣北段的城基，在20世纪末违章建设太华路建材市场的热潮中，遭到严重破坏，后来又在原址上构筑模拟城墙的现代建筑物，或再次遭到一定程度的损失。

三、宫门

城垣及宫门、殿堂是古代宫室的两大主体建筑。宫室的门阙制度，涉及门阙设置的数目、配置排列方式和相互关系，以及各门阙的规格、功用和礼仪地位等项内容，属于宫室制度的构成范畴。

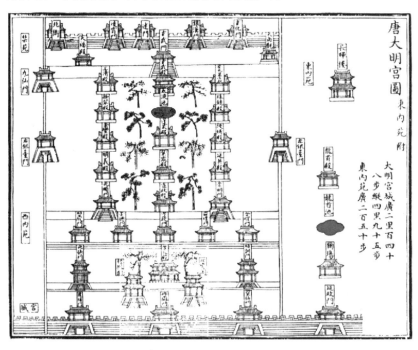

图2-3　元·李好文《长安志图》之《唐大明宫图》

大明宫的四面城垣都辟置有门阙，据《唐六典》卷七所记，共有11座。其中南城垣有丹凤（中）、建福（西）、兴安（次西）、望仙（东）、延政（次东）等5门；西城垣有右银台门和九仙门；北城垣有玄武（中）、凌霄（西）、银汉（东）等3门；东城垣有左银台门。程大昌《雍录》收录有一幅《六典大明宫图》，将南城垣5门和北城垣3门及其位置关系都标识得非常清楚。其他如吕大防《唐长安城图·大明宫图》、程大昌《雍录·阁本大明宫图》、李好文《长安志图·唐大明宫图》对这些宫门的标识，与《唐六典》所记大体一致。

目前，《唐六典》所记的11座宫门，除凌霄门和银汉门因有疑点尚不能认定外，其他各门的位置及基本形制都已大致勘察清楚，分述如下。

丹凤门 大明宫的正南门，位于南城垣的中部。按唐朝的礼仪制度，丹凤门属外朝场所，中后期的皇帝通常在此举行宣赦仪式。2005年，对丹凤门遗址进行全面考古发掘，查明此门为五门道制式，门道各宽8.5米，门道间的隔墙厚3.8米，与史籍中"凤门五开""十扇开闭"的记载相符；门阙墩台两边的城垣内侧各筑有一条3.5米宽、54米长的马道，用以登城；丹凤门基台上部构筑有楼观，称丹凤楼。丹凤门的规模之大、等级之高、地位之尊，均创都城门阙之最，从建成之日起，就成为都城的一大标志建筑。（丹凤门的详细叙述，见本书第三章）

建福门 大明宫南城垣的五座宫门之一，位于丹凤门西边约415米处。据文献记载，文武百官到大明宫参朝当班通常由建福门和望仙门进宫，他们每天很早就要从城中各坊的宅邸起身，乘马或骑驴，由仆役执掌灯笼，导行至大明宫前，待宫门开启后方步入宫城，文官和武官再分别步行到东朝堂和西朝堂等候朝谒，不论寒暑风雨，备受辛劳之苦。宪宗时在朝廷任职的白居易，有《早朝贺雪寄陈山人》诗，记录了自己在冬季一个风雪交加之日前往大明宫早朝的经历和感慨："长安盈尺雪，早朝贺君喜。将赴银台门，始出新昌里。上堤马蹄滑，中路蜡烛死。十里向北行，寒风吹破耳。待漏五门外，候对三殿里。须鬓冻生冰，衣裳冷如水。忽思仙游谷，暗谢陈居士。暖覆褐裘眠，日高应未起"（《全唐诗》卷四三二）。文中所言之"银台门""五门"，都是指大明宫的宫门，"三殿"就是麟德殿。

《旧唐书》卷十四有一条重要史料："建福、望仙等门，昏而闭，五更而启，与诸坊门同时。至德中，有吐蕃囚自金吾仗（院）亡命，因救晚开门，宰相待漏于太仆寺车坊。"由此可知，因为肃宗时被拘押在金吾仗院的吐蕃囚犯乘宫门五更（早晨三时至五时）开启之时逃跑，肃宗才敕命推迟宫门开启时间，早朝的文武百官只好站在街道上等待，好在宰相尚可到附近的光宅坊太仆寺车坊内临时休息，其他低品官员则无法躲避风雨。直到约五十年后宪宗即位，才敕令各衙署在建福门外为官员"据班品置院"，建造房舍。元和二年（807）六月，百官待漏院落成，从此，官员们在等候宫门开启时就有了遮风避雨和稍事歇息的地方。

建福门遗址因被现代民居叠压，一直无法开展考古发掘，只勘定了大致位置，2009年现场民房拆除后，才得以进行发掘。据考古资料，建福门基址东西长约36米，南北宽约18米，开3个门道，各门道均宽约5米，门道之间的隔墙厚约3米。门道内两壁残存的立柱遗迹表明，建福门的建筑形式与丹凤门相同，也是夯土基台与木梁架混合结构。推测门阙基台上部建置有楼观，名建福楼。城门内的东边与城墙一体构筑有登上城台的马道，长约20米。门址外东西两边发现有大片夯土，这应当就是百官待漏院遗址，只是遗址十分残破，不成形制，未予发掘。

2010年，建福门遗址已实施"遗址保护性复原"的展示工程，在遗址的保护覆土上面，依据考古实测数据，模拟复原出三门道制式门阙遗址的基本形制，并在门址南边安置一组"武官上朝"的雕塑，形象生动地展现出当时早朝的场景，供游人观览体会。

望仙门　大明宫南城垣的五座宫门之一，位于丹凤门东边400余米处，与建福门东西对称建置。门南直对皇城东边第二条、朱雀大街以东第三条南北大街。平日，丹凤门处于关闭状态，只有建福门和望仙门供官员进出。日本留学僧圆仁所著《入唐求法巡礼行记》一书，记载了圆仁一行数人于开成五年（840）八月二十四日上午经人引领，由望仙门进入大明宫、穿过六道门前往左军衙署办理相关居留手续的事情。

望仙门上构建有楼观，称望仙楼，史籍保留有两条修缮望仙楼的史料，一是《唐会要》卷三十记：德宗贞元十二年（796）"八月六日，户部尚书裴延龄，奉敕修望仙楼"；二是《旧唐书》卷十八上记：武宗会昌五年（845）六月"神策（军）奏，修望仙楼及（宫中）廊舍五百三十九间功毕"。两次维修相隔五十年。由此推测西边的建福门也对应构筑有建福楼，只是罕见相关史料。敬宗时，曾在望仙门侧建造"看楼十间"，文宗即位伊始，即被拆除。

2009 年对望仙门遗址进行考古发掘，证明其遗址结构和建筑形制与建福门相同，也属三个门道制式，只是登城的马道设在门内的西边，与建福门的马道相对称。望仙门遗址十分残破，实测数据不尽完全，可参酌建福门遗址的考古资料。2010 年，望仙门遗址与建福门遗址同时实施遗址保护展示工程，成为公园的一处历史景观，并在门址南边（外边）对应安置一组"文官上朝"的雕塑，展现出生动的历史场景，耐人寻味。

需要说明的是，《新唐书》卷八把会昌五年（845）六月左神策军向武宗奏报修葺望仙门楼工程完毕一事，记为"作望仙楼于神策军"，似乎在左神策军营地新造了一个望仙楼，显然是《新唐书》的编撰者误读了相关原始史料，使本来清楚的事情复杂化，甚至影响到今人的认识。事实上大明宫只有一个望仙楼，就是望仙门的楼观，有些第二手史料在转述史事时往往出错，甚至将望仙楼与仙台、望仙观相混淆，应引起史家的注意。

兴安门 原本是位于都城北郭城的三座城门之东边一门，与南郭城的启夏门南北遥相直对，经此门可由郭城出入禁苑。大明宫建成后，此门又成为通往大明宫后宫区的主要通道，兼具宫门性质，因此，又被附会为大明宫南城五座宫门之一门。因兴安门由郭城城门转变为宫门，性质发生变化，引发了都城北城垣的三门配置对应发生变化，由原来的兴安、芳林、光化的三门建制变成由芳林、景曜、光化三门建制。尽管目前未能查检到景曜门的辟置时间，但见《大慈恩寺三藏法师传》记，显庆元年（656）二月十日，玄奘法师从景曜门进入禁苑、前往鹤林寺为高祖婕妤薛氏皈依佛门受戒。可以肯定，隋和唐初并无景曜门，推测当辟置于太宗晚年"大营北阙"期间或者永徽五年（654）高宗大规模改造都城郭城及增造城门楼观之际。

由南向北进入兴安门，沿西内苑和大明宫之间的夹道北行约 1300 米，再右拐即可穿过右银台门进入内宫，较为便捷。据《资治通鉴》卷二百二十和其他史料记载，永隆二年（681）七月，高宗与武则天之女太平公主初嫁薛绍，成婚当日，在麟德殿举行五礼仪式、向父皇和母后辞别，然后经右银台门出大明宫，再经兴安门，前往宣阳坊的万年县衙举行婚礼，传说当时迎送亲队伍高举的火炬，竟把兴安门外大街两边的许多树木燎烤而死。

唐朝前期，凡征伐或平叛所获俘虏，多告献太庙，高宗时又实行献太庙后再献天子的制度，如总章元年（668）十二月七日，高宗在含元殿（《唐会要》卷十四讹为含光殿）举行受俘大会，战将李勣将平定高丽所获俘虏献于殿前。大约从宪宗开始，皇帝受俘仪式便固定在兴安门举行，如元和元年（806）十月二十九日，宪宗御兴安门，受西蜀俘刘辟，即命处斩。元和十二年（817）十一月一日，宪宗"御兴安门，受淮西之俘，以吴元济徇两市，斩于独柳树"（《旧唐书》卷十五）。平定淮西是宪宗削藩计划的重大成就，因此这次受俘仪式非同寻常，备受关注。文中所言"独柳树"是都城的一处行刑场所，位于子城外西南角，即今环城南路与环城西路交接处。史籍中有关皇帝在兴安门举行受俘仪式的记载颇多。文宗太和九年（835）"甘露之变"后，李训、郑注等人被诛杀，并在兴安门前枭首示众。可以说，兴安门献俘或受俘仪式在唐朝后期已成为在外朝举行的除元日、冬至朝会和丹凤门宣赦之外的另一项重要礼仪活动。

图 2-4　兴安门遗址发掘现场（2009 年）

兴安门遗址位于今建强路与自强东路交接处的东北角，东距建福门遗址约 260 米，遗址保存状况较好。2009 年进行考古发掘，查明遗址有早、晚期之分，各时期门道设置的数目并不相同。推测在营造大明宫以前，此门作为都城北郭城三座城门之一门，应当与对应的南郭城启夏门相同，也是三个门道的制式。此后作为大明宫之偏门，才改制为两个门道。另一种可能是兴安门在唐末遭到战乱破坏，修复时才改制为二门道。值得注意的是，吕大防《唐长安城图·大明宫图》将兴安门标识为一个门道，这或许是吕氏勘察遗址时依据当时地形做出的判断。

晚期的兴安门遗址，开两个门道，各宽 5.85 米，进深 18.9 米，两门道之间的隔墙厚约 3 米，门道中部横置有一道石门槛，门道侧壁残留壁柱遗迹，说明与大明宫其他宫门一样，也是夯土基台与木梁架混合结构形式。门内（北侧）东边残存有登城的马道遗迹，而早期遗址的马道则设置在三个门道南侧的西边，这正说明不同时期兴安门的朝向有别，前期作为郭城城门，其北为门外，后期作为宫门，其南为门外。对兴安门遗址于 2010 年实施遗址保护展示工程，展示现场按晚期遗址标识为两个门道形制。

延政门　大明宫南面宫城五座城门之最东边的一座，与最西边的兴安门对应设置。需要说明的是，延政门本来是东内苑的南门，不属于大明宫宫城的范围，但出于宫室制度之正宫的南城应设有五座门阙的制度，《唐六典》将其与兴安门一起附会为宫门，与太极宫南城垣之五座门阙（各书记载不一）相一致，当然，这两座门阙实际上也确实具有宫门之功能。进入延政门，不止到达东内苑，还可经过东内苑北边和东边的苑门，前往后宫和禁苑各处。需要说明，唐人诗文在述及大明宫的"五门"时，有的是指开五个门道的丹凤门，有的则是指南面宫城的五座门阙，应当根据语境仔细审视。

延政门遗址位于今太华南路东边的纱厂街内，因一直未能开展考古发掘，目前对其遗址结构和建筑形制尚不清楚，仅据初步勘探资料，可大致确定门址的位置。吕大防《唐长安城图》将延政门标识为一个门道，或有所依据。另据唐人崔令钦《教坊记》等书，玄宗开元之际，在大明宫南边光宅坊置右教坊，在延政门南边的长乐坊内置左教坊，并将长乐坊改名为延政坊。

右银台门　大明宫较为重要的一座门阙，位于西城垣的中部，出此门左拐顺西城垣外的夹道南行，经兴安门，可达于郭城坊间，这是大明宫后宫区与郭城之间的一条主要通道；出此门西行，经西内苑，可达于太极宫与东宫，这是往来于两宫间的要道，唐朝后期的皇帝多崩于大明宫寝殿，装殓后循此路送到太极宫太极殿设灵，然后，继位的皇帝再择日举行枢前即位之礼。出此门还可到达禁苑各场所，或者再经禁苑各苑门离开京城，天宝十五载（756）六月十三日，因安史叛军逼近京城，玄宗同杨国忠、太子一干人即出此门，向西直行，再经禁苑西苑城之延秋门离开长安西行。据史料记载，右银台门附近曾设置有内侍别省、受事亭子、内客省等机构，也有臣民来到此门向皇帝上书或待罪。

1959 年已对右银台门遗址进行发掘，测定门址距南宫城约 1300 米，门阙基台南北长 18 米，东西宽 12.5 米，加上内外两侧砌筑的砖壁，宽度可达 14 米。考古确认此宫门为一门道制式，门道两侧夯土壁之间宽 5.9 米，减去排叉柱及砖壁厚度，实用宽度约 5.2 米。门道中部有石门槛痕迹。还发现门道内有两条相距约 1.3 米的用石条铺设的轨道，供车辆通行时承载车轮碾压，因条石在后世被取走，仅留下两条土沟槽，这种设施在玄武门也有发现，其他门址的门道或因路面遭破坏，未能保留下来。门道侧壁有柱础痕迹，说明此门也属于夯土台加木梁架结构形式。右银台门遗址发掘后被回填，现门址所在地立有保护标志碑，但门址很可能在 20 世纪 80 年代的市政供水管道工程施工中被损毁。

存在二百余年的右银台门，肯定曾被多次修缮，因史料湮灭，仅见《册府元龟》卷十四记：太和九年（835）二月，文宗"敕，拆银台门，起修三门楼"，"九月，帝幸右银台门，观门楼兴工之作。"看来这是一次大规模整修工程，似乎将原有门阙拆除，重新建造一座三个门道的城门和楼观，为此，皇帝还亲自到施工现场视察。顺便提及，《唐会要》卷三十有一条史料，说大中二年（848）正月，宣宗有"敕，修右银台门楼屋宇……"经考证，文中"右"字是"左"字之误，实际上是修缮左银台门的记录。

在唐末光启二年（886）十二月的战乱中，右银台门也遭到重创，直至光化元年（898）韩建全面修复大明宫时，才又被重建，1978 年西安出土的《唐重修内侍省碑》（《考古与文物》1983 年第 4 期），也记录了此事："又禁庭出入之处，是左、右银台之楼，咸自智谋，俾令结构，……继曩时之旧制"。可见这时不仅按原状修复了城门，还重建了楼观。

九仙门　大明宫的宫门之一，位于西城垣北段，是后宫区出入禁苑的另一处通道。九仙门遗址迄今尚未发掘，据勘探资料，此门址南距右银台门 750 米，北距西北城角 245 米，开一个门道，形制与右银台门相同。由于此门遗址地处今炕底寨村中，很可能在 20 世纪末期村民建造住宅时已经遭到破坏。

文献中有关九仙门的记载并不多见。宝应元年（762）四月，肃宗临终之际，张皇后图谋废立，宦官李辅国和程元振及时迎护太子李豫（代宗）从东宫经西内苑、禁苑，来到九仙门，然后被送往凌霄门外的飞龙厩内暂时躲避，待禁军诛灭张皇后势力后，太子才来到九仙门与百官相见。顺宗即位之始，也曾在此门面见百官，还将教坊女乐 600 人放出，"听其亲戚迎于九仙门，百姓莫不叫呼大喜"（《唐会要》卷三）。大明宫西城外之北有北衙禁军的右三军营地，皇帝前往营地巡视，通常也经过九仙门。穆宗皇帝即位后，热衷于到左、右军营地与将士联欢，多次登上九仙门，观看右军的"角抵、杂戏"表演。

　　1962 年，九仙门外不远处的一个废弃的唐井中出土了一件唐代金花银盘，盘径达 55 厘米，背面錾刻有"浙东道都团练观察处置等使 大中大夫守越州刺史兼御史大夫上柱国赐紫金鱼袋臣裴肃进"铭文，弥足珍贵，此银盘现藏陕西省历史博物馆。第三次全国文物普查中，山东广饶县发现一件唐代铜鱼符，现藏东营市博物馆。此鱼符长 5.1 厘米，宽 1.8 厘米，符体剖分为两半，可以契合，其中一半的内面阴刻"九仙门外右神策军"铭文，另一半缺失（田茂磊《唐代铜鱼符》，《中国文物报》2010 年 3 月 3日）。显然，这是大明宫九仙门外右神策军使用的凭信之物，也是证实九仙门与右三军位置关系的珍贵文物。

　　左银台门　大明宫东城垣的一处门阙，位于东城垣的中部，距南城垣1300 余米，与西城垣的右银台门大体对称辟置，且稍偏北。左银台门是大明宫后宫区通往禁苑东部的主要通道，开元十四年（726），玄宗在都城东郭城外侧构筑夹城，形成复道，便于"潜行"大明、兴庆两宫之间，每次行动，都由此门出宫，经禁苑、东郭城夹道线路成行，返回时同样循此线路。禁苑中的左三军营地，就依次设在左银台门外以东不远处，长庆四年（824）发生染坊工匠扰乱宫禁事件时，刚即位的敬宗皇帝仓皇间出此门到左军临时躲避。

　　经考古勘探，左银台门遗址结构与右银台门大致相同，也开一个门道，门道宽约 6 米。推测门道之上同样构筑有楼观。在门址附近还出土了石狮和方形石座，石座的四侧面均有精美的线刻动物花草纹饰，很可能就是此门的遗物。据《旧唐书》卷十八下所记，大中二年（848）正月，宣宗敕命"神策军修左银台门楼、屋宇及南面城墙,至睿武楼"。文中所言"睿武楼",或许就是指都城东郭城夹道的北门门楼。遗憾的是左银台门遗址及其相连的城垣段落极可能在 2000 年之后拓宽太华路工程和建材市场的建设热潮中已被挖毁。

玄武门 大明宫的正北门,位于北城垣的中部,西距西北城角 538 米,东距东北城角 597 米,北面直对北边内苑(考古报告称"北夹城")之正门重玄门,相距约 160 米。由于此门只是后宫区往来内苑、禁苑的一处通道,皇帝少有活动,因此,史籍中鲜见相关记载。建中四年(783),长安发生"泾师之变"之时,德宗仓促出行就是经由此玄武门出宫,再经内苑重玄门、禁苑北门启运门,过渭河之中渭桥,奔往咸阳。

《册府元龟》卷十四记:贞元五年(789)"正月,户部侍郎班宏修玄武楼。"这可能是对太极宫玄武门楼的一次修缮。又见《册府元龟》卷十四记:贞元"八年正月,新作玄武门及庑会、踘场。"《唐会要》卷八十六记:"贞元八年,新作玄武门。"对此,《长安志》卷六有更详细的记述:大明宫"北面一门曰玄武门,德宗造门楼,外设两廊,持兵宿卫,谓之北衙。"这些史料叙述不尽一致,但基本意思清楚,即大明宫北城的玄武门原来没有门楼,至德宗贞元八年(792)才在修缮玄武门(或重建)时增置了楼观,同时又在门外新建造两廊、踘场,使此地的设施更加完善。

据考古资料,在玄武门与重玄门南北轴线的东西两边、相距 135 米处,各有一条庑廊建筑遗址,南连北城垣,北接内苑北墙,印证了史籍的记载。德宗此时重建玄武门,并构筑门楼,或许是经过"泾师之变"后,认识到大明宫北面宫门防卫的重要性,才对玄武门实施重建,并构筑门楼,加强了北衙禁军的宿卫。

20 世纪 50 年代对玄武门遗址进行全面考古发掘。实测门阙基台东西长 34.2 米,南北宽 16.4 米,基座外表砌筑有 0.7 米厚的砖壁。玄武门只开一个门道,宽约 5 米,门道内两壁残留有壁柱遗迹,表明为梁架式构造。门道中部横置一道石门槛,为行车方便,又在石槛上凿出两个相距 1.36 米的车辙沟槽,反映了唐时车制的两轮之距,门道内地面有两条嵌石的平行行车轨道,与石门槛的两个车辙沟槽相互吻合。城门基台内侧(南边)东西两边构筑有登城的马道，与城墙一体构造，马道上铺砌有印纹方砖。

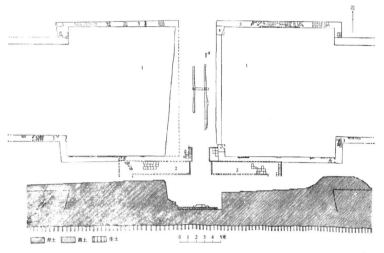

图 2-5　玄武门遗址实测图

　　玄武门内南边约 20 米处，另筑有一个小门，或称为"内重门"，门两边分别用 2 米宽的曲尺形夯土墙与玄武门东西两边的城墙相接。傅熹年《唐长安大明宫玄武门及重玄门复原研究》一文，对此门的形制和结构有深入研究。2010 年，为增加遗址公园的可观性，在玄武门遗址上部构筑钢混结构的外表砌砖的城门基台，使整个建筑的外观状似城门，可供游人登临观览，但没有配置楼观。

　　银汉门和凌霄门，都是大明宫北城垣的两座门阙，按《唐六典》卷七的记载，此两门分别位于玄武门以东和以西的同一城垣上。其中的银汉门遗址在 20 世纪 50 年代已进行考古发掘，并在遗址平面图上标识在玄武门以东 385 米处。凌霄门虽未发掘，但勘定位于玄武门以西 355 米处。值得注意的是，所谓的银汉门遗址，形制异常，门道仅宽 0.9 米，两侧砌石壁，不像是一处常规的门址，反倒像是一段水道遗迹。查吕大防《唐长安城图·题记》说，大明宫"东、北各一门"（宋赵彦卫《云麓漫钞》卷八），也就是说吕氏勘察北城垣遗址时，只看到玄武门址，并未见到银汉和凌霄两处门址。这一情况或许反映了唐后期北城垣门阙的建置发生了变化，推测有三种可能，一是本来北城垣有三座门阙，唐末的战乱使大明宫遭到毁灭性破坏，这些门阙同遭毁圮，光化元年（898）重修大明宫时，取消了北城的这两处门阙，因而，吕氏勘察遗址时不见此门阙遗址；二是这两门的门道下部设有水道，上部的门道损毁以后，只留下水道遗迹，这种门道踏面之下埋设过水涵洞的建筑形式早有先例，西汉长安城的西安门、直城门即是这样的结构（《西安汉长安城直城门遗址2008年发掘简报》，《考古》2009年第5期）；三是这两门在北城垣的其他部位，或者本来就不在北城垣，李好文《长安志图·唐大明宫图》就将这两门分别标识在北边内苑苑墙重玄门的东西两边。这三种情况中第一、第二种情况的可能性最大。当然，尽管目前不能确定这两处门址的位置，但绝不可否认其真实存在，史籍记有多起与凌霄门相关的历史事件，除"宝应事变"时太子李豫被宦官李辅国迎护到凌霄门外之飞龙厩避难一事外，《旧唐书》卷一百四十四还记有德宗贞元三年（787）平定一起与凌霄门相关的谋乱宫廷事件，当时长安狂僧李广弘，自称宗室之胤，当为人主，暗中勾结曾是宫女的资敬寺（在永乐坊）尼姑智因、殿前射生将韩钦绪、神策军将魏修等人，密谋在大明宫发动政变，夺取皇位，预定十月十日夜间起事，"举事日夜（间），令（韩）钦绪击鼓于凌霄门，焚飞龙厩草积"（《旧唐书》卷一百四十四），并有射生、神策兵内应。后因有人告发，事情败露，李广弘一干被德宗下令捕杀。今见杨鸿勋《大明宫》一书把此二门分别标记在玄武门北边内苑的东苑墙和西苑墙上，应该说这只是一种可能、目前并没有史料和考古资料支持。

上述十一座宫门之外，某些史籍还记载大明宫有太和门、日营门、玄化门、睿武门等宫门，在此试作讨论澄清。

关于日营门，宋敏求《长安志》卷六说：大明宫"东面一门曰太和门，西面一门曰日营门，北面一门曰玄武门。"文中所列大明宫东、西两面城垣的门阙名称和数目与《唐六典》大有不同。徐松《唐两京城坊考》采取《唐六典》的记述，又按照《长安志》的说法，在《西京大明宫图》之西城垣南段添加日营门，在东城垣南段添加太和门，并将宫内的西南区和东南区标记为西内苑和东内苑。

查各书所记，日营门乃是西内苑东面苑城的门阙，西内苑西面苑城辟有月营门，二门东西对称设置，早在大明宫创建之前已经存在，且日营门与大明宫西城垣之间尚有50余米（或70余米）的夹道相隔。另据史料和考古资料，西内苑和东内苑都位于大明宫城垣之外，可证《长安志》所言有误，纯属揣测，徐松《西京大明宫图》失检，当予校正。由此，可将日营门排除在大明宫宫门序列之外。

至于太和门，吕大防《唐长安城图》将其标记在大明宫东城垣北段之外的夹城上，与《两京城坊考》标记在东城垣南段（或东内苑之东门）完全不同，《长安志》卷六将左三军营地记在"太和门外之北"，将右三军记在"九仙门外之北"，似乎表明太和门与九仙门具有东西对称的位置关系，即太和门位于东城垣左银台门以北。另外，《雍录·阁本大明宫图》在宫内东北处标记有太和殿，按照九仙门内有九仙殿，玄武门内有玄武殿一样，太和殿不远处似乎对应有太和门。既然《唐六典》不记此门，或可推断为开元之后、宪宗元和年间，或者晚至文宗太和年间才辟置。因此，太和门的存在不可否认，具体位置究竟在东宫城的南段还是北段，或者在东夹城，仍有待深入讨论。

关于玄化门，《唐会要》卷三十记："元和二年六月，诏左神策军新筑夹城，置玄化门、晨耀楼。"《旧唐书》卷十四、《册府元龟》卷十四也有类似记载。《雍录·阁本大明宫图》将其标记在左银台门以北的夹道北端，可见其位置大致是清楚的，即坐落在东城垣之外的夹城上，并非是宫城城垣上的门阙，且创建于宪宗元和二年（807）。今人辛德勇《隋唐两京丛考》依据日僧圆仁《入唐求法巡礼行记》的相关记载，认为玄化门位于东城垣南段，似有疑点，未必允当。其实目前并无史料或考古资料证明大明宫东、西宫城的南段辟置有宫门。至于同时创建的晨耀楼，其位置目前尚不能确定，但可以肯定与玄化门不是同一建筑，因为按照惯例，城门与城门上楼观的名称应该是一致的。吕大防《唐长安城图》将晨耀楼标识在东内苑的东北角，似乎是一个城角楼，李好文《长安志图·唐大明宫图》则标记在东内苑的东北部，位置稍有差异，但基本一致，由此，或可认定晨耀楼就是东内苑的东北城角楼。

睿武门，也是一座暂时不能确定位置的重要门阙。《唐会要》卷三十记：大中二年（848）正月"敕修右银台门楼屋宇，及南面城墙至睿武楼"。《册府元龟》卷十四也有完全相同的记载，《唐会要》卷六十六又记："天宝十载八月二十七日，敕，白兽、日华、睿武、南辟（辟）仗等门，宜令宫苑通管捉。"这些史料似乎表明，在西宫城的右银台门以南还有一座叫作睿武门的宫门，而睿武楼就是睿武门的楼观。不过，此事在《旧唐书·宣宗纪》则记为："神策军修左银台门楼屋宇及南面城墙至睿武楼。"究竟是"右"，还是"左"，必有一讹。因为这些史料都比较原始，不可轻易断定孰是孰非。《资治通鉴》卷二百二十一卷记：肃宗上元元年（760）七月十九日，李辅国"矫称上（肃宗）语"，请太上皇前往太极宫游览，在将太上皇骗出兴庆宫，行至睿武门时，李辅国带领五百兵骑，露刃遮道，逼迫上皇迁居太极宫。另见唐人郭湜《高力士外传》将此事发生地记在都城东郭城之夹城。综合这些史料，睿武门的位置有四个可能地点，即大明宫西城垣南段、或东城垣南段、或东内苑东门、或都城东郭城夹道北头的门阙。查吕大防《唐长安城图》在东郭城夹道北端绘有一门，但未标名称，再结合上述史料，此门极可能就是睿武门。当然，最终的结论，还有待新资料证实。《长安志》卷九将睿武门当作兴庆宫内一门，肯定不准确，今人《唐代长安词典》即沿袭此说。

四、宫区区划

大明宫四面城垣内约 2.95 平方千米的空间，按照宫室制度、自然地形，乃至禁卫防守和宫廷生活的需要，被进一步区隔划分，形成功能不同、建筑配置有别的各个区域。

就自然地形而言，宫区大体可分为南部、中部、北部三大区块。南部区域就是龙首原南坡下之平地，东西 1360 余米，南北约 600 米，范围约 0.8 平方千米，其间未置殿宇，只有少量房舍，建筑密度很小，基本保持一种开阔空旷的环境风貌。中部区域就是龙首原高地，范围约 1.2 平方千米，这是大明宫的核心区域，南起含元殿前龙首原南坡东西一线，北至龙首原北坡，地形高敞，视野开阔，重要的朝殿和寝殿以及部分衙署分布其间，建筑鳞次栉比，密度较大。北部区域就是龙首原北坡下之平地，范围近 1 平方千米，属后宫的一部分，除太液池大幅水面外，池北岸至北城垣之间建置有大量殿堂及其他场所，建筑分布相对散乱，密度较大，看不出配置规律。

据《唐六典》的记载和吕大防《唐长安城图》之大明宫部分的标识，

宫内南半部构筑有三道东西平行的隔墙，或可称为"宫墙"，以与宫城的四面城垣相区别。这三道横墙既对宫内空间进行区隔划分，又造成由南向北重重深入之形势。第一道宫墙横置于以含元殿为中的东西一线，东段辟置昭训门，西段辟置光范门；第二道宫墙横置于以宣政门为中的东西一线，东段辟置含耀门，西段辟置昭庆门；第三道宫墙横置于以紫宸门为中的东西一线，东段辟置崇明门，西段辟置光顺门。三道宫墙东段的三座墙门和西段的三座墙门都南北直对，各形成一条穿过三重宫墙门阙的南北街道，按史料记载或可将东路称为"崇明门街衢"，将西路称为"光顺门街衢"，也可略称为东街和西街。

三道宫墙中的第三道宫墙，南距南城垣近 1000 米，北距北城垣约 1260 米，将整个宫区分隔成南北两大部分，南半部的建筑布局规整划一，一轴、两街、三墙的格局，非常清楚，北半部建筑分布则散乱无序，多依地形建置，按照古代宫室"前朝后寝"的制度，这道宫墙正是大明宫前朝区与后寝区的界隔所在。

第一道宫墙至第三道宫墙之间的空间，是宣政殿和中书省、门下省、御史台等中央决策机构和其他衙署的集中分布区。第一道宫墙以南范围，并未配置殿堂类大型建筑，只有东、西朝堂和左、右金吾仗院等处所，另在含元殿前 130 余米处设置有一条东西向的人工开掘水渠，可称为"南渠"或"龙首渠（支渠）"。丹凤门至含元殿之间，应当是一个大型广场，或可称为"御道"，虽然目前尚未勘察到御道的东西边限，但据残存的吕大防《大明宫图（残）》可知，御道东西两边构筑有南北走向的隔墙，《长安志》卷六说含元殿与丹凤门之间"中无间隔，左右宽平，东西广五百步"，似乎两墙之间的御道宽达 700 余米，那么，望仙门和建福门内的两小区，则各宽 300 余米。

20 世纪，大明宫遗址区内居民的生产生活活动，使局部地形和地层关系发生了极大变化，致使三道宫墙的基址未能全部勘察清楚。目前仅勘探确认含元殿东西一线的宫墙和第三道宫墙的墙址，另一道宫墙究竟在含元殿以南，还是在宣政门东西一线，尚未确认，因此，三道宫墙的六座门阙的名称也不能与现存的门址对应认定。

1987 年发掘了含元殿以东一段宫墙上的门址，考古报告公布为含耀门遗址，但按文献记载应当是昭训门遗址。考古实测此门址的基座东西长26.4米，南北宽12.5米，开两个门道，门道各宽约5米，两侧残存排叉壁柱的石础遗迹，两门道之间的隔墙厚3.9米，门座两边的墩台各宽6.2米，门基台两边的宫墙宽5.9米，门外东侧和西侧各构筑有向南延伸的夯土隔墙，两墙相距约40米，似为一条夹道，但向南延伸的情况目前不清。

图2-6　含耀门遗址发掘现场（由北向南）

考古资料证明，这处门阙也是土木混合的梁架结构形式。至于双门道的制式，则是长安城门阙类建筑遗址发掘的首例，按照《隋唐嘉话》卷中所说，由马周提出、太宗准许的都城交通实行"城门入由左，出由右"的制度，此门通行规则应当是东门道入，西门道出，与今天的"靠右行"交通规则完全相同。再从门址出土的瓦作件、小铜佛像和善业泥佛像等遗物看，此门上部应当构筑有楼观。由此可推定，其他宫墙段落的规格，与这段宫墙相同；其他五座门阙的规制、结构都与这座门阙相同，上部也构筑有楼观。

宫墙的六座门阙，史籍多有记载，特别是光顺门和崇明门，位处前朝区与后寝区之要冲，尤显重要。早在龙朔三年（663）十月，高宗因患病，就曾下"诏，太子每五日于光顺门内视诸司奏事，其事小者，皆委太子决之。"（《资治通鉴》卷二百一）武则天位升皇后，还曾别出心裁创立了一项新制度，即元日、冬至百官朝贺皇帝之外，还要再朝贺皇后。仪凤三年（678）正月四日，武则天就在光顺门接受"百官及蛮夷酋长"的朝贺。此后，肃宗张皇后在乾元元年（758）也举行过光顺门受朝贺之仪式。唐中后期曾一度实行过百官元日朝谒太子和皇太后的制度，即元日含元殿朝贺皇帝的仪式结束之后，百官再到崇明门朝谒太子，然后再进入光顺门，诣皇太后所居殿室，行奉贺之礼。元和十四年（819）正月，宪宗迎法门寺佛骨也是经由光顺门进入后宫供奉三日。光顺门也像右银台门一样，往往有臣民在此向皇帝上书。元和六年（811），试太子舍人李涉，来到光顺门进状，为打了败仗的吐突承璀辩护，结果被贬官。会昌三年（843）三月二十五日，宪宗之女、武宗之姑母、和亲回纥的太和公主历经千般磨难之后，被救助回到长安。当日，她来到光顺门前，长跪不起，"以回纥背叛恩德，侵轶边陲"，自己未能为国家消除外患而"脱去簪珥，变服请罪"（《唐会要》卷六）。在得到武宗派人宣慰后，才进入后宫相见。另外，唐朝公主出嫁，有施行五礼（问名、纳彩、纳吉、纳征、请期）和迎亲仪式，唐前期，此礼常在光顺门举行，开元十六年（728），玄宗女唐昌公主出降，即在光顺门外完礼。德宗贞元二年（786）又敕命将此项礼式改在光范门举行，因而元和九年（814）宪宗女岐阳公主出降，就在光范门行事，并发神策军三百士兵翼道。有时皇帝还在光顺门为宰臣、蕃帅举哀。可以看出，光顺门及门前的道路不但是前朝通达后寝的要道，也一直是大明宫的一处重要礼仪活动场所。

大明宫的各种门阙数目很多，正所谓"千门万户"。除十多座宫城城门和上述三道宫墙的六座墙门外，还有众多的侧门、偏门、便门的名称出现在史籍中，而各殿院的院墙都辟置有不止一处院门，因此，许多门名是无法一一核对清楚的，也极易相互混淆，如左掖门和右掖门、白兽门（似还应有"青龙门"）等目前仍不知所在，有些门虽然位置清楚，但因所在地点地层扰乱和遗址损毁而无法勘定。

五、殿堂建筑

在中国古典建筑中，通常把宫室和庙所中的某些房屋称为"殿"，这是用以标志宫室中皇帝寝居、听政、举行礼仪活动和庙所中奉祀尊神的建筑物的一种方式，其实，这些所谓的殿室与其他房屋并没有本质的区别，只是规制较为高大，雕饰超乎寻常，地位略显尊崇而已。大明宫内的各类建筑中，最重要的就是殿堂类建筑。

大明宫内究竟有多少被称为"殿"的建筑，一直没有准确数字，也很难作出统计。《旧唐书》卷三十八记："高宗已后，天子长居东内，别殿、亭、观三十余所。"成书并颁行于开元后期的《唐六典》，仅列出 20 处殿名，这些记载大概反映了迄于开元二十六年（738）的情况。宋人宋敏求《长安志》卷六之《东内大明宫章》，竟列出约 70 处殿名，大约补记了开元以后各代皇帝增建的殿堂名，不过其中多有错讹，显然未做缜密考订。程大昌《雍录·阁本大明宫图》标记有 28 处殿名及其大致方位，具有极高的史料价值。清代徐松《唐两京城坊考》综考《长安志》等书，列出殿名约 40 处（不含东内苑）。今人张永禄主编的《唐代长安词典》广搜各书，列出了 60 多处殿名。其实这些著述都难免有疏漏和误记，有待一一订正。

　　目前，经考古勘察，在宫城范围内能够认定为殿址的建筑基址仅有二十多处，与文献记载的数目相差很大。究其原因，一方面因为改名、拆除重建、迁建，殿名本来就多于殿堂的实际数量，如太宗创建大明宫时，宫内的紫微、芳兰、天成等殿，在高宗时统一改名而再未被提起；又如唐末光启二年（886）十二月大明宫遭到毁灭性破坏，殿宇大多毁圮，及至光华元年（898）修复大明宫时，又出现了像寿春殿、保宁殿这样的新殿名；再如玄宗及以后的各代皇帝都在宫内有所添建，造成殿堂数目渐趋增多。另一方面是有些殿堂遗址因后世人为破坏而损毁消失，未能保存下来，因此，考古成果并不能反映殿堂的实际数目。此外，也有中国史籍失载的殿名，例如宣化殿，日本文献记有德宗在此殿会见遣唐使一事，而且宣宗皇帝就极可能崩于这一殿所。因此，宫内殿堂的数目是一个变量，各时期的存量不尽相同，要将数十座殿名的沿革、功用、地点、存废情况一一查对清楚，仅凭现有文献和考古资料，是难以做到的。

　　大明宫中的几十座殿堂，建构起独特的宫室建筑布局体系，每一座殿堂又因为不同的名称、结构、规格、外观、位置和功用而具有鲜明的个性。有的小殿，可能仅只三开间或五开间，而像含元殿竟然面阔十三间。有的殿堂上部结构有阁楼，旁侧连接亭、楼或廊道，实际上是建筑组群，如麟德殿，居然由三座大殿串联结构为一体，上部构筑景云阁，两侧对称配置楼阁和亭台。有的殿堂坐落在地形高敞的龙首原上，有的则地处太液池附近的低平之地。

大多数的殿堂坐落在院落之中，四周筑有院墙或院廊，如浴堂殿就坐落在浴堂院内，院落的正门就叫浴堂门，以往的发掘较为注重殿堂本体，对附属建筑似乎有所忽视。

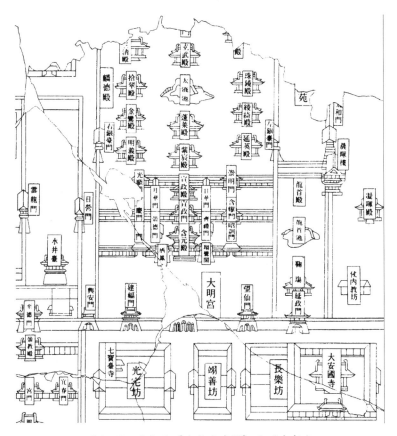

图 2-7　吕大防《唐长安城图》大明宫部分

按基本功用（规划功能和实际使用情况）可将这些殿堂大致划分为朝殿和寝殿两类。朝殿是指专门供皇帝举行朝会及其他礼仪等政务活动的殿所，其数量并不多。寝殿则是皇帝、皇后，以及皇太后等寝食起居的所在，如武后所居之含凉殿，肃宗所居之长生殿，德宗所居之浴堂殿和会宁殿（崩于此殿），宪宗所居之中和殿，穆宗和敬宗所居之清思殿，文宗所居之太和殿，都属寝殿，这类殿堂数量较多。单就朝殿而言，依据不同的功用、等级，又有正殿和便殿（或称偏殿）之分，含元、宣政、紫宸等三座位于中轴线上的殿宇，分别标志古代宫室礼仪制度的外朝、中朝、内朝，属于正殿，其余像延英、麟德、金銮等数座殿室就属于朝殿中的便殿。也有人把宫内所有殿堂按坐落位置区分为正殿和偏殿，并无错误，但忽视了殿堂的功用和礼仪地位。此外，宫内的道观和寺院中，也应当有被称为"殿"的建筑，用以祀神，如三清殿、玉宸殿等。

据诸多史籍记载，能够确定为大明宫的殿名有：

含元、宣政、紫宸、蓬莱、延英、含象、金銮、麟德、含凉、长生、浴堂、中和、太和、清思、思政、咸宁、宣和、咸泰、会宁、宣徽、九仙、玄武、大福、承欢、长安、仙居、珠镜、三清、宣化、白莲花、甘泉、含冰、水香（承香）、紫兰、绫绮、温室、明义、还周、拾翠、碧羽、凝霜、思贤、寿春、保宁、玉宸等四十余座。

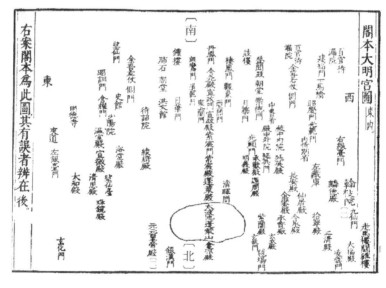

图 2-8　程大昌《雍录·阁本大明宫图》

这些殿名中并未包括太宗时期宫中的紫微、芳兰、天成等殿名，也未包括东内苑和玄武门北边内苑中的龙首、骊德等殿名，内苑中的殿名不应和宫内的殿名相混同，就像不能把西内苑中的殿名列入太极宫一样。此外，各书记载大明宫的永安、宝庆、寿昌等一些殿名，尚待进一步查证清楚。又见《佛祖统纪》卷四十二记：德宗时，"湖州刺史于頔进沙门皎然《杼山诗集》，藏于御书殿。"这里所言的"御书殿"，究竟是一个殿名，还是泛指大明宫中藏书的殿所，目前尚难定论。

大明宫中殿堂的分布有两大特点，一是除去坐落在前朝区的含元、宣政两大殿之外，其余都分布在第三道宫墙以北的后寝区；二是后寝区龙首原上的殿堂，西部右银台门和光顺门内一带多为朝殿，如紫宸、延英、金銮、麟德等，因此这一带应是后宫的政事区，而左银台门和崇明门内一带多为寝殿。

下面将宫内主要殿堂的沿革、功用及相关情况略述如下：

含元殿 大明宫前朝第一座正殿，位于丹凤门内正北的龙首原南坡之上，龙朔三年（663）四月建成，光启二年（886）十二月毁于战乱，存在了224年。作为朝仪制度的外朝场所，含元殿的功用较为单一，皇帝通常在这里举行元日、冬至大朝会活动。含元殿遗址保存较为完整，经两次考古发掘，查清了遗址的基本结构和殿堂建筑形制。复原研究表明，含元殿面阔十三间，进深五间，基台东西长77米，南北宽43米，是中国古代建筑史上等级最高、规模最大的殿堂建筑。同时，又是一组由主殿、东西翼廊、栖凤阁、翔鸾阁、东西龙尾道和东西朝堂有机结合而成的建筑组群。（此殿详述见第四章）

宣政殿 大明宫内三大正殿之一，坐落在含元殿以北、紫宸殿以南的中轴线上。此殿也创建于高宗龙朔年间（661~663），毁圮于唐末光启二年（886）的战乱。据史料可知，宣政殿坐落在殿院内的北部正中位置，殿院南边有宣政门，殿前东西两边有院廊，东廊开日华门，西廊开月华门，殿堂两侧辟有东上阁门和西上阁门，是宰臣前往紫宸殿入阁议事的必经之路，殿院内还建置有钟楼和鼓楼。宣政殿作为周礼之三朝制度的中朝所在，既是大明宫的中心建筑，也是宫中地位最为尊崇的殿宇。皇帝通常在这里举行即位、太子册封、朔望朝参、改元、受尊号、制举殿试、读时令等重大礼仪活动。（此殿详述见第五章）

紫宸殿 大明宫内三大正殿之一，位于大明宫中轴线上第三道宫墙以北的后宫区，因此又称"内朝正殿"，是古代三朝制度之常朝所在。龙朔三年（663）四月二十五日，高宗首次在紫宸殿举行朝会，这也是都城政治中心由太极宫转移到大明宫的标志，直到僖宗初期约220年间，各代皇帝在此殿举行过朝会、宴享、会见蕃客、册封、诞日庆贺、宣敕、制举殿试、命官谢恩和辞行等各种各样的活动。紫宸殿的位置已经勘探清楚，虽然遗址破损严重，但殿、廊、院、墙、门等遗迹尚可辨识。因迄今未能发掘，遗址结构和建筑布局不清。（此殿详述见第六章）

蓬莱殿 大明宫内一座著名殿堂，《唐六典》录有此殿名。《册府元龟》卷五十二记："太宗皇帝先置毗沙门神及功德在蓬莱殿，是日（指文宗开成二年二月十一日）移出配诸寺安置。"由此可知，此殿乃宫内早期殿堂，应当建成于贞观二十年（646）前后，直到文宗开成二年（837）尚在使用。高宗龙朔二年（662）四月，改大明宫为蓬莱宫，迁入居住，就以蓬莱殿作为自己的寝殿。

《太平广记》卷三十八记，开元末，玄宗曾召道士成真人进宫，"馆于蓬莱院"。代宗即位后，召山人李泌到长安，安置在"蓬莱殿书阁"（《新唐书》卷一百三十八）暂住，此事也有记为"舍于蓬莱殿延喜阁"（《太平广记》卷三十八）。文宗曾"观书蓬莱殿"（《新唐书》卷二百）。综合这些史料，可知蓬莱殿坐落在蓬莱殿院内，另有附属建筑延喜阁，阁内存置大量书籍，是宫内一处专供皇帝读书的图书馆。

蓬莱殿规模宏大，功用多样，皇帝往往在这里举行宴会之类的活动。宝历元年（825）八月的一天，敬宗在此殿"会沙门道士共四百人，赐食兼给茶、绢有差"（《册府元龟》卷五十四）。此外，代宗、德宗、文宗都曾在此殿召见宰臣，商议政事。

蓬莱殿的位置，《长安志》卷六说坐落在紫宸殿以北的龙首原北坡之上，但并未说清准确位置。同书卷十一在述及大明宫毁废170余年后的旧址时又说："今旧迹悉废，唯复道泊含元、蓬莱殿、蓬莱山遗址略存"。似乎认定了蓬莱殿遗址。现今紫宸殿遗址以北一带的建筑基址较为密集，一直未能发掘，目前还无法认定对应的遗址。

延英殿 大明宫内一处著名的、也是非常重要的殿堂建筑。就其位置看，坐落在中轴线建筑的旁侧，属于便殿，就功用而言，当属朝殿之常朝（或称便朝）场所，既有皇帝定时开殿听政，也有遇急事，随时和臣下在此议政，因称"延英召对""延英奏对"或"延英论事"。由于皇帝不能保证天天坐朝紫宸殿，所以延英殿听政就成为紫宸朝会的补充。唐代开创的延英殿听政制度对后世产生了深远影响，因而也引发了广泛注意和深入讨论。

延英殿的创建时间，史籍无明确记载，成书于开元二十六年（738）的《唐六典》，已录有此殿名。《南部新书》卷甲又说："上元（高宗与肃宗都有此年号）中，长安东内始置延英殿，每侍臣赐对，则左右悉去，故直言谠议，尽得上达。"据此，似可推定此殿创建于高宗上元（674～676）时期，属宫中的早期建筑。

据史料所载，玄宗时已在延英殿会见臣下，大约在代宗、德宗时期，以延英殿为标志的这种便捷处置政事的听政制度逐渐形成，并固定下来，一直延续到唐末。唐人薛能有诗"寥沉敞延英，朝班立位横。宣传无草动，拜舞有衣声。"（《全唐诗》卷六四〇）描述了延英殿议政的场景。在长庆元年（821）冬季的一次紫宸殿朝会时，大臣对即位不久的穆宗沉湎游乐、疏于朝政提出谏劝，穆宗则说："阁中（紫宸殿）奏事，殊不从容，今日已后，有事须面论者，可于延英请对，当与卿等从容讲论"（《册府元龟》卷五百四十六），意思是这些琐事不要在正殿朝会上议论，会后在延英殿小范围畅言讨论为好。

延英殿的史料较为丰富，《旧唐书》卷三十七记有一则故事，说肃宗上元二年（761）七月某日，延英殿御座上生出白灵芝，一茎三花，当即被视为瑞象，但占辞说"白芝主丧"，不料第二年玄宗、肃宗果然相继驾崩。文宗诞于十月十日，起初，逢此日在麟德殿举行三教讲论，大和七年（833）被定为庆成节后，便改为在延英殿举行皇帝家宴庆祝，届时，"奉迎皇太后与昆弟、诸王宴乐，群臣诣延英门奉觞"（《唐会要》卷二十九）。僖宗时曾将延英殿一度改称灵芝殿。《资治通鉴》卷二百六十二记，天复元年（901）十月二十五日，昭宗"开延英，……同议政事。"说明此殿是大明宫内一直保留到最后的殿堂之一，在"天祐迁都"时最终被拆毁，存世将近 230 年。

延英殿在宫内的位置，史籍记载不尽一致。晚唐人李庾《两都赋》说："东则左阁当辰，延英耽耽……，西则月华重启，银台内向"，似乎延英殿位于宫区中轴之东畔，由此，吕大防《唐长安城图》和宋敏求《长安志》也都说位于紫宸殿以东。但《唐六典》记："宣政（殿）之左曰东上阁（门），右曰西上阁（门）。次西曰延英门，其内之左曰延英殿，右曰含象殿。"这段文字明确说延英殿院位于宣政、紫宸殿以西，《雍录·阁本大明宫图》和《唐两京城坊考·大明宫图》均附同此说。目前学界多以《唐六典》所记为是。据考古勘探资料，在第三道宫墙以北的紫宸殿遗址西边近处，发现一处大型院落遗址，院墙内分布着两处殿址，参照《唐六典》的记述，院内东边（左）的应是延英殿遗址，西边（右）的应是含象殿遗址，因未进行考古发掘，目前遗址结构和建筑形制不清。

与延英殿相关的延英门的位置，目前尚有不同认识。按理说，延英门本当辟置在延英殿院的南面院墙上，《雍录·阁本大明宫图》即将延英殿及延英门都标记在光顺门次北的位置，应该是真实可信的。徐松《唐两京城坊考·大明宫图》虽然错误很多，但对延英殿、延英门与紫宸殿、紫宸门、光顺门位置关系的标识却是非常准确的。《唐六典》将叙述延英门的文字置于叙述宣政殿的文字之后，致使后人产生误解，认为第三道宫墙光顺门以东、宣政殿以西不远处有延英门。因此，怀疑《唐六典》此处有脱文。相关的这一段第三道宫墙遗址已经遭到严重破坏，并未发现任何门址，即使此处原来有门，也未必就是延英门。今遗址公园按照考古报告的推测在第三道宫墙上模拟出一个所谓的延英门遗址，只是反映了一种推测性的认识，并不表明延英门的确切位置。

含象殿　《唐六典》卷七记："……延英门，其内之左曰延英殿，右曰含象殿。"说明此殿属宫内早期殿堂，其位置在延英殿院之内的西边。考古勘探资料表明，在紫宸殿西边确有一个大型院落，院内分别有东、西两处殿址，与史料关于延英门、延英殿、含象殿的记载相吻合，考古报告推定这处殿院遗址的西边殿址即是含象殿遗址。因为迄今未能进行发掘，含象殿遗址的结构不清，又因为相关史料缺失，其功用也无从知晓。

麟德殿　大明宫内的一所重要殿宇，位于右银台内东北处的龙首原北坡之上。麟德二年（665）建成，毁圮于唐末战乱。麟德殿的主要功用是举行宫廷宴会和乐舞表演、会见来使和臣下、设道场等活动。麟德殿遗址是大明宫内保存最完整的一处殿堂建筑遗址，20世纪50年代进行全面考古发掘后得到确认。据文献记载与考古资料可知，麟德殿基台为两重平台，殿堂由前、中、后三殿串联结构而成，另有景云阁、障日阁、郁仪楼和结邻楼、东亭和西亭等附属建筑。麟德殿规制宏大，结构奇特，称著于中国古代建筑史。2005 年，全面实施麟德殿遗址保护工程后，对公众开放参观。（此殿详述见第七章。）

金銮殿　大明宫内的一座重要朝殿，《唐六典》录有殿名，说明早在玄宗开元时期已有此殿，但创建时间未能查清。据史籍记载，金銮殿坐落在蓬莱殿西北、麟德殿东南的金銮坡（龙首原北坡之一段）附近。《五代会要》卷十三载，金銮殿"因金銮坡以为名，与翰林院（指翰林东学士院）相接"。这种以地名金銮坡命殿名的说法，未必可信。

史籍中有关皇帝在金銮殿与臣下处理政事的记载颇多。天宝元年（742），玄宗接受玉真公主（或他人）的推荐，诏征李白到京，初见于金銮殿，"论当世事，奏颂一篇，帝赐食，亲为调羹，有诏供奉翰林"（《新唐书》卷二百二）。此时起，李白便入翰林院侍奉皇帝。对此，李白有诗"承恩初入银台门，著书独在金銮殿"（《全唐诗》卷一七〇），记述了他在此殿活动的情况。

德宗时在金銮殿附近另设置一所翰林东学士院，使此殿成为翰林学士承担"制诰"（起草诏书）、参与皇帝内廷决策的象征。贞元二十一年（805）正月，德宗弥留之际，翰林学士卫次公与郑絪奉命来到金銮殿起草遗诏，本来应当由太子李诵继位，但宦官以太子长期身患疾病、口不能言为由，图谋另立，最终在卫次公等官员的坚持下，遗诏确定由太子继位，才使李诵顺利即位，是为顺宗。武宗朝，宰相李德裕得势，常在金銮殿与皇帝共商国是，处置诏命，因有诗直抒胸臆："内宫传诏问戎机，载笔金銮夜始归。万户千门皆寂寂，月中清露点朝衣"（《全唐诗》卷四七五）。唐中后期以金銮殿为标志的内廷决策机制，使金銮之殿名对后世的宫殿命名产生了极大影响。

金銮殿及翰林东学士院，大致位于麟德殿东南、蓬莱殿西北的龙首原北坡上，这一带建筑基址密集，因未开展发掘，准确的位置目前尚无法认定。

长安殿（长乐殿）　　大明宫殿堂之一，《长安志》等书都载有此殿名。《雍录·阁本大明宫图》将长安殿标记在光顺门内金銮殿南边。《旧唐书》卷九记，"安史之乱"时，皇城中的太庙遭到叛军焚毁，官军收复长安后，肃宗只好将新制作的神主（先帝牌位）暂且安置在大明宫长安殿，至德二载（757）十二月三日，太上皇（玄宗）返回京城，先御含元殿受百官称贺，再到长安殿举行谒庙之礼，并向先帝请罪。待次年太庙修复后，肃宗才亲自将九庙神主迎奉到皇城中的新庙安置。但见《旧唐书》卷十将安置神主的殿名记为"长乐殿"，据说肃宗在收复京城后，将"宫、省门带'安'字者改之"（《旧唐书》卷十），可能长安殿此时已被改为长乐殿了。长安殿的位置，目前无考。

含凉殿　　大明宫寝殿之一。据史籍记载，龙朔二年（662）六月一日武皇后生旭轮（睿宗）于此殿，由此可推定此殿是高宗当年四月由太极宫迁居大明宫时刚落成不久，以充作武皇后在宫内的居所。唐人段成式《酉阳杂俎》前集卷三还收录一则有趣的故事："睿宗初生含凉殿，则天乃于殿内造佛氏，有玉像也。及长，闲观其侧，玉像忽言，'尔后当为天子'。"这显然是李旦登基后为自己编造的一个神话而已。

按《长安志》"蓬莱（殿）后有含凉殿，殿后有太液池"的记载，此殿当位于太液池南岸，但《雍录·阁本大明宫图》却将其标识在太液池北岸上，《唐两京城坊考》沿用此说，因此，具体位置目前无法确定，但可以肯定位于池岸周边。2003 年，在太液池南岸阶地上发现一处东西长 32 米（推测面阔五间）、南北宽 23 米（推测进深四间）的建筑基址，考古报告推测为含凉殿遗址，对此有待进一步讨论。

长生殿　　大明宫内一处寝殿，宝应元年（762）四月十八日，肃宗崩于此殿。唐朝除大明宫和洛阳宫中有长生殿外，华清宫（今临潼区）也有一所长生殿，因此，学界对白居易《长恨歌》"七月七日长生殿，夜半无人私语时"中长生殿的所指和功用的讨论，就成为一个经久不息的论题。据记载，华清宫的长生殿建造于天宝元年（742），杨玉环被召入宫是在开元二十八年（740），查诸史籍，玄宗携杨氏在夏季前往华清宫只有一次，按宋人乐史《杨太真外传》所记，是在天宝十四载（755）六月，因此，诗中的长生殿极可能是指大明宫的长生殿，否则，就是一个虚拟的故事。

大约在肃宗以后，大明宫的长生殿就被辟为一处固定的佛教道场，有僧人常驻诵经，据传在贞元六年（790），德宗曾召青龙寺高僧惠果进驻长生殿，为国家持续诵念佛经七十余日，赏赐甚厚。文宗时，"翰林学士李训请罢长生殿内道场，沙汰僧尼伪滥者。"（《佛祖统纪》卷四十二）又见圆仁《入唐求法巡礼行记》卷四记："今上（武宗）偏信道教，憎嫉佛法，不喜见僧，不欲闻三宝。长生殿内道场，自古已来，安置佛像经教，抽两街诸寺解持念僧三七人，番次差入，每日持念，日夜不绝。今上便令焚烧经教，毁拆佛像，起出僧众，各归本寺。于道场内安置天尊老君之像，令道士转道经，修炼道术。"此一史料十分重要，不仅记录了长生殿在武宗时由佛教道场改变为道教场所，似乎表明宫内的部分佛寺在这次佛难中也遭到"毁拆佛像"厄运。有的史料记有长生院，实际上也是指长生殿，表明殿堂坐落在院落之中。

长生殿院的具体位置，各书无载，推测当位于紫宸殿以北、太液池以南的龙首原高地上。

清思殿　大明宫内一处寝殿，《唐六典》未录此殿名，但见长庆四年（824）二月，穆宗崩于此殿，可判定清思殿创造于玄宗开元二十六年（738）之后。长庆四年（824）四月的一天，刚即位的敬宗皇帝就遭遇一起非常事件：长安染坊工匠张韶与百余名役夫推拉着柴草车具，暗藏兵器，混进右银台门，随后杀死门卫，意图占领宫禁。事发之际，敬宗正在清思殿院内打毬宴乐，闻听乱起，匆忙间在亲近宦官的护卫下奔出左银台门，到左三军避难。张韶团伙明火执仗，一路冲杀，"进至清思殿，登御榻而食"（《旧唐书》卷十七上），享受一顿美味，也算是过了一把皇帝瘾。待到左、右禁军进宫清剿，张韶一伙当日即被捕杀，无一漏网。第二天，敬宗才出左军回到宫中，随即处分了失职的监门宦官和染坊官员，当然也赏赐了左、右两军立功将士。

宝历元年（825），喜好钻研土木建筑的敬宗，下诏要户部度支部门"进铜三千斤、金箔十万翻，修清思院新殿"（《旧唐书》卷十七上）。文中"铜三千斤"，也有记作"铜镜三千片"。似乎此时重新建造了清思殿，或者另行建造了一座新殿，并且在室内装饰了大量的铜镜和金箔，使清思殿更加奢华。

图 2-9　清思殿遗址发掘现场

　　1980 年，在太液池东南方向的龙首原高地上、左银台门内西偏北约 280 米处，发掘出一处大型殿堂遗址，考古报告依据《雍录·阁本大明宫图》及其他相关史料的记载，推定为清思殿遗址。实测这处殿址的夯土基台东西长 33 米，南北进深 28.8 米，因柱础石早已被农民平整土地时用推土机推移原位，柱网布局不甚清楚，推测殿堂面阔五间（或七间），进深或为六间。殿基台下发现有早期遗址，似乎印证了敬宗拆除旧殿、重建清思新殿的史实。遗址出土了许多铜镜残片和鎏金铜饰残片，不仅与文献记载相吻合，也为确定殿址的名称提供了实物证据。清思殿遗址出土的柱础石，规格较大，呈方形，上部为平面，边长约 1.2 米，厚约 0.45 米。遗址还出土了铜鱼符一件，内面有铭文"同均府左领军卫"七字。因这次发掘限于殿址本体，对整个殿院的布局未能获取更多考古资料。现在，清思殿遗址已实施保护展示工程，成为大明宫遗址公园内一处历史人文景观。

　　珠镜殿　大明宫内早期殿堂之一，《唐六典》录有此殿名。吕大防《唐长安城图》和李好文《长安志图·唐大明宫图》、程大昌《雍录·阁本大明宫图》都将此殿标记在宫内东畔偏北处，应当无误。《资治通鉴》卷二百二记有一个故事，开耀元年（681），少府监裴匪舒受高宗之命，新造一所殿堂，名叫镜殿，殿内四壁镶满铜镜，当高宗第一次来到殿庭时，随行的宰相刘仁轨慌忙退到殿外，高宗问其故，刘仁轨说"天无二日，土无二主，适视四壁有数个天子，不祥孰甚焉。"高宗听闻此言，立即下令将铜镜全部剔除。查唐代的殿名，鲜见取单字的，也不见各志书录有"镜殿"者，因疑此殿名有脱字，再考虑建殿的时间，所谓的镜殿应当就是珠镜殿。

三清殿 大明宫内一处大型高台殿宇建筑，《唐六典》录有此殿名，说明开元时期宫内已有此殿。另据某些史料，太极宫中也有同名殿堂，位于凌烟阁附近。由此，推测这处三清殿当创建于高宗全面建设大明宫时期。所谓三清，是指道教最高尊神元始天尊所居之玉清天位、灵宝天尊所居之上清天位、道德天尊（即老子，又称太上老君）所居之太清天位。因此，三清殿实际上是大明宫内一所供奉道教三清尊神的建筑。《册府元龟》卷五十四记，敬宗皇帝曾在宝历二年（826）九月的一天，"命两街供奉道士赵常盈等四十人，于三清殿修罗天大醮道场。"所谓"醮"，即是道教祭祀仪式的专称，"罗天大醮"，则是道教斋醮仪式之一。

图 2-10 三清殿遗址（1982）

今大明宫遗址西北部有一座大型夯土基台，因与吕大防《唐长安城图》、程大昌《雍录·阁本大明宫图》标记的三清殿之地望完全吻合，因此被考古报告认定为三清殿遗址。1982 年全面发掘了这处遗址，取得重大成果。实测三清殿夯土基台南北长 73 米，东西宽 47 米，现存夯土基台仍高达 14 米（唐地面以上），是大明宫遗址内在平地上构筑的最高夯土基台。殿堂即坐落在大台之上，凌空卓立，远近仰止，仿若仙境。大台四面原来包砌有 1.25 米厚的砖壁，砖壁下部叠砌两层土衬石，石构件侧面和外露金边被打磨的平整光洁，做工异常精细。登上大台的道路有两条，一是南壁正中设置阶道，底长 14.7 米，较为陡峭，阶道之上当有天门之类建置；另一是西壁偏北处设置的东西向漫道，长 44.3 米，坡度稍缓，漫道坡面铺设各种花纹方砖，坡道基台靠近大台处开辟有一个纵向下穿过道，便于基台西侧的南北通行。大台上的地形前低后高，堆积土中夹杂有大量白灰墙皮，推测原来大台上面从南至北呈三层阶地，每层建构一座殿堂，分别供奉玉清、上清、太清天尊。《类编长安志》卷二记："德宗义章公主薨于大明宫玉清殿。"此说不知源出何处，查义章公主乃德宗爱女，出嫁张茂宗，婚后不久即辞世，或因身患疾病而皈依道门，在宫中三清殿修炼道法，最终不治而亡。文中所言之玉清殿，应该就是三清殿之一殿，对应当有上清殿和太清殿。

另外，在三清殿大台以东的平地还发现一处附属于殿台的大型庭院遗址，可证三清殿及院落是一组完整的道观建筑组群，因条件所限，发掘范围未延及到院墙。遗址还出土了许多黄、绿、蓝色釉瓦残片，这在大明宫遗址极为少见，似乎反映了晚唐宫室修造中已开始使用釉瓦。杨鸿勋曾对三清殿进行复原研究，将高台上的建筑复原为前殿和后楼两座建筑之布局形式（见《杨鸿勋建筑考古学论文集》，清华大学出版社，2008 年）。现三清殿遗址在 2010 年实施初步工程保护措施后，已成为大明宫遗址公园内一处主体历史人文景观。

浴堂殿　大明宫内的一所寝殿。《旧唐书》卷一百三十五《裴延龄传》记有德宗的一段话："朕所居浴堂院殿一栿，以年多之故，似有损蠹，欲换之未能。"说明此殿乃德宗的寝殿。浴堂殿的创建时间，未见史料明载，从德宗时此殿已"年多"，殿木"损蠹"看，其创建时间当在德宗之前。后来的宪宗、文宗等也时常在这里召对臣下，商讨国是，似乎浴堂殿不只是一所寝殿，而且是唐中后期宫内的一处重要政事活动场所。《长安志》卷六有："浴堂门内有浴堂殿，又有浴堂院。"说明这是一组殿院建筑，院内还有一个"浴堂北廊"，皇帝曾在此廊召对宰臣。敬宗时，有一位叫作徐忠信的"编甿"，也就是在宫中从事劳作的在编农民工，因不慎误入浴堂门，按《唐律》"阑入宫门徒二年、殿门徒二年半"（《唐律疏议》卷七）的卫禁律条，不仅被打了四十杖，还流配天德军（今内蒙古乌拉特前旗）服役。

浴堂殿的位置，按《雍录·阁本大明宫图》和《唐两京城坊考》所记，当地处紫宸殿以东区域，西与绫绮殿相邻，白居易有诗"渚宫东面烟波冷，浴殿西头钟漏深"（《全唐诗》卷四三七）。可为一证。又据《雍录·阁本大明宫图》和《大明宫遗址平面图》，可确定紫宸殿正东的三座殿堂遗址中，位居中间者即是浴堂殿。此外，顾名思义，浴堂殿很可能设置有较好的取暖和洗浴设施，白居易又有"宣徽雪夜浴堂春"（《全唐诗》卷四百二十七）的诗句，是说冬天雪夜的浴堂殿温暖如春。浴堂殿遗址迄今未能发掘。

宣徽殿　大明宫内一所重要殿室。《长安志》录有此殿名，但不见于《唐六典》，因推测建成于玄宗后期或肃宗时期。《雍录·阁本大明宫图》将宣徽殿标记在宫区东畔之浴堂殿以东、清思殿以南位置，今见《大明宫遗址平面图》在紫宸殿以东确有三座东西相邻的殿堂遗址，其中偏东的一座，极可能就是宣徽殿遗址。

史料所记的宣徽院，应当就是宣徽殿的殿院。据记载，代宗、德宗、敬宗、武宗等皇帝曾在此殿活动。唐人南卓《羯鼓录》（王汝涛编校《全唐小说》）记有一个故事，说宋璟（玄宗时宰相）之孙宋沇通晓音律之学，某日应肃宗召见，到宣徽殿指导教坊乐工演奏，因宋沇有点耳背，受到乐工们讥笑，不料宋沇指出一名琵琶演奏者面有杀相，不该出现在皇帝跟前，后经查实，此人确是一名杀父罪犯。此事似乎说明宣徽殿是宫中一所娱乐场所。唐朝后期的使职中有宣徽院使一职，由宦官出任，负责皇帝在宣徽殿活动和传宣皇帝敕旨事宜，后来此职似乎演变成一个专门的宫廷事务机构。王建《宫词》记："往来旧院不堪修，近敕宣徽别起楼。"（《全唐诗》卷三〇二）似乎某时曾在宣徽院内新造了一所楼式建筑。

紫宸殿以东的东西相邻的绫绮、浴堂、宣徽等三座殿堂遗址，在 20 世纪 50 年代已经勘探清楚，但一直未能发掘，20 世纪 90 年代随着所在地村民宅居区的扩展和土地的无序开发，这些遗址或已遭到严重破坏，据 2012 年发布的最新勘探资料，这一带已无大片成形的建筑基址。

中和殿 大明宫内寝殿之一。据《唐会要》等书记载，元和十五年（820）正月二十七日，宪宗皇帝即崩于此殿。后来，敬宗曾在中和殿击毬、举办"大合乐"等活动。中和殿的位置不为各书所记，推测位于紫宸殿以东区域。

会宁殿 大明宫内的寝殿之一。贞元二十一年（805）正月，德宗皇帝崩于此殿。《资治通鉴》卷二百四十六记，开成四年（839）十月的一天，文宗来到会宁殿观看杂技表演，当一名幼童攀上高杆表演时，其父在地面来回守望，以防坠落。文宗触景生情，想到太子李永一年前突然死亡之事，心情十分伤感，当即将曾经说过太子坏话的人召来，斥责一番后处死。会宁殿的位置，目前无考。

太和殿 大明宫内的寝殿之一，文宗皇帝曾在此殿居住。太和八年（831）正月，因文宗生病，未能举行元日朝会，五天后"圣体痊平，御太和殿见内臣"（《旧唐书》卷十七下），即病情稍有好转，就临时在寝殿召见了臣下。九年后的开成五年（840）正月，文宗就驾崩于此殿，表明文宗一直在这里居住。

《雍录·阁本大明宫图》将太和殿标记在左银台门内偏北处，查左银台门遗址北边的东宫城内近处，确有一处大型殿堂建筑基址，可推定为太和殿遗址，但因未能发掘，遗址结构不清。以"太和"作为殿名，影响到后世的宫殿命名，现北京紫禁城的前朝第一正殿在清代就称为太和殿。

咸宁殿 大明宫内的寝殿之一，咸通十四年（873）七月十九日，懿宗皇帝崩于此殿。《长安志》卷六录有此殿名，但其在宫中的位置，各书失载。另外，兴庆宫内也有同名殿堂。

思政殿 大明宫内一处重要殿堂。《玉海》卷一百六十引《宪宗册文》"编书辩谤，创殿思政"句，认为此殿系宪宗时所造。元和十五年（820）正月，穆宗即位当日，就在思政殿召见了段文昌等翰林学士数人。至唐末昭宗时期，尚有诸多在思政殿活动的记录，如光化三年（900）十一月，左军中尉刘季述等率禁军到思政殿，逼迫昭宗退位；又见杨钜《翰林学士院旧规》记，天复三年（903）七月二十一日，昭宗在此殿召对翰林学士柳璨。这些史料说明思政殿在唐末历经多次战乱，始终未曾毁圮，或者虽遭损坏又得到修复，是宫内一直存在到最后的一座殿堂，因此推测在"天祐迁都"之际最终被拆毁。思政殿的位置因各书所记含混不清，难以确定，似乎位于宫区西畔，距延英殿不远。

咸泰殿 大明宫内的殿堂之一。开成四年（839）正月十四日，文宗"于咸泰殿陈灯烛，奏《仙韶乐》，三宫太后俱集，奉觞献寿，如家人礼，诸亲王、公主、驸马、戚属，皆侍宴"（《旧唐书》卷五十二）。唐朝以正月十五日、七月十五日、十月十五日分别为上元、中元、下元三大节庆日，这是文宗在咸泰殿举行的一次欢度上元节的家族聚会。据《宋高僧传》卷六记，懿宗时，曾宣召两街僧尼大德二十人进入大明宫，"于咸泰殿置坛度内福寿寺尼"。这次为禁中佛寺剃度女尼的事，各书多有载记。至于咸泰殿在宫内的位置，各书不载，推测位于光顺门内不远处。另外，肃宗、德宗、宪宗、懿宗曾分别迎请法门寺佛骨舍利到大明宫供奉，每次都经过光顺门进入后宫，极可能就供奉在咸泰殿。

大福殿 大明宫内一处大型殿堂，《玉海》卷一百六十引《两京新记》："大福殿在三殿北，拾翠殿在大福殿东南。"韦述《两京新记》成书于开元十年（722）前后，可知玄宗朝初期已有此殿，且位于宫内西北区，但成书于开元后期的《唐六典》却未列出此殿名，令人生疑。《玉海》卷一百六十四又引《西京记》（此《西京记》实为《两京新记》）："大福殿，重楼连阁，绵亘西殿，有走马楼，南北长百余步，楼下即九仙门，西入苑。"在今大明宫遗址范围的西北城角内，有一处大型夯土基台，与《西京记》所言大福殿位置完全符合，又与《雍录·阁本大明宫图》所标识的大福殿地望相合，因而被考古报告推定为大福殿遗址，这应该没有问题。

目前，大福殿遗址尚未进行全面考古发掘，据初步勘测可知，此殿址的基台大致呈方形，边长达 100 余米，占地面积不少于 10000 平方米，现残存夯土基台最高处高出地面约 8 米。基台的北边和西边都与宫城相连接，南边设有登上基台的坡道或阶道，基台上面尚残存少量地面铺砖遗迹，推测基台上地面低于宫城城墙顶面 2～3 米。值得注意的是，在基台北边与城墙相交接处的夯土下部，发现了残存的城墙马道遗迹，说明大福殿的建造时间晚于城墙，在构筑殿基台时，废弃了北城垣西段内侧原有的登城马道，分析这些情况，推测大福殿应当建造于玄宗即位之初大规模缮治大明宫之际。

图 2-11　大福殿遗址（2011 年）

　　大福殿遗址的夯土基台，密实坚固，后世有人利用基台断壁开挖窑洞居住，逐渐形成村落，即今天的炕底寨村。村民的生产和生活对大福殿遗址造成严重破坏，现地面以上的夯土基台已十分残破，面积也大为缩小，东西最长和南北最宽仅有 70 多米。2003 年，文物部门对大福殿遗址地上残存的夯土基台采取抢救性保护措施，将村民废弃的 20 余个窑洞填实封堵。2010 年实施大明宫遗址公园建设项目时，炕底寨村已被整村迁出遗址区，现大福殿遗址经实施初步保护措施后，成为遗址公园内一处重要历史人文景观。

　　白莲花殿、甘泉殿　大明宫内两所早期殿堂。《唐会要》卷五十记，开元十八年（730）玄宗敕命在都城长乐坊营造兴唐观，并要求"速成"，在来不及备料的情况下，只好"拆兴庆宫通乾殿造天尊殿，取大明宫乘云阁造门屋楼、白莲花殿造精思堂屋、拆甘泉殿造老君殿。"由此可知，大明宫内曾有白莲花殿和甘泉殿，至开元十八年（730）被拆除，其沿革、功能和位置，未查到相关史料。

　　玄武殿　大明宫中的殿堂，《雍录·阁本大明宫图》与《长安志图·唐大明宫图》都在太液池北、玄武门内一带标记有此殿。据考古勘探资料，在玄武门遗址南边、太液池北边发现多处殿堂基址，都未予发掘，究竟哪一处是玄武殿遗址，目前无法认定。

　　九仙殿　大明宫中的寝殿之一。《唐两京城坊考》引《金銮密记》说："九仙殿银井有梨二株，枝叶交接，宫中呼为雌雄树。"因将此殿名入列大明宫。查玄武门内有玄武殿，太和门内有太和殿，推测九仙殿当位于九仙门内。考古探明，九仙门遗址东边（即内侧）偏南处有一大型殿堂遗址，或许就是九仙殿遗址，因未予发掘，遗址结构不清，所谓的银井也不知所在。这处殿址在20世纪90年代炕底寨村建设村民住宅过程中遭到严重破坏。

寿春殿、保宁殿　唐末光化元年（898）大明宫被重新修复后出现的两个新殿名。天复元年（901）四月，昭宗曾在寿春殿赐宴凤翔节度使李茂贞。天复三年（903），宣武节度使朱全忠兵逼凤翔，迎护昭宗返还京师后，昭宗也曾于寿春殿设宴款待朱全忠。光化四年（901）正月，因左神策军指挥使孙德昭杀死宦官刘季述，救出被禁闭在东宫少阳院的昭宗，昭宗遂于保宁殿设宴，并亲自创作词曲《赞成功》，褒奖孙德昭。这两处殿址及其建筑情况，目前无考。

宣化殿　大明宫内的一所寝殿。据日本史籍记载，贞元二十年（804）年底，日本第十七次（有人排为第十八次）遣唐使到达长安，几天后被安排在大明宫觐见德宗皇帝，当大使藤原葛野麻吕、副使石川道益等人被引领到宣化殿时，皇帝并未出现，接着又被引领到麟德殿才受到皇帝的接见，并赐宴款待（见古濑奈津子《遣唐使眼里的中国》，武汉大学出版社，2007年）。几天之后，也就是贞元二十一年（805）的含元殿元日大朝会上，也出现了此次日本遣唐使的身影。这里提到的宣化殿失载于中国史籍。《东观奏记》下卷、《资治通鉴》卷二百四十九对宣宗与懿宗换代之际的政局变动有详细叙述：宣宗生前一直未立太子，临终之际将自己喜爱的第三子夔王李滋托付给内枢密使王归长、右军中尉王茂玄等人，请立为皇嗣，为实现宣宗遗愿，王归长等人矫诏将不同政见的右军中尉王宗实外放为淮南监军使，并召至宣化门宣诏，王宗实受命后经右银台门出宫，时有人提醒说，皇帝病重，将军改任应当当面向皇帝辞行，王宗实顿有所悟，又返回到宣化门，进入内殿，才知皇帝已经晏驾，当即责问王归长等人矫诏之罪，随即收监处死，然后重新起草遗诏，立宣宗长子郓王李漼为太子，派人从十六王宅迎进大明宫，完成换代，这就是懿宗。分析这些史料，可推定宣宗崩于寝殿宣化殿，而所谓宣化门，应当是宣化殿院的院门。

上述三十余所殿堂中的大多数是宫内的重要建筑，史料相对丰富，其他殿堂因史料湮灭，仅留下殿名，又无对应遗址发现，难以做出概括叙述。

六、其他建置

大明宫的建筑，除城垣门阙（宫城及宫门、宫墙及墙门）和殿堂两大类之外，还有许多亭、台、楼、阁、廊、院和大量房舍，如见诸史籍的少阳院、妃嫔院、山亭院、柿林院、南桃园、野狐落、长廊、乞巧楼、百尺楼、走马楼、斗鸡楼等建置，可见，宫内的建筑不仅数量多，且类型齐全多样。兹将宫门和殿室之外的某些重要建置略述如下。

清晖阁　大明宫内一处著名的楼阁式建筑，推测创建于高宗时期。据武平一《景龙文馆记》，景龙三年（709）正月人日（七日），居住在太极宫的中宗皇帝来到大明宫观赏雪景，并登上清晖阁赐宴群臣，唱诗应和，其中宗楚客、李峤等数人有诗传世。宗楚客远眺太液池雪景，顿生灵感，作《奉和人日清晖阁宴群臣遇雪应制》诗："窈窕神仙阁，参差云汉间。九重中禁启，七日早春还。太液天为水，蓬莱雪作山。今朝上林树，无处不堪攀"（《全唐诗》卷四六）。此诗堪称一绝。

清晖阁的位置，按《雍录·阁本大明宫图》的标识，当坐落在太液池南岸之龙首原北坡上偏西处，东与蓬莱殿邻近，不过，目前无法与此范围考古勘定的多处建筑遗迹对应认定。

乞巧楼　大明宫内的一座楼式建筑。其实宫内称为"楼"的建筑很多，一类是门阙上的楼观，如丹凤楼、望仙楼等；另一类是某些殿堂的附属建筑，如麟德殿旁侧的郁仪楼和结邻楼。而独立的楼式建筑，见于史籍的有乞巧楼、百尺楼，以及宣政殿院的钟楼和鼓楼等。《开元天宝遗事》之"乞巧楼"条记："宫中以锦结成楼殿，高百尺，上可以胜（盛）数十人，陈以瓜果酒炙，设坐具，以祀牛（郎）（织）女二星。"推测这一乞巧楼不过是玄宗时期搭建的一个用于欢庆七夕节活动的临时建筑而已。另据《旧唐书》卷二十上所记，光化三年（900）十一月，宦官刘季述带兵进宫、逼迫昭宗退位一事，发生在叫作乞巧楼的地方，且距思政殿不远。《长安志》说，此楼建造于光化三年。显然，这是晚唐在宫中建造的另一个乞巧楼，也许就是昭宗的寝所。此楼位置，目前无考。

百尺楼　　大明宫中一座楼式建筑。《旧唐书》卷十六记，穆宗长庆元年（821）五月，"造百尺楼于宫中"。《类编长安志》卷三引《长安志》："长庆元年，禁中造百尺楼二，构飞桥以往来。"这两条史料十分重要，不仅表明百尺楼位于大明宫之中，而且说明其结构奇特，即为"双子座"形式，两楼之间还架有飞桥，以通往来。今本《长安志》卷六把"二楼构飞桥以通往来"句误置于乞巧楼名下，显然属错置，当依据《类编长安志》的引文予以校正。百尺楼的高度，按一唐尺折0.2972米计，不足30米，在唐代构筑这样两座相连的楼阁，不存在技术问题，但所谓"百尺"，不过是一个建筑名称，并不表明两楼的实际高度。至于百尺楼的位置，史料未有明确记载，迄今也未发现对应的建筑基址。

走马楼、斗鸡楼　　都是大明宫中的楼式建筑。《玉海》卷一百六十四引《两京新记》说：大福殿西"有走马楼，南北长百余步，楼下即九仙门，西入苑。"《雍录·阁本大明宫图》在大福殿西侧标记有走马楼和斗鸡楼。据考古资料，大福殿基台的西边和北边都与城墙相接，此二楼可能就建构在城墙上，或者楼台虽在城外，且与城墙连为一体。为何在宫区西北建置走马楼、斗鸡楼，这或许与曹魏邺城西城垣上建置之铜雀、金虎、冰井三台有渊源关系。其实，隋朝初创新都之际，已在太极宫北边的西内苑西北部构筑了广远楼、通过楼、祥云楼（或冰井台）三楼，（见李好文《长安志图·唐禁苑图》、徐松《唐两京城坊考》卷一）似乎说明在宫室西北城垣建置三台或三楼已成为宫城规划的一项制度。倘若如此，则大明宫在走马、斗鸡二楼之外，尚缺一个楼名，可能附近还有冰井台或其他称为楼的建筑，暂存疑俟考。

会庆亭　　大明宫内一所亭式建筑，位于麟德殿前（南边）不远处。《册府元龟》卷十四记："贞元十三年三月，于麟德殿前新造亭子，名曰会庆亭。"对此，《唐会要》卷三十则记作：贞元十二年（796）十二月，度支郎中"苏弁奉敕改造三殿前会庆亭"。由此可知，这所亭子的建造费时三四个月，所谓"改造"，极可能是拆除其他地方的建筑，将木材用于建造会庆亭。据记载，元和十四年（819）八月，宪宗曾在会庆亭设宴款待削藩功臣田弘正。

按理说，会庆亭是德宗时期在宫内添建的一个独立建筑，虽位于麟德殿附近，但不属于麟德殿建筑组群，今见傅熹年主编《中国古代建筑史》第二卷刊载的麟德殿复原图，将会庆亭复原在麟德殿左前方，以曲尺形长廊与殿堂大台相连接，并在西边对应位置复原出一个小殿和长廊。这种假设的布局关系，并无史料和考古资料的依据。

少阳院 建置在宫禁中的供皇子皇孙集中生活和接受教育的地方。据史料记载，大明宫内有不止一处少阳院。《长安志》卷六说，右银台门内"翰林院北有少阳院"，此说引自李肇《翰林志》，可信度较高。《唐会要》卷三十记：元和十五年（820）十月，穆宗"发（左）、右神策军兵各千人，于门下省东、少阳院前筑墙及造楼观"。表明在崇明门外门下省东邻也有一处少阳院，《雍录·阁本大明宫图》对这所少阳院亦有标识。这两处少阳院是否同时存在，宫中是否还有其他少阳院，尚有疑点。《唐会要》卷二十六载：大中十二年（858），宣宗"以谏议大夫郑漳、兵部郎中李郫为郓王侍读，居十六宅。后数日，改充夔王已下五王侍读，居大明宫，仍五日一入乾符门讲读。"文中所言夔王等人在大明宫的居所，应当就是某处少阳院，院门叫作乾符门。目前这两处少阳院所在地域并未开展考古发掘，院落布局不清。应当说明的是，东宫内也有少阳院，光化三年（900）宦官刘季述幽禁昭宗于少阳院，并将东宫改称"问安宫"，由于史料舛讹，致后人将幽禁昭宗的东宫少阳院当作大明宫的少阳院。

野狐落 大明宫内宫女的一处集体居住场所。唐朝宫中有众多的宫女和宦官，以侍服皇帝、皇后、妃嫔、皇子皇孙的日常生活，并从事杂役，人数有数万人，其中大明宫的宫人就有约两万人。宫女在宫内栖身的地方被称为"落"，太极宫内有第一落、第二落等，兴庆宫内有金花落，唯大明宫宫女的居所被称为"野狐落"，此名令人颇费猜解。文宗太和二年（828）十一月的一天，宫内崇明门街以东的昭德寺突然失火，延及野狐落，酿成惨祸，烧死宫女数百人，可见平时宫女是被锁闭在院落中的，完全没有人身自由。高宗时有一个叫作宋四通的太常寺乐工，曾为宫女向宫外亲属传递消息，被发现后差点丢了性命。2009年，在崇明门遗址以南不远处出土一块长62厘米、宽61厘米、厚12厘米的板石，石面正中镌刻一个大大的隶体"落"字，这或许就是野狐落

野狐落"落"字刻石

大明宫遗址

建筑的构件。目前，野狐落的位置和遗址尚未勘定。

为了不断更新轮换宫女，皇帝往往不定期下令"出宫人"，即将"老年及残疾、不任使役"者，遣放出宫，或嫁配、或归家亲、或送佛寺道观安置，再另行采选民间女子进宫。九仙门和崇明门是大明宫集中遣放宫女的两个地点，说明这两门附近有宫女的集体居所，野狐落就在崇明门外以东不远处。《唐会要》卷三记录了有唐一代出宫人的基本情况，如德宗贞元二十一年（805）三月，"出后宫人三百人，其月，又出后宫及教坊女妓六百人，听其亲戚迎于九仙门，百姓莫不叫呼大喜。"又如宝历二年（826）十二月，文宗即位伊始，就一次放出宫女三千人，"愿嫁及归近亲，并从所便，不需寻问。"到开成三年（838）二月，文宗又因旱灾"出宫人刘好奴等五百余人，送两街寺观，任归亲戚。"时任宰相李珏因此而盛誉文宗"德迈千古"。据五代人尉迟偓《中朝故事》卷上记载，大约在中唐期间，皇帝曾准许宫女每年上巳节（三月三日）与家人见面一次，见面活动安排在兴庆宫大同殿前，"一日之内，人有千万（意为成千上万），有初到亲戚便相见者，有及暮而呼唤姓第不至者，涕泣而去。"可以想见，这是一幅何等悲喜交集的场面。

宫女作为当时的一个社会阶层，其生活和命运往往为唐代诗人所关注，王建《旧宫人》诗记叙了一个宫女的境遇："先帝旧宫宫女在，乱丝犹挂凤凰钗，霓裳法曲浑抛却，独自花间扫玉阶。"（《全唐诗》卷三〇一）

毬场 唐代盛行马毬和鞠毬运动，马毬可以跃马飞打，也可骑驴驰打，还可步打，鞠毬则类似今日的足毬。据说马毬运动源于波斯，经吐蕃传入中土，在唐朝初期很快流行起来，成为宫廷的一项常规体育运动。大明宫内的中和殿、清思殿、麟德殿附近、东内苑，以及玄武门之外、左右军营地等处都辟有专门的毬场，以便开展各种毬类运动。《全唐诗》卷二记，景龙四年（710）正月五日，时居太极宫的中宗皇帝来到大明宫含元殿，会见前来迎接金城公主的吐蕃使臣，当场还举行了马术表演和马毬比赛。《封氏闻见记》卷六又记，此时的临淄王李隆基、驸马杨慎交等四人组成的马毬队击败了吐蕃十人团队，受到中宗皇帝的表彰。唐后期的皇帝还常到左军或右军与禁军将士共同打毬联欢。从相关史料看，玄宗、宣宗、僖宗等都是打毬高手，僖宗甚至自诩："朕若应击毬进士举，须为状元。"（《资治通鉴》卷二百五十三）

1956 年冬，在右银台门外西南不远处的含光殿遗址出土了一方边长53.5 厘米的方形石志，正面勒刻"含光殿及毬场等 大唐大和辛亥岁乙未月建"的文字，"大和辛亥岁"即文宗大和五年（831），说明文宗在兴建含光殿时，已把毬场建设纳入规划，也反映了唐朝后期宫内建筑增多，已无多少空地所用，因将一些新建项目安排在宫城之外近处的实际情况。此外，石志对含光殿的建造时间和坐落位置提供了直接证据，可纠正《长安志图·唐禁苑图》把含光殿标记在禁苑鱼藻宫西的错误。

唐朝马毬比赛和毬场面貌，不见专门记述，韩愈《汴泗交流赠张仆射》诗记叙了外地的一场马毬比赛："汴泗交流郡城角，筑场千步平如削。短垣三面缭逶迤，击鼓腾腾树赤旗。……分曹决胜约前定，百马攒蹄近相映。毬惊杖奋合且离，红牛缨绂黄金羁。侧身转臂著马腹，霹雳应手神珠驰"（《全唐诗》卷三三八）。从"筑场千步"看，这是一处边长达三四百米的大型马毬场，竟有成百的马匹上场角逐，蔚为壮观。《隋唐嘉话》卷下说，中宗的长宁公主（驸马杨慎交）和安乐公主（驸马武崇训）家竟用"油洒地以筑毬场"，使毬场光洁平展，以防人马驰骋时尘土飞扬。当然，宫中的毬场肯定是高标准的，但未必都是大型的。

大明宫遗址内常见一种直径约 5 厘米的白色小石毬出土，对照唐墓壁画马毬图，这种石毬很可能就是马毬的一种（有认为马毬为木质或皮质），由于这种石毬质地坚硬，飞起来往往会击伤人体甚至致人死亡。长庆二年（822）十一月的一天，穆宗"与内官击鞠禁中，有内官欻然坠马，如物所击"（《旧唐书》卷十六），显然是被飞来的石毬击中，受伤坠马。昭宗天复三年（903）十月，宣武节度使朱全忠之子朱友伦宿卫京师，任护驾都指挥使，同样"因会宾击鞠，坠马而卒"（《旧五代史》卷十二），可见马毬是一项异常惊险的体育运动。

七、官署

早在隋朝创建大兴城之初，就在宫城之南规划出集中容纳安置中央各衙署的专门区域，称为皇城，又称子城。同时，为了侍奉皇帝，及时处置诏敕，方便宰臣朝会和召对，又将一些枢密机构设置在宫城内，皇城内的部分衙署也辟出分支机构内设宫中。唐朝建立后，沿袭隋朝实行的相关制度，大内（即太极宫）之中各机构的设置及地点并无大的变化。按古代宫室制度，主要衙署应当分置在中朝场所的近旁，所以，大内中的衙署就分置在中朝太极殿前东西两边。高宗全面建成大明宫后，也因循此制，将主要衙署分置在中朝宣政殿院的东西两边。据记载，在宣政殿院以西有中书省、御史台、命妇院、集贤院等，以东有门下省、弘文馆、史馆（馆址后移往宣政殿之西）等。玄宗时新出现的翰林院则置于后宫之中。

大明宫遗址考古已近六十年，工作重点长期放在宫门和殿室方面，对宫内衙署分布区域虽有涉及，但因种种原因，迄今未有发掘成果发布，宫内各衙署的确切地点也未能查清认定，目前只能依据文献资料判定大致方位。下面对设在宫中的主要衙署作简要叙述。

中书省和门下省　隋朝和唐朝实行"三省六部制"，由中书省、门下省、尚书省（下设吏、户、礼、兵、刑、工等六部）作为中央集权君主专制国家的决策和行政机构。其中中书省由中书令执掌，负责诏书的起草和颁发，门下省由侍中执掌，负责审核驳正，概言之，二省"佐天子而统大政"。起初，三省机构都建置于皇城中，同时为了贴近皇帝、方便敕命处置，又在宫内的中朝（太极殿）旁侧另行设置中书内省和门下内省，实际上是宰相（中书令和门下侍中）在宫内的日常议事和办公场所。至高宗建成并移居大明宫时，依循太极宫体例，将中书、门下二省分别设置在中朝宣政殿院以西和以东的区域。因中书省在西边，门下省在东边，又分别称西省和东省、右掖和左掖，也被美誉为"凤池"和"鸾渚"。

唐初，宰相班子"常于门下省议事，即以议事之所。谓之政事堂"（李华《中书政事堂记》）。高宗驾崩之后，武则天在洛阳临朝称制，当时裴炎任中书令，主持政事堂会议，遂将政事堂由门下省移往中书省，宰相又聚会在中书省议事。开元二年（714）玄宗从太极宫徙居大明宫，这时的政事堂也就照例设在宣政殿西边的中书省内。"至开元十一年，张说奏改政事堂为'中书门下'，其政事印亦改为'中书门下之印'。"（《唐会要》卷五十一）同时还在议事大堂后边另置五所房舍，分别设置吏、枢机、兵、户、邢礼等五所办事机构，处理各方面政务。显然，此时的"中书门下"已不是简单的议事场所，实际上变成了超乎中书、门下二省的独立权力机构，这一事件被史家看作是唐朝政治体制的一次重大变革。

《南部新书》（辛卷）记有一个故事：敬宗时，裴度在朝中任宰相，某天，有人忽然报告"中书门下之印"丢失，闻者大惊，只有裴度不动声色，照常饮酒，到晚上又有人报告大印仍在原处，对此，裴度说，有人想在书皮上用印，如果追查过急，就可能毁之水火，反之则会复归原处。据记载，中书省另置有舍人院，位于政事堂之北，有门相通，作为中书舍人处置文书和值宿待命的场所。元和十三年（818），又分隔"外命妇院内舍十数间"（《唐会要》卷五十三），设置官典院，置员数人，协助宰相处理政务。

五代王定保《唐摭言》记，按照惯例，每届及第进士都要被安排到大明宫中书省政事堂谒见宰相，称为"过堂"。当日还在光范门内东廊备有酒食，新科进士过堂后还要在此会食。晚唐昭宗龙纪元年（889），当年进士及第的韩偓参加过堂活动后有诗《及第过堂日作》："早随真侣集蓬瀛，阊阖门开尚见星。龙尾楼台迎晓日，鳌头宫殿入青冥。暗惊凡骨升仙籍，忽讶麻衣谒相庭。百辟敛容开路看，片时辉赫胜图形"（《全唐诗》卷六八二）。欣喜和自负之情横溢于精彩绝佳的诗句之中，读来仿若身临其境。

至德二载（757）九月，唐军从安史叛军手中收复长安，诗人贾至、岑参、杜甫、王维被肃宗分别安排在中书省和门下省为官，贾至和王维任中书舍人，岑参任右补阙，杜甫则在门下省任左拾遗。乾元元年（758）季春的一天，贾至在参加紫宸殿朝会之后，作成《早朝大明宫呈两省僚友》一诗，即刻引起热烈反响，得到王维、岑参、杜甫等人的酬唱。四首经典诗作，记叙了大明宫的制度与景物仪象，兹录如下。

贾至《早朝大明宫呈两省僚友》："银烛朝天紫陌长，禁城春色晓苍苍。千条弱柳垂青琐，百啭流莺绕建章。剑佩声随玉墀步，衣冠身惹御炉香。共沐恩波凤池上，朝朝染翰侍君王。"（《全唐诗》卷二三五）

岑参《奉和中书舍人贾至早朝大明宫》："鸡鸣紫陌曙光寒，莺啭皇州春色阑。金阙晓钟开万户，玉阶仙仗拥千官。花迎剑珮星初落，柳拂旌旗露未干。独有凤凰池上客，阳春一曲和皆难。"（《全唐诗》卷二〇一）

王维《和贾舍人早朝大明宫之作》："绛帻鸡人报晓筹，尚衣方进翠云裘。九天阊阖开宫殿，万国衣冠拜冕旒。日色才临仙掌动，香烟欲傍衮龙浮。朝罢须裁五色诏，佩声归到凤池头。"（《全唐诗》卷一二八）

杜甫《奉和贾至舍人早朝大明宫》："五夜漏声催晓箭，九重春色醉仙桃。旌旗日暖龙蛇动，宫殿风微燕雀高。朝罢香烟携满袖，诗成珠玉在挥毫。欲知世掌丝纶美，池上于今有凤毛。"（《全唐诗》卷二二五）

中书、门下二省的位置，因迄今未能开展专题发掘，一直未有详尽考古资料发布，目前只能依据相关史料确定大致方位和范围：中书省的院落位于宣政殿院之西，也就是月华门外南北街的西畔，院落西临光顺门外街衢，东西跨距约 140 米，北边接近第三道宫墙，南邻御史台院落。近年虽在这一带开展小范围发掘，但因建筑遗址破损严重，只发现一些房舍的基址，目前尚无法做出整体判断。门下省的院落则位于宣政殿院以东，即日华门外南北街的东畔，院落东临崇明门外街衢，位置与中书省大致东西对称，附近有少阳院、弘文馆等建置。门下省一带的地层关系因后世的严重扰动，或已无遗迹可稽。

御史台　唐朝的中央监察机构，职掌国家宪政刑典和百官监察之政务，后来也承担部分司法职能。御史台主官为御史大夫，另设御史中丞二人，作为副职。御史台内设台院、殿院、察院三个事务部门。御史台本部位于皇城内的正街西畔，大明宫内分设的机构，称"御史北台"，位于宣政殿以西的中书省南边，实际上是御史大夫、御史中丞在宫中的办公和议事之所。含元殿前的东、西朝堂，也归御史台掌管。遇朝会，御史大夫与御史中丞总领属官朝谒天子，并由监察御史负责整肃百官班序，传点导引，押班入朝。

德宗即位之初，有人提出恢复一项早先实行过的制度，这就是御史台御史在弹劾官员时，要穿朱衣，戴豸帽，以示铁面无情，为此，专门在宣政殿东廊内悬挂着朱衣和豸冠，以备御史提出弹劾案时所用。建中元年（780）三月的一天，德宗御紫宸殿听政，"监察御史张著冠豸冠，弹京兆尹兼御史中丞严郢"（《唐会要》卷六十一），诉其违抗皇帝诏命，不征发京兆民工前往丰州（今内蒙古五原南）修浚陵阳渠之罪，这是此项制度恢复以后的第一起弹劾案。长安百姓听闻严郢获罪被拘押在金吾仗院，每天有上千人聚集在大明宫建福门外向皇帝请愿，要求宽释严郢，德宗只好便宜从事，削去严郢御史中丞一职了事。

太和四年（830），御史台奏请皇帝敕准，在宫内"门下直省院"西边新造成"三院御史祗候院"（《唐会要》卷六十二），这是因为御史台之台院侍御史、殿院殿中侍御史、察院监察御史等人平时都在皇城的本院当班，如遇进宫上朝或与御史大夫、御史中丞会商公务时在宫中御使北台并无房舍歇息，多立于门下直省院的房檐下等候，直至此时才为他们建造了专门的休息之所"祗候院"。又据舒元舆《御史台新造中书院记》可知，这一年还对中书省南边的台院进行扩建。唐人有多种记述御史台的著述，如韩琬《御史台记》十二卷、韦述《御史台记》十卷、杜易简《御史台杂注》、李植《御史台故事》等，惜皆已散佚，只有某些片段为他书所引录而存世。目前，尚未对御史台遗址开展专题考古发掘。

集贤书院　简称集贤院，是唐朝的一大文化学术机构，执掌典籍整理、修编与撰述之职，也是一处国家图书藏库，隶属中书省。开元五年（717），玄宗行幸洛阳期间，决定在洛阳宫乾元殿东廊编写经、史、子、集四库书籍，以充实宫廷书库的藏书。开元六年（718），玄宗返回长安时，将已编成的书籍运往长安之东宫丽正殿存置。开元十一年（723），玄宗另在大明宫创造书院，同样称为丽正书院。这处书院位于光顺门外南北街衢之西，分取命妇院北半部院落和房舍而置，院门向东，面对光顺门街，与街东的中书省隔街相望，北接第三道宫墙，南邻命妇院，西邻将作监内作木料场。开元十三年（725）四月三日，再次行幸洛阳的玄宗在洛阳宫集仙殿赐宴臣下之时，诏改集仙殿丽正书院为集贤书院，以中书令张说充集贤学士、知院事，始有"集贤学士"之名号，大明宫的丽正书院也在此时一并改称"集贤书院"。

曾任集贤学士的韦述著有《集贤注记》一书，专门记述集贤院创建经过及开元、天宝时相关史实，可惜此书已失传，仅存若干片段于他书，今见有陶敏辑校的《景龙文馆记 集贤注记》（中华书局，2015 年）一书出版。据《集贤注记》记载，大明宫集贤院东西八十步（约 118 米），南北六十九步（约 101 米），占地面积约 12000 平方米，院内有中院、小院、四库书阁及纸笔杂库、东廊（集贤学士处所）、东北院、北院（北行、西行、东行房舍及学士厨院）、西院（西行和东行房舍、书手厨房、杂果树百余株）、外西院等建筑单元。其中的外西院有正屋三间，开元时，一行和尚曾在此居住，院内建有一座仰观台，为一行观察天象、占测气候所用。开元十二年（724），一行造成黄道游仪，次年又造成浑天仪，都被收置在集贤院内。当时，玄宗曾询问一行国祚如何，一行答："銮舆有万里之行，社稷终吉。"暗示当有"安史之乱"发生和唐朝将终于吉王（昭宗曾封吉王）。

集贤院修撰的书籍收藏在院内的四库书阁之中，书籍按照经、史、子、集分类入库存放，最盛时（天宝年间）存书近十万卷。所有存书都要抄写副本，以备皇帝随时索要。诗人王建有诗："集贤殿里图书满，点勘头边御印同。真迹进来依数字，别收锁在玉函中。"（《全唐诗》卷三〇二）集贤院的藏书为当时学人所向往，德宗时曾任谏议大夫、道州刺史的阳城，年轻时十分好学，"贫不能得书，乃求入集贤为书写吏，窃官书读之，昼夜不出，经六年，遂无所不通。"（韩愈《顺宗实录》卷四）"安史之乱"中，集贤院的藏书遭到破坏，尽管后来又有所补充，但终究难以恢复原有数目。太和二年（828）九月，集贤院奏请"创造昭庆门里西墙至集贤院门南廊舍三十九间"（《册府元龟》卷十四），得到文宗皇帝的准许，这次修造，使集贤院的房舍又有所增加。

日本人池田温《盛唐之集贤院》一文，依据史料绘出《大明宫集贤院略图》，堪称精当。因为一直未能在集贤院遗址所在区域开展专题考古发掘，至今尚无相关田野考古资料发布。

　　命妇院　朝廷设置的专门负责命妇事务的管理机构。所谓命妇，是指以皇帝之命授予封号的妇女，分为内命妇和外命妇，皇帝妃嫔和皇太子妃为内命妇，公主、王妃等为外命妇，命妇都由命妇院行使册籍管理。命妇院位于光顺门外街衢以西，原来范围较大，后因设置集贤院而让出北边部分院落，占地才大幅缩小。据记载，命妇院内设有命妇朝堂，作为命妇朝谒皇太后或皇后时的进名通籍、待时歇息的场所。唐前期高宗时，曾实行过命妇朝见皇后（武则天）的制度，唐后期又实行过元日命妇朝见皇太后的制度。时届朝会日，内、外命妇先在命妇朝堂候点序班，再进入光顺门内某殿堂，面谒皇太后。目前，光顺门街以西范围尚未发掘，命妇院的布局情况并不清楚。

史馆　唐朝设立的专门修撰国史的机构。唐朝开国，因隋旧制，由秘书省著作局执掌编修国史之职。贞观三年（629）闰十二月，太宗始置史馆于大内之太极殿以东的门下省北边，专掌国史修撰，著作局遂罢修史之职。高宗龙朔年间，"大明宫初成，置史馆于门下省之南，馆门下东西有枣树七十四株，无杂树。"（《旧唐书》卷四十三）《玉海》卷一百六十五引《两京新记》又说"门下省东有弘文馆，次东史馆"。可见大明宫的史馆位于宣政殿以东门下省的东南处。至开元二十五年（737）三月，时任宰相的李林甫负责监修国史，"以中书地切枢密，记事者宜其附近"为由，经时任史馆修撰的尹愔奏请玄宗准许，又将史馆"移于中书省北，其地本尚药局内药院。"（《通典》卷二十一）由此，中书省北边的史馆（后期）一直延续到唐末，而门下省旁边的史馆（前期）馆舍则去向不明。

史馆由被任命为监修国史的宰相主持，另设置史馆修撰、直史馆等官员，同时配置楷书手、亭长、掌固、装潢直、熟纸匠等专门技术人员。为满足修史所需，史馆建立了完备的史料征集制度，征集的主要史料有：由左、右史执笔记录皇帝朝会时的言论与行止的"起居注"、由宰相记录的与皇帝讨论国家大事的"时政记"、中央各部门和地方报送的涉及国家大政的各种文书及其他史料，可见，史馆实际上也担当国家档案馆的功能。史馆修史的主要成果不外乎当朝皇帝的实录和国史，据说唐朝共修撰从高祖至武宗的实录共八百多卷，不过传存至今的仅有韩愈修撰的《顺宗实录》五卷一种。唐代许多史学大家曾任职史馆，从事修史，刘知幾（661～721）就职史馆二十年，在修史的同时，也完成了自己的《史通》大作。目前，大明宫内早、晚史馆的确切位置，都未能勘察清楚。

弘文馆　唐朝的一大文化学术机构，隶属门下省，担当"详正图籍、授教生徒，凡朝廷有制度沿革，礼仪轻重，得参议焉。"（《唐六典》卷八）高祖武德四年（621）初创时称修文馆，武德九年（626）改为弘文馆，此后馆名又多有更改，至玄宗开元七年（719）才恢复"弘文"馆名，直至唐末。初创时的弘文馆位于太极宫之弘文殿附近，贞观九年（635）移于门下省南边，高宗建成大明宫后，馆址同样设于宣政殿以东的门下省旁侧。

据记载，弘文馆置学士数员，五品以上称学士，六品以下称直学士。另设校书郎、典书、拓书手、笔匠、熟纸装潢匠等专门技术人员各数人。馆内设有书舍，存放有经、史、子、集四部书和大量法书，达数万卷。长庆三年（823）二月，弘文馆奏请穆宗批准，对馆院内的房舍进行了一次集中的修缮，并"添修屋宇及造书楼"（《唐会要》卷六十四），这或许是因为收存的原始档案日益增多，馆舍不足，而新增了书库。

唐朝的弘文馆也是一所贵族学校，学生必须是皇亲国戚或三品以上高官的子孙，从中选出"性识聪敏"者入馆就学。学生员数大约保持在三四十员，《唐六典》记作"学生三十员"，《唐会要》记开元七年（719）有学生三十八人。这些学生既学书法，也学经、史。目前，大明宫弘文馆的馆址，也未能勘定。

翰林院 唐朝初期，曾在内廷设置待诏一职，选取文辞、经学、卜祝、医学、伎术之流充任，以备皇帝随时召见咨议和顾从陪侍。玄宗即位之初，创置翰林院，作为延纳各色待诏的专门机构，因有"翰林待诏"之称。随后，玄宗又将翰林待诏中的文学之士，号为"翰林供奉"，与其他待诏相区别，以示推崇。实际上，翰林院只是皇帝的私人机构，而非朝廷政务机关。至开元二十六年（738），又从翰林院分出学士院，将翰林供奉改称"翰林学士"，开始"俾掌内制"，直接听受皇帝旨命，参与诏令制诰的起草，开始涉及政务。

太极宫、大明宫、兴庆宫都建置有翰林院，太极宫之院址在明福门附近，兴庆宫之院址在金明门内。大明宫翰林院的位置，按李肇《翰林志》所言："今在右银台门之北第一门，向□（原文脱一字，疑为'东'字），榜曰'翰林之门'。"韦执谊《翰林院故事》则说：翰林院"在银台门内麟德殿西重廊之后。"二者所言，并无过多歧义，即位于右银台门内北边不远处。《翰林院故事》又说，学士院"在翰林院之南，别户东向"。可知学士院与翰林院同处一个院落之内。

1984年在右银台门以北60余米的宫城外侧，发掘出一处大型院落遗址，院落东西宽55米，南北长约900米，当时只发掘了院落南部100余米部分，内中分布有多处房舍基址。院落南部的一处门址早在20世纪50年代末已作发掘，保存状况较好。此门开一个宽约5.36米、进深8米多的东西向门道，门道内置两道相距2.2米的石门槛，门槛两端的砧石保存完好，侧壁壁柱的柱础和砌砖也有残存，证明为两重门结构，与史料所记的"复门"正相吻合。考古报告依据相关史料推定此院落即为翰林院遗址，此门址就是翰林门。但目前学界对这处遗址的名实尚有不同认识，尚待深入讨论。

天宝元年（742）至三年间，李白被玄宗征召入京，授翰林待诏，得以出入宫禁，其"翰林秉笔回英眄，麟阁峥嵘谁可见"（《全唐诗》卷一七〇）的诗句，反映了他在翰林院读书撰文时，回头即可望见不远处麟德殿景云阁的情景。

大约在德宗初期，又在金銮殿附近（西边）另置一所学士院，称翰林东学士院，召翰林学士分班入值，或应和文章，或批答表疏。翰林学士本无定员，通常置数名，大约在宪宗初年，选拔学士中"年深德重者一人"为"承旨学士"，作为学士院之首席学士。这处东学士院位于金銮殿与麟德殿之间，"尤为近切，左接寝殿，右瞻彤楼"（《全唐文》卷四百五十五），更便于皇帝随时召见学士。元和二年（807），白居易充翰林学士，留有"三殿角头宵直人"诗句，意思是他夜间值班的学士院近于三殿（麟德殿）。目前，大明宫内东学士院遗址并未勘察清楚，推测位于麟德殿东南不太远的金銮殿西边某一地方。

兴元元年（784）十二月，德宗"敕翰林学士，朝服班序，宜准诸司官知制诰例"（《唐会要》卷五十七）。确立了翰林学士在朝仪活动中的独立地位。据记载，肃宗之后，授人翰林学士名号，须经过一定的考试程序。元和二年（807）十一月四日，白居易被召入翰林院，按照皇帝敕命，在作出制、敕书、诏、批表、诗等五种体例的文书后，被宦官头目兼翰林院使梁守谦奉宪宗之命宣布授予翰林学士之号。唐朝各代皇帝都颇为器重和宠待翰林学士，其中不少人还出任宰相，裴庭裕《东观奏记》记有一则故事，宣宗皇帝某日召翰林学士令狐绹在含春亭（位置不清）对论，直至深夜才准许返归翰林院，当即派宦官赵公公打着御用金莲花灯笼陪送，翰林院的吏员老远望见金莲花灯，惊呼"皇帝驾到"，待行近，才知是学士归院，吏员问赵公公："学士用皇帝的引驾灯，有些过分吧！"赵公公顺便告诉众人，令狐绹刚才已被任命为宰相了。

据学界研究，从玄宗至于唐末的近二百年间，荣膺翰林学士者先后有一百多人。至于有多少才学伎术被授予翰林待诏，就很难核查清楚了，顺宗时，曾一次"罢翰林阴阳、星卜、医相、覆棋诸待诏三十二人"（韩愈《全唐文》卷五六〇《顺宗实录》卷一），可见这是一个庞杂的高端人才群体。唐朝创立的翰林院制度对后世也产生了深远影响。

左藏库 据《唐六典》卷二十所记，太府寺内设八署，其中左藏署"掌邦国库藏之事"，管辖东库、西库、朝堂库、东都库等仓库，通常把左藏署管辖之库院统称为左藏库。《资治通鉴》卷二百一十六引《雍录》："大明宫中有左藏库，在麟德殿之左。"目前在大明宫遗址范围内未发现对应的遗址。值得注意的是，麟德殿遗址西北处的宫城墙内一带，有大量封泥出土，封泥上留有各地官府印鉴的印文和墨书文字，如"潮州之印""歙州之印"等，这是唐朝地方官员向皇帝进献土特产等贡品的实物资料，也说明这一带应当有仓储之类的建置。

天宝八载（749）的一天，玄宗"引百官于左藏库，纵观钱币，赐绢而归"（《旧唐书》卷九）。这处左藏库应当就位于大明宫。天宝十五载（756）六月十三日晨，玄宗因安史叛军进逼京城，决计出奔，在经过大明宫左藏库附近时，杨国忠担心库中物资会留给叛军，请玄宗同意焚毁这处库藏，但被玄宗制止。不料长安百姓风闻皇帝出奔，乘乱涌入宫中，大肆抢掠，将库中物品乃至殿室扫荡一空，并纵火焚烧库房，时任京兆尹的崔光远和宦官边令诚慌乱之中在指挥救火的同时斩杀了十几名盗掠者，才控制住局面。

内客省 唐朝在京城设有名为"客省"的机构，主要用于接待来自地方的上计（上行事务）官员和蕃国使节。客省又有内外之分，位于宫禁之中的称"内客省"，唐初太极宫中就有一所内客省。《唐会要》卷六十六记："永泰已后，益以多事，四方奏计，或连岁不遣，仍于右银台门置客省以居之。"由此可知，代宗即位不久，就在大明宫右银台门附近设置了一所内客省。又见《旧唐书》卷十二记：大历十四年（779）七月"罢右银台门客省岁给廪料万二千斛"，这是因为刚刚即位的德宗皇帝认为这处客省常住数百人，费用太大，不堪重负，才决定关闭这所客省，以节省廪料。《唐会要》卷六十六"鸿胪寺"将此事误记为"大历四年七月"，有脱字，当予校正。据此，这处内客省从永泰元年（765）开张至关闭，行用不过14年。目前对客省的隶属关系和内部组织不甚清楚，《唐会要》将此事记于"鸿胪寺"名下，似乎表明内、外客省皆隶属鸿胪寺，但见有宦官领职"客省使"者。

这处内客省的具体位置并不清楚，推测当位于右银台门之外不远处，不大会在宫城之内，因为右银台门内一带建筑密集，少有空闲地块，再说后宫区设置此类机构未必妥当。考古发现右银台门外西南有文宗大和五年（831）建置的含光殿殿院遗址，其中的早期房舍遗迹或许就是内客省遗址。

宫内另有待制院、宣徽院、枢密院等机构，其位置及建筑，在此不做专门叙述。

八、寺院和道观

唐代是道教和佛教的大发展时期，由于皇帝的推崇，道教成为国教，佛教完成中国化的进程。当时的长安城既是国都，也是佛教、道教之都，道观和寺院遍布城坊、城郊、宫禁各处。今人多有搜辑寺院名、道观名者，据称仅郭城坊间的寺院就有一百几十所，道观数十所。建置在太极宫、大明宫、兴庆宫、内苑、禁苑中的所谓宫禁寺院和道观，究竟有多少，因史料湮灭，难以深入探究。据史籍的不完全记载，仅大明宫内就有昭德寺、护国天王寺、福寿尼寺等寺院，有玉宸观、望仙观、三清殿（见本章第五节殿堂建筑）、仙台等道观或道教建筑。一般而言，宫禁（三大内、内苑、禁苑）之中的寺院大多是为去世的皇帝和皇后追福所置，实际上也是部分妃嫔和宫女的修身养老之所，皇帝死后，妃嫔多到寺院度过余生，西安周边出土的许多唐代宫禁寺院中女尼的墓志即可为证。肃宗、德宗、宪宗、懿宗还曾分别迎请法门寺佛骨舍利在大明宫内供奉，并随赠大量金银器物，法门寺地宫出土的唐朝皇家供物，震惊了世界。宫内的道观则是为奉祀老子、延留道士修行法事或给皇帝炼制仙丹妙药而置立。唐朝的皇帝大多服食丹药，如武宗皇帝就因为长期过量食用丹药，病入膏肓，享年仅三十三岁、在位六年就不治而亡了。

现将已知属于大明宫的寺院和道观简述如下。

昭德寺 大明宫中的一所寺院。查诸史籍，未见到对这所寺院的专门记述，只因文宗时这所寺院发生了一场大火，才使这一寺名传诸史籍。《旧唐书》卷十七记：大和二年（828）十一月"甲辰，禁中巳时昭德寺火，直宣政殿之东，至午未间，北风起，火势益甚，至暮稍息。"同书卷一六五又记："（昭德）寺在宣政殿东，隔垣，火势将及，宰臣、两省、京兆尹、中尉、枢密，皆环立于日华门外，令神策兵士救之，晡后稍息。"《长安志》卷六还记："（昭德）寺之南，禁中呼为野狐落，宫人居此者为火所逐，攀援墙垣以出，出不及者，焚死数百人。"

这些史料揭示了昭德寺的基本情况，即寺院位于大明宫宣政殿以东之崇明门外街衢的东畔，寺院南边为宫人集中居住的野狐落，无论寺院还是野狐落都用墙垣隔断封闭，以致发生火灾后，宫人无法迅速逃出，酿成惨祸，一次竟烧死数百人。这场大火从"巳时"（上午 9～11 时）一直烧到暮昏，虽有神策兵扑救，还是烧尽寺院和野狐落的所有建筑后才熄灭。

从寺院名称看，昭德寺无非是为德宗昭德皇后追福而立的寺院。昭德皇后是顺宗皇帝之母，崩于贞元二年（786）十一月，大约此后不久，由时为皇太子的顺宗为母亲立寺追福，就像高宗创立大慈恩寺、为其母文德皇后追福一样。至于此次火灾的起火原因，究竟是不慎失火还是人为纵火，可能当时就未能查清。火灾后的昭德寺，是否重建，也未见记载。昭德寺的位置，大致清楚，只是未做考古发掘，遗址面貌不清。

护国天王寺 大明宫中的一所寺院，本来不见载于中国史籍，唯日本僧人圆仁《入唐求法巡礼行记》一书记录了这处位于禁中的寺院，才为今人所知。开成五年（840）八月廿四日，初到长安的圆仁等人被引领进大明宫望仙门，总共经行六道门阙之后，才到了位于左军的左街功德使衙门办理求法留居手续，因未见到功德使仇士良，当晚被就近安置在内护国天王寺就宿。按圆仁所说："寺在左神策军毬场北，寺与大内隔墙，即皇城内城东北隅也。"这段叙述对确定护国天王寺的位置十分重要，尽管行文用词不很确切，把大明宫表述为"大内"、宫城表述为"皇城"，却也说明了寺院的大致方位，即位于大明宫东北隅的北城垣内侧或外侧的内苑中。

这所寺院创立于何时，因何而立寺？虽无史料直接记载，但还是可以稽核清楚的。《宋高僧传》卷一、《佛祖统纪》卷四十一等书都记叙了一个神奇的故事，天宝二年（743），西域康居、大石等五国入寇安西，玄宗接到报告，急忙将不空三藏召入宫中作法，待不空颂念仁王护国密语十四遍时，玄宗就看见殿院中站立着带甲荷戈的神兵五百人，不空说"此北天毗沙门王第二子独健，副陛下祷，往救安西，请设食发遣"。这次法事过后大约两个月，安西传来捷报，说有神兵助救，入寇的五国即时奔溃，还看见北天王现形城楼，并画天王像一并上报朝廷，于是，玄宗"因救诸道城楼置天王像，此其始也"。又见《长安志》卷十记：颁政坊东南隅有护国天王院，下注"天宝二年建显圣天王寺，咸通七年改"，是说这所寺院天宝二年（743）创立时名为"显圣天王寺"，至懿宗咸通七年（866）被改名"护国天王院"。由此可推定大明宫的护国天王寺也创立于天宝二年（743）或稍晚。历经百年之后，至武宗朝，圆仁和尚入唐之际，此寺尚存，"常置二七僧，令转念"。

目前，对这所寺院所在区域并未开展考古发掘，尚不能确定其位置究竟是在宫城北城垣的内侧还是外侧的内苑中。

福寿尼寺　一所内寺。《宋高僧传》卷六记："懿宗皇帝留心释氏，颇异前朝。……别宣僧尼大德二十八人，入咸泰殿，置坛度内福寿寺尼，缮写大藏经。"《资治通鉴》卷二百五十将此事系于咸通三年（862）四月。文中所记咸泰殿确属大明宫内殿堂，而处于禁中的福寿尼寺究竟位于何地，并无明确记载，很可能也是大明宫中的寺院。另，都城延康坊亦有福寿寺，据《旧唐书》卷十八下所记，会昌六年（846）五月，宣宗敕旨将武宗毁佛时保留下来的西明寺改名福寿寺。据此可知，宫中福寿尼寺乃是延康坊福寿寺分设的内道场，创立于咸通三年（862），推测此时懿宗皇帝为了安置宣宗皇帝之妃嫔皈依佛门、修身养老而专门设立的内寺。此寺的位置与布局等，目前无考。

贞元镇国寺 一所内寺。据《册府元龟》卷五十二记，贞元十二年（796）九月，德宗皇帝应右三军请求，准许在大明宫九仙门外之右三军营地新置贞元镇国寺，以纪念上年腊月皇帝巡视右三军一事。当然，这所寺院并不在宫城之内。

元和圣寿寺 一所内寺。元和十二年（817）二月，右神策军在营地又另置了一所寺院，名元和圣寿寺，以纪念宪宗皇帝四十岁诞辰。此寺同样位于大明宫九仙门外之右三军营地。大约在武宗毁佛之际，此寺才被废弃。

玉晨观 大明宫内一所道观。据《大唐回元观钟楼铭并序》载：文宗在大和四年（830）夏，"有诏女道士侯琼珍等，同于大明宫之玉晨观设坛进箓。"（吴钢主编《全唐文补遗》第一辑，刻石现存西安碑林）又见《册府元龟》卷五十四记：文宗开成二年（837）正月，"召麻姑山女道士庞祖德自银台门，留止玉晨观。"银台门是大明宫宫门，足可证实大明宫内确有玉晨观。至于此所道观何时建置，未见史料明载。又见《唐代墓志汇编续集》收录的宋若宪撰《唐大明宫玉晨观田法师（元素）玄室铭》说，田元素被皇帝（宪宗）召入玉晨观，"特为修院居之"，每为"妃嫔以下"的宫人讲道，听者竟有千人之多，最后"以大和三年五月廿九日终于玉晨观私院"。总考这些史料，可推断在德宗或宪宗时期，在大明宫中创置了玉晨观。这所道观至少经历了宪宗、穆宗、敬宗、文宗、武宗五代皇帝，存世数十年。

唐人段安节《乐府杂录》记："贞元初，康昆仑翻入琵琶《玉宸宫调》，初进曲在玉宸殿，故有此名。"由此可知，德宗时大明宫中有玉宸殿，康国人康昆仑在此殿为德宗献演琵琶曲，并被命名为《玉宸宫调》。据此，可补大明宫一个殿名。或许玉晨观是德宗时期玉宸殿院改制而成，"晨""宸"二字则因传抄出错。

玉晨观在宫内的位置，史无明载，但见《全唐诗》卷四一七录有元稹给李德裕《寄浙西李大夫四首》（其一）诗提及玉晨观，"禁林同值话交情，无夜无曾不到明。最忆西楼人静夜，玉晨钟磬两三声"。诗后原注：
"玉晨观在紫宸殿后面也。"这不过是一个含糊的说法。目前此道观的确切
位置并不清楚，也未获取相关考古资料。

望仙观　大明宫中的一所道观。《旧唐书》卷十八上记，会昌三年
（843）五月，"筑望仙观于禁中"。当时武宗皇帝笃信道教，迷恋长生久视
之术，专门创立望仙观，召留刘玄靖、赵归真等道士充斥其中，为自己炼
制仙丹，后因过度服食仙药，病入膏肓，不治而亡，年仅三十三岁，在位
六年余。宣宗即位伊始，当即诛杀赵归真等十二人，望仙观也被废止。不
过，仅几年之后，宣宗也禁不住长生久视的诱惑，转而召道士进宫修法炼
药，供自己食用，至大中八年（854），又要修葺恢复望仙观，为此，受到
部分宰臣的"抗论"，于是，宣宗开明纳谏，将望仙观改为文思院（文思
院的功用，学界已有讨论，在此不做赘述）。据此可知，望仙观仅在武宗
时存在了四年。至于这所道观的位置，史无明载，《雍录·阁本大明宫图》
在宫区东北部之清思殿西边近处标记有望仙台，虽然名称有异，实际上就
是指望仙观，因为所谓的"望仙台"不过是史料将望仙观与仙台相混淆而
产生的一个讹名，史籍中有关望仙台的史料有些说的是望仙观，有些说的
是仙台，使用这些史料时一定要查稽清楚。

仙台　大明宫中的一处道教建筑，但不是一所建制道观，与望仙观也
无关系，不过是武宗举行羽化升天活动的一座独立高台。《唐会要》卷三
十、《册府元龟》卷十四、《玉海》卷百一六十四都记载了这一叫作"仙
台"的建筑，特别是日僧圆仁所著《入唐求法巡礼行记》一书，对武宗创
造仙台一事有详尽记述。综合这些史料可知，武宗受道士赵归真蛊惑，于
会昌四年（844）十月开工建造仙台，由左、右禁军三千官兵负责营作，
至五年（845）三月三日完工，并在当天举行升仙活动，武宗亲自登台，
强令道士和军士飞炼升天，结果摔死多人。此后仅一年，武宗就于会昌六
年（846）三月死于非命，仙台当然也被荒废。晚唐诗人罗邺（昭宗时进
士）有《望仙台》（当指仙台）诗："千金垒土望三山，云鹤无踪羽卫还。
若说神仙求便得，茂陵何事在人间"（《全唐诗》卷六五四），批评武宗崇
道求仙之事。

仙台的位置，已考证清楚。吕大防《唐长安城图》题记说："武宗于宣政殿东北筑台，曰望仙。"（《云麓漫钞》卷八）这是有关仙台在大明宫位置的最重要的一条史料，尽管误称为"望仙"，实际说的是仙台。吕氏于宋代元丰三年（1080）亲临大明宫遗址踏察时所见的这一高台，一直保存至今。据考古资料，这一仙台遗址位于宣政、紫宸二殿南北一线以东约100米处，与吕氏所言相吻合。实测仙台夯土台基残高约8米，底部呈方形，边长约20米，占地约400平方米，上部残存盘道遗迹，土台之外数米处似有水渠环绕。从遗址看，仙台的原来高度不会超过15米，与传说的百尺或百五十尺相差甚远。2009年，在实施仙台遗址保护工程之前，曾对基台进行发掘，目前尚未公布考古资料。实施工程保护后的仙台遗址现已成为遗址公园的一处重要历史人文景观。

三清殿　见本章第五节《殿堂建筑》。

玄元皇帝庙　位于大明宫内的一所老子祠庙，《雍录·阁本大明宫图》将其标记在银汉门内近处。唐朝开国，高祖李渊将老子李耳尊崇为远祖，到高宗时，又追册老子为太上玄元皇帝，天宝元年（742），有人上报玄宗说，玄元皇帝降于丹凤门大街，告赐灵宝，玄宗皇帝当即遣人于函谷关尹喜故宅掘而得之，于是，决定在都城大宁坊置玄元皇帝庙，庙中供奉用太白山砥石刻制的老子圣容，旁侧侍立玄宗白石造像。据此，大明宫之玄元皇帝庙也应当创立于此时，同样供奉有老子造像，旁侧当立有玄宗等身像。按理说既称"皇帝庙"，当属祠祀李氏远祖的祖庙，而非道观。此庙的存续情况不明。

在这些寺院和道观之外，大明宫中还曾有弘法院、南桃园译经场、咸宜内观、山亭院、降真台等建置，只是目前尚无深入考证。当然，也不排除还有一些佛寺、道观失传于史籍，不为后人所知。

九、东内苑与夹城

在大明宫东、北、西三面城垣的外侧，另有用城墙围合形成的多个独立空间，考古报告分别以"东内苑""东夹城""北夹城""西夹城"命名。但查诸史籍，除东内苑有明确记述外，有关其他三处空间的名称、功用、布局等方面的史料却极为少见，因有重新讨论澄清的必要。

内苑，是都城一项独立的制度性建置，虽然依附宫城旁侧，似乎具有拱卫宫城的作用，但并不属于宫城的范围。起初，长安城只有一处内苑，即位于太极宫北边的内苑，称"北苑"或"北内苑"，以与禁苑（隋称大兴苑）相区别。后来落成的大明宫，因位于太极宫之东，常称东内，太极宫相应地又被称为"西内"，由此，东内旁侧的内苑便称为"东内苑"，西内旁侧的内苑，自然就对应称为"西内苑"。这种称谓既表明内苑与宫城的关系，也标志两处内苑之间的地理位置关系。

从吕大防《唐长安城图》、宋敏求《长安志》、李好文《长安志图》及其他史料的记述可知，东内苑位于大明宫东城垣外侧，范围较大，南面城垣开一门，称延政门。东内苑中建筑较多，有龙首殿、龙首池及水渠、鞠场、东下马桥、总监屋等，还有宪宗元和十三年（818）所造的承晖殿、武宗会昌元年（841）所建的灵符应圣院等建筑。至于史籍所言的小儿坊、看乐殿、御马坊、亭子殿、龙武军值殿等建置的地点，尚有疑点，有待一一考定。

此外，关于东内苑的"内教坊"，也是学界讨论不息的一项课题。所谓教坊，是唐朝乐舞教习的场所和机构，内教坊就是设置在宫禁中的乐舞机构。其实，内教坊早已有之，最初置于太极宫中，武则天如意元年（692）将其"改为云韶府"（或指洛阳宫中的内教坊），中宗复位之后，又恢复"教坊"原称。

玄宗即位之初，由太极宫迁徙大明宫朝寝，当时以散乐"非正声，置教坊于禁中以处之"（《唐会要》卷三十三、《旧唐书》卷二十九）。对此，《新唐书》卷四十八记作："开元二年，又置内教坊于蓬莱宫侧……京都置左、右教坊，掌俳优、杂技。自是，不隶太常，以中官为教坊使。"同书卷二十二又说：玄宗"及即位……置内教坊于蓬莱宫侧，居新声、散乐、倡优之伎。"另见唐人崔令钦《教坊记》说："右教坊在光宅坊，左教坊在延政坊。"二坊都位于大明宫南侧。《旧唐书》卷十五下又记，元和十四年（819）正月，宪宗"复置仗内教坊于延政里"。

这些史料并未直接或明确说东内苑有内教坊，且其中又有相互抵牾之处。唯见吕大防《唐长安城图》在东内苑东墙外标记有"仗内教坊"，《唐安志》卷六也把"内教坊"列入东内苑。因此，东内苑究竟有无内教坊？"教坊""内教坊""仗内教坊""左教坊""右教坊"的沿革、相互关系如何，仍需深入探讨。今人对唐代乐舞、教坊的研究，已见诸多著述面世，但其中的疑点仍有待查清释明。

由于东内苑所在区域被现代城市建筑占压，未能开展全面考古勘探发掘，建筑布局及遗址面貌并未完全查清。据局部勘探资料可知，东内苑位于大明宫东城垣南段外侧，利用宫城和郭城，再另行构筑东、北两面苑城闭合而成，平面呈南北长方形，南北长约 1050 米，东西宽约 304 米，面积约 0.32 平方千米。延政门的位置也已勘定，但一直未能发掘。苑区分为南北两区，由一条横墙隔开，隔墙之偏东部开一便门，以通进出，南区范围大于北半部。

考古勘明，东内苑北半部有一片近 20000 平方米的水面，这应当就是史籍记载的龙首池，其池水引自城东龙首渠，再穿渠引池水流经含元殿前、西内苑，汇入其他水流，形成大明宫的南水系。据记载，隋朝时已有龙首池及渠，很可能是为了疏导龙首原南坡雨水倾泻，保护北郭城，早已疏通了这条水系。龙首殿遗址也已勘探清楚，位置在苑区的北部，靠近北苑墙，可惜因太华路以东区域的城市建设而未能保存下来。《类编长安志》卷七引《政要》记："长庆元年，东内苑毁东下马桥及总监屋，入其地以广鞠场。"说明东内苑早有鞠场，穆宗时又有所扩展，至文宗时，又"填龙首池为鞠场"（《旧唐书》卷十七下），大约是填掩占用部分水面，使这处鞠场再次扩大。至于东内苑通往宫内和禁苑的门阙则既未有史料述及，也一直未能勘察清楚。

20 世纪 80 年代在西安丝绸一厂建筑工地发现一处唐代建筑材料的堆积场，堆积层很厚，查此地正当东内苑的东苑城附近，其中出土的乐人浮雕压阶石，堪称精美，还出土一些"左策"印文板瓦，说明这里是一处存放由左神策军生产或监造的建筑材料的场地。据记载，唐朝中后期，神策军承担宫禁之中的大量维修缮治事务，从中牟利，通常左神策军负责东半部，右神策军负责西半部。需要说明的是，东内苑遗址范围在 20 世纪已逐渐沦为城市建成区，大华纱厂、黄河棉织厂等数家工厂和居民区分布其间，虽然历年开展了一些随工清理工作，但考古资料收取十分有限，现已失去开展后续考古发掘的可能性，这是一个令人遗憾的现实。

图 2-12　大明宫东内苑标志碑

　　坐落在东内苑遗址范围内的陕棉十一厂（前身是创建于 1935 年的大华纱厂）于 2008 年宣布政策性破产，由西安曲江管委会接收，厂区建筑按照现代工业遗产予以保护利用，将现存的旧厂门、部分车间及机器设备进行适当整理，并布置展陈，建成"大华 1935"博物馆，于 2013 年 11 月对公众开放。2014 年，"大华纱厂旧址"被陕西省政府公布为省级重点文物保护单位。2018 年又被工业和信息产业部列入第一批中国工业遗产保护名录。这样，唐代东内苑遗址又成为兼具近现代工业遗产的双重遗产地。2018 年在遗址南边设置了"大明宫东内苑遗址"大型石刻标志碑。

　　在大明宫北城垣的外侧，同样有一处用北、东、西三面城墙闭合而成的空间，考古报告称为"北夹城"。但将此范围与太极宫北边的西内苑对比，布局和形制颇具相似之处，应当同属内苑性质，只是面积稍小而已。查《雍录》卷九《唐三苑》载："东内苑则包大明宫东、北两面也。"明确说明东内苑分为两部分，一在东，一在北，可见宋朝人早已将这处空间认定为内苑，而非夹城。其实所谓夹城，是指在城墙旁侧另筑一道城墙，以形成封闭的顺城通道，因而称为"夹道"或"复道"，整个长安城的夹城，包括大明宫东城垣外的夹城（后述）、东郭城的夹城、芳林门夹城、延喜门夹城在内，共有四处。因此，大明宫北侧的这一空间，应当重新定性为内苑，即东内苑的一部分，而绝非夹城。

图2-13　1935年建成的大华纱厂厂门

大明宫北面的这处内苑，经考古实测，东、北、西三面苑城总长1455米，苑内南北宽160米，东西与北面宫城齐，长1135米（修正后的数据为1171米），范围约0.18平方千米。这处内苑中的建置情况，史籍亦有所记载。《长安志》卷六记："玄武门外西曰飞龙院，又曰飞龙厩，内有骥德殿，太和八年灾。"说明内苑的西半部是为皇帝饲养御马的马厩，文宗太和八年（834）骥德殿曾发生火灾。元和十三年（818），宪宗皇帝听说京畿地区驿站的马匹不足时，"命以飞龙马数百疋付之"（《唐会要》卷六十一）。《长安志》又记："宫垣之外，两边掖门，门内有凝霜殿、碧羽殿、紫箫殿、郁仪阁、承云阁、修文阁。"由这些记述，可对北内苑的建置略知一二，但其中可能有误，未必完全相信。唐中、后期，这处内苑由北衙禁军掌控，宝应元年（762）四月，张皇后乘肃宗弥留之时，图谋废立太子，宦官李辅国等预先迎太子（代宗）避难于凌霄门外之飞龙厩，待捕杀张皇后一干，内乱平定后，才奉迎太子来到九仙门与宰臣见面。建中四年（783）十月，长安发生"泾原兵变"，德宗一干出玄武门，经由此内苑出奔，当时，右龙武军使令狐建正在禁苑带领士兵习射，听闻皇帝有难，马上集中四百射士扈从。李肇《唐国史补》记有一则故事，说德宗此次出奔梁州，所乘御马名"望云骓"，都城光复后，这匹御马就养在飞龙厩里，并享受"饲以一品料"的待遇。此后，望云骓每当见到德宗，就"长鸣四顾"，待老死之后，有人绘图，有人赞文，德宗时任秘书省校书郎的元稹还作有长诗《望云骓马歌》（《全唐诗》卷四一九），以示纪念。

20世纪50年代对北边的这处内苑进行考古调查，取得一定成果，不仅查清了内苑城墙的结构和规格、苑内空间的区隔，勘探到一些建筑的基址，最重要的是发掘了重玄门遗址。考古资料表明，重玄门位于内苑北面城墙的中部，与宫城的玄武门南北直对，相距160米，在两门纵向轴线的以东和以西，各筑有一道南北向的长廊，两廊相距135米，将内苑区隔为中、西、东三部分，中部范围相对狭小，实际上是两门间的通道，也可视为一个小型广场。20世纪80年代，玄武门外耕土层下尚有大面积花纹方砖铺砌的地面存留，后因村民机械化耕作而逐渐损毁。《长安志》卷六记："德宗造（玄武）门楼，外设两廊，持兵宿卫，谓之北衙。"此记载与考古资料相吻合，可知此长廊应当是北衙禁军的兵舍，且与门楼一同创建于德宗时期。

图2－14　重玄门遗址发掘现场（由南向北）

重玄门遗址保存较为完整，考古实测门阙基台东西长33.6米，南北宽16.4米，夯土基台外表砌筑砖壁。基台东西两边各与苑墙相接，因为苑墙厚度仅只3.5米，特将基台以东、以西38.5米长的苑墙向外加宽约一倍，使这两段苑墙更为厚实，上面更加宽广。基台两边苑墙的内侧，各设一条漫道（或称马道），长27.5米，以便登城。重玄门属一门道制式，门道宽约5.2米，门道内两侧各排列布置11个壁柱石础，说明此门同属土木梁架式结构。门道内中部横置三道石门槛，槛距2.45米，表明门道内有三重阖扇，是长安城已发掘城门所仅见，似乎说明此门在宫廷防卫上的重要性。重玄门之外东西两边，各筑有一道北去的长墙，两墙相距140米，墙长约60米，墙北端分别内折，很可能此处建置有外重门之类的设施。

重玄门遗址保存相对完整，结构清楚，基台残高有6米多，为宫城各门址所不及，也是长安城保存状况最好的门阙遗址之一。关于这处重玄门（西内苑的北门也叫重玄门），少见记载，《资治通鉴》卷二百三十八有胡三省的一条注释，说"自蓬莱池西，出玄武门，入重元（玄）门，即苑中。重元（玄）门，苑之南门，南对宫城玄武门。"这一记述与考古资料完全吻合。

傅熹年《唐长安大明宫玄武门及重玄门复原研究》（傅熹年《傅熹年建筑史论文集》，文物出版社，1998年）一文，对重玄门及其楼观建筑有深度讨论并作科学复原。

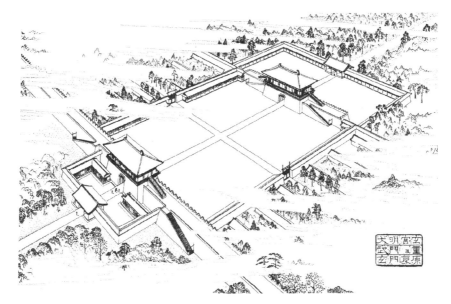

图 2-15　傅熹年《大明宫玄武门及重玄门复原图》

在叙述重玄门时，有必要对史籍所记的玄英门试作讨论。《册府元龟》卷十四和《唐会要》卷三十都记："德宗贞元三年（十二月），作玄英门及观于大明宫北垣。"这段文字表明，玄英门是位于北城垣一带的一座城门，门道上部构筑有楼观，称玄英观。此后不久的贞元四年（788）四月，德宗就"御玄英门，宴六军及神策、神威诸将，颁赐有差"（《册府元龟》卷一百一十）。这些史料表明，"泾原兵变"之后，德宗加强了大明宫北城一带的防卫体系建设，包括此后贞元八年（792）对玄武门的重建。因此，绝对不应将玄英观当作一处道教宫观。目前大明宫遗址考古报告中并没有与此门相关的考古资料，确切位置尚不能断定。查大明宫北城垣总长1171米，既然已有玄武、银汉、凌霄三门，德宗又何必要另开一个玄英门呢，推测此门应当位于北城垣外边的内苑院墙上。再从名称和其他迹象看，此门也许就是北边内苑的重玄门，推测此门原无楼观，至此才重新建造并加置楼观，同时改称"玄英门"，以与西内苑的重玄门相区别，也不排除这处门阙的本名就叫"玄英门"。当然，对此仍有待深入探讨，暂不作结论。另外，今本《长安志》卷六《大明宫章》将玄英门及其楼观讹记为"元（玄）莫观"，当予以校正。

在大明宫东城垣北段的外侧，另筑有一道城墙，距宫城约55米，南端抵东内苑北面苑墙，北端经宫城东北城角台外侧，与北边的内苑相接，长约1260米，因这段城址损毁严重，是否有门阙，两城之间是否有建筑，均未能探清。《雍录·阁本大明宫图》在左银台门外侧表示有这一"夹城"。吕大防《唐长安城图》在这道夹城上标记有太和门。估计这道夹城有两方面功能，一是加强宫城防备，二是形成夹道，连通东面和北面两处内苑及左银台门之间的交通。《唐会要》卷三十、《旧唐书》卷十四都记："（元和二年六月）丙子，左神策军新筑夹城，置玄化门、晨耀楼。"由此可知，这道夹城筑成于宪宗元和二年（807）。

至于考古报告所说的西面宫城城垣北段外侧的所谓夹城，其实并不像东夹城那样整齐规整，似乎是从南至北依附在宫城城垣外侧的一个个院落，不像是一道城墙或一条供南北通行"夹道"，因此，不应该称为夹城。靠南边的院落已经发掘，考古报告推测为翰林院，次北的各院落尚未勘测清楚。这些院落可能不是一次建成，而是因时逐步添建，或因宫内用地不足，而将一些衙署或其他建置安排在宫城旁侧。史料并无这道所谓夹城或院落的相关记述，且存疑俟考。

十、左右金吾仗院与左右三军

宿卫大明宫的军队，各时期不尽相同，多有变动。大致而言，分别由金吾卫和北衙禁军执掌，二者是两支各自独立、互不统辖的军队。金吾卫分为两部，称左金吾卫和右金吾卫，是唐朝国家军队十六卫之二卫，各设大将军一人、将军二人率领，担负都城和宫室前朝区的宫门守卫、巡警、仪仗和扈从皇帝出行，军府分别设在永兴坊和布政坊。王建《赠田将军》（《全唐诗》卷三〇〇）诗有"自执金吾长上值，蓬莱宫里夜巡更"句，记述金吾卫警卫大明宫的事实。所谓禁军，则是指驻扎在禁苑中的左三军和右三军，担当后宫区各宫门的守卫、禁苑和内苑的巡防警备，也随皇帝出行护驾。

金吾卫在大明宫设有两所仗院，分别称左、右金吾仗院，顾名思义，乃是金吾卫之仪仗队的指挥所和将士的驻扎之地。这两处仗院的位置，史料有记，吕大防《大明宫图（残）》在丹凤门内御道的东西两边各画有一座建筑物，参照《雍录·阁本大明宫图》和《唐两京城坊考·西京大明宫图》，此两处建筑物无疑就是指金吾仗院，但这只是大致方位，确切位置目前并无考古资料认定。

金吾仗院内似乎还有临时拘押罪犯的处所，肃宗时，曾发生关押在金吾仗院里的一名吐蕃囚犯乘早晨宫门开启之际逃跑的事件。建中元年（780），京兆尹严郢因受弹劾被拘押在金吾仗院内，长安百姓闻讯聚集宫门外请愿，才被德宗宽释。左（东边）金吾仗院内植有石榴树，文宗大和九年（835）十一月发生的"甘露之变"，就是指此院内的石榴树上夜间天降甘露，当然，那不过是"诈言"而已。

驻防在禁苑中的禁军，"安史之乱"后完全由宦官掌控，因称"北衙禁军"，被视为皇帝的私家军。据记载，大明宫北部东、西宫城以外不远处，依次排列着北衙禁军的羽林军、龙武军、神策军的驻防营地，西边为右三军，东边为左三军，简称右军、左军。不过这只是反映了宪宗及以后禁军的编制和驻防的情况，此前禁军的名号和驻防曾发生过多次变动。

高宗龙朔二年（662）建成大明宫时，仅有左、右羽林军驻防宫城东西两边。先天二年（713）七月，玄宗诛灭太平公主党系时，首先假召左羽林大将军常元楷和右羽林大将军李慈从禁苑到太极宫，行至半途就被伏兵斩杀，只因二人属太平公主党系，参与密谋作乱。开元二十六年（738）玄宗从羽林军中分出龙虎军，次年又将万骑编入龙虎军，与羽林军共同驻防大明宫，号"北衙四军"。"安史之乱"中，肃宗在收复长安后，又将随驾灵武的左右神武军，分驻大明宫之北，始有"北衙六军"之称。后又增置左右神策、神威四军，一度总称"左右十军"。直至宪宗元和初年，整编禁军，撤销神武、神威两军，归隶神策军，才以左右羽林、左右龙武、左右神策为北衙六军之建制驻守大明宫北部宫城之外，担当禁卫职责，一直延续到唐末。

禁军中的神策军，最初由陇右节度使哥舒翰创立于天宝十三载（754）。代宗即位之初，发生"吐蕃犯京"事件，当时任监军的宦官鱼朝恩率神策军将代宗迎驾到陕州，算是救驾有功，事平之后，神策军便随驾进入京城，成为禁军。神策军军力最为强大，颇具征战能力，备受皇帝倚重。

唐末僖宗、昭宗时期，左右三军名存实亡，已经不堪承担侍卫皇帝之重任。天复三年（903）昭宗接受宰相崔胤建议，在长安城招募数千人，将六军重新改编，每军步兵 1000 人，骑兵 100 人，六军共计 6600 人。唐末迁都洛阳之际，昭宗成为朱温的傀儡，禁军遂被解散。

从肃宗开始，北衙禁军由宦官头目掌控，成为他们摆布皇帝、矫诏废立、操政弄权的支柱，皇帝也往往为了亲善禁军，不时前往左、右军营地巡幸，与将士合欢，给予赏赐。如遇特别情况，禁军还奏请立碑、甚至创立寺院以纪念皇帝巡幸，为皇帝祈福。贞元十一年（795）冬，德宗巡幸各军营。为此，右神策军奏请皇帝准许，次年四月"于（右）银台亭子门外立碑，以纪圣迹"（《旧唐书》卷十三）。至十二年九月又在右军设立贞元镇国寺，为皇帝祈福。元和十二年（817），右神策军又奏请皇帝准许，在右军营地创立元和圣寿寺，以纪念宪宗诞辰。武宗时，同样因为巡幸左神策军而在其营地树立《皇帝巡幸左神策军纪圣德碑》，以为纪念。此碑由当朝宰相、翰林学士崔铉撰文、书圣柳公权墨书，徐方平篆额，会昌三年（843）刻立，传为名碑，只因地处禁地，世间少有拓本流传。据元代骆天骧《类编长安志》"碑见在左军"之言，似乎元代此碑尚在原址。可惜今天碑石本身已无踪可觅，仅有碑文的前半部拓本（据说为宋拓）传世，现藏北京图书馆，系 1965 年经周总理批准从香港购回（见《北京图书馆藏中国历代石刻拓本汇编》）。查今大明宫遗址以东数百米处有一个叫作"石碑寨"的村子，其地望与左三军之左神策军营地大致相合，推测后世（或为明代）这里初有人居之时，附近尚有石碑矗立地上，因取为村名。会昌元年（841），大宦官两军中尉仇士良因有拥立武宗践位之功，备受宠遇，权势熏天，皇帝特赐在左神策军营地为其树立《仇公纪功德政之碑》（《旧唐书》卷十八上、圆仁《入唐求法巡礼行记》卷四），会昌三年（843）仇士良死后不久，就被削去官位，家财全部籍没，树立仅三年的纪功碑也被推倒毁除。

图 2 - 16　柳公权书《皇帝巡幸
左神策军纪圣德碑》拓本

图 2 - 17
"左策戊寅"印文瓦拓本

十一、布局制度

关于大明宫的布局及布局制度，除《两京新记》《唐六典》等典籍有专门且简略的记叙外，唐以后各代都有史地学者前往遗址实地勘察或搜集整理史料，深入考证，留下诸多地志方面的著述，同样成为今天开展相关研究的必备资料，其中宋人宋敏求《长安志》和程大昌《雍录》、元人骆天骧《类编长安志》、清人徐松《唐两京城坊考》等备受学人看重，常见引用。历代绘制的大明宫全图，因直接展现宫区各处建筑分布状况，成为布局研究的必备史料，现流传存世的有《雍录·六典大明宫图》和《雍录·阁本大明宫图》（此图与《永乐大典》所收《元河南志》附图，本属一图，后者不尽完整）、吕大防《唐长安城图》和《大明宫图（残）》、李好文《长安志图·唐大明宫图》、《陕西通志·大明宫图》、王森文《汉唐都城图》、徐松《唐两京城坊考·西京大明宫图》、毕沅《关中胜迹图志·东内图》等数幅。日本人平冈武夫的《唐代的长安与洛阳（地图）》一书，对这些图籍进行了汇集、整理、研究。这些图籍蕴含着大量极具学术价值的信息，其中的《雍录·阁本大明宫图》和吕大防诸图尤显重要。但也不排除这些图籍中存在不少误识和臆断，如徐松《唐两京城坊考·西京大明宫图》标识的东内苑和西内苑，就是一大错误，因此，在使用这些图籍史料时，应深入考证和认真辨识，切不可随意征引。当然，《唐会要》《旧唐书》《册府元龟》《新唐书》《资治通鉴》及其他典籍的相关史料，尽管零散，但也不可忽视其在布局制度研究上的重要价值。

需要指出的是，随着 20 世纪 50 年代以来大明宫遗址考古成果的陆续发布，学界有关大明宫的著述层出不穷，其中往往附有各自绘制的大明宫复原图，这些图样反映了作者的研究成果，但其中难免存在想象的成分或有悖考古成果的错误，究其原因，一是对旧传图籍的舛误不加辨识，照本抄袭；另一是对考古资料缺乏深入理解和研究。按理说，绘制大明宫图，应当以对历史负责的态度，严谨从事，每一个点，每一条线，都须严密审视，有根有据，切不可率意而为，以免误导读者，造成不必要的重复研究。

借助丰厚的史料和考古成果，目前学界已对大明宫的布局状况有了一定程度的认识，完全可以从制度层面做出科学的概括。

（一）南北长方形形制

大明宫的坐落方向，属于坐北面南，与都城的朝向一致。这种朝向本来是居住在北半球的人类适应自然环境而形成的一种居住习惯，随着社会的发展，又演变为都城、宫室规划的一项制度，中国古代的都城和宫城大多不脱此范式。

大明宫的平面形制，依据史料和考古资料，可以认定为南北长方形。《长安志》记：大明宫"南北五里，东西三里"。虽与考古实测数据稍有出入，但对平面形制的记述没有错误。南北长方形是古代宫室中常见的一种形制，如东汉和北魏的洛阳宫、元大都宫城、明清紫禁城等。当然，形制只是一种制度特征，可能因种种原因，实际形状并不一定十分规整方正，长宽之比也没有完全相同的。

大明宫的平面形状有两个特别之处，一是东城垣的北半段呈西北—东南走向，未与西面宫城平行，导致宫区东北部变窄，形成切角，状似楔形。对此，考古报告《唐长安大明宫》说："东城的北部如不偏西，而是正南北的话，则北部的城垣就恰处于龙首原折向北去的西麓之下，这样原高城低，对宫廷的防卫是不利的。"认为是自然地势所限使然，当然，这只是一种推测。傅熹年先生则提出"最初建宫时拟为一坊之宽，以后建大明宫时，为把含元、宣政、紫宸建在地势最高显处，不得不把中轴线东移，遂形成南面宽于北面的现状。"这也算是另一种解释，当然不排除还有其他原因。二是宫区的西北、西南、东南三处拐角，在定点放线时可能受到人文、自然环境条件或测量技术的限制，并不表现为 90 度的直角，城垣线位都有偏斜，如西宫城就呈北偏西 1 度 20 分，未与南宫城垂直，北宫城也不与南宫城平行。虽然这两方面的情况极易造成对平面形制认识的误导，但决不能否认大明宫属于南北长方形形制。某些著述把大明宫的平面形制说成梯形或楔形，也有说南半部为东西长方形，北半部为楔形，这些说法都是不确切的，究其原因，一是混淆了宫城和东内苑的关系，误把东内苑当作宫城的范围，二是未能从宫室制度的角度审视宫城的平面形状。

大明宫南北长与东西宽之比，按 20 世纪 50 年代考古测定的数据为2256 米：1370 米，即 9：5.46，按吕大防《唐长安城图·题记》"广二里一百四十八步，纵四里九十五步"的说法，则为 9：5.09，都近似于 9：5，似乎反映了"九五"思想对唐代宫室规划的影响，或许这也是中国古代南北长方形制式类宫室规划所遵循的一项法则，对此，有待从宫室制度层面、利用更多案例及数据深入讨论。

（二）前朝后寝区划

所谓"前朝后寝"，是指将宫室区划为前、后（或者南、北）两部分，前半部作为朝仪区（或称前朝区），后半部作为寝居区（或称后寝区）。《考工记》记述的周代宫室制度，已清楚地包含有这一规划思想，再经历代宫室规划建设的实践，这一制度得到传承并渐趋成熟，及至隋朝创建大兴城，城中大兴宫（唐称太极宫）的布局，就严格按照这一制度进行规划。唐朝创建大明宫，尽管用地扩大，格局有所变革，但仍将前朝后寝作为一项规划原则沿袭不辍。不论从史料、还是考古实测的《大明宫遗址平面图》，都可以清楚看出，以宫内的第三道隔墙为界，将宫区空间划分成南北两大区域，南半部即是前朝区，纵深约 1000 米，面积约 1.37 平方千米，北半部即是后寝区，纵深 1200 余米，面积约 1.58 平方千米。

大明宫前朝区和后寝区是两个不同的功能区。前朝是黄帝举行元日、冬至大朝贺、即位、宣赦、受俘、上尊号、册太子、宣布改元、大朝会等重大典礼的场所，实际上是象征国家和体现至高皇权的礼仪空间。所谓后寝区则是皇帝举行常朝、与臣下共同处置具体政务的空间，更是皇帝及其家族成员的日常生活区域，包括寝居、学习、宴乐与休憩等项，实际上就是皇帝的"家"。

由于功能的不同，前朝与后寝的布局形式和建筑配置关系也有明显差异。前朝区的布局非常规整，中心建筑突出，道路和房舍分布有序，横向以"一轴两街"、东西对称的形式展开，纵向依地形走势由低到高，经由南城垣、御道、水渠、第一道隔墙、第二道隔墙，造成重重深入的态势，其间配置的建筑都具有礼仪功能性质，以外朝含元殿、中朝宣政殿为中心，结合南城垣的各门阙，再设置待漏院、仗院、朝堂、各衙署，造成一个能够适应和完成各种国家仪典的礼制化的特定空间。

后寝区的殿堂等建筑，分布较为散乱，布局看似无序，与前朝区形成鲜明对比。细究其布局特点，大体可概括为两点，一是围绕太液池布置建筑，二是利用自然地形建置殿堂。因水面仅占后寝区面积的十分之一略多，在池北岸至北城垣、西城垣的广阔区间，以及池南的龙首原高地上，建置有数十座殿堂和院落。皇帝的寝殿大多分布在紫宸殿以东的区域，而右银台门内至紫宸殿一带，则是内寝区的政事区，坐落着麟德殿、金銮殿、延英殿等朝殿。其间的道路分布，目前仍不甚清楚，但分析考古资料和相关史料，大致可确定数条主要道路，一是右银台门内一直向东、经过紫宸殿院北边，直达于左银台门的干道；二是光顺门内向北、经金銮坡和太液池西，通往玄武门的干道；三是崇明门内向北、经太液池东西池之间水渠上的过桥、通往北城垣一带的干道。可以看出，后寝区山水相间，殿院鳞次，道路通畅，实际上是以宫殿与园囿相结合为特征的区域，这是中国古代宫室之后寝区布局的普遍形式。

（三）三朝制度

据周礼所传，宫室中君王举行礼仪活动和处理朝政的场所，按照不同功能和需要，分为外朝、治朝、燕朝，即所谓"三朝"，大约在后世宫室规划建设的实践中，又俗称为外朝、中朝、内朝。经过长期演进，这种以宫室的建筑配置关系来体现三朝礼仪的体例便逐渐固定下来，形成制度，称为"三朝制度"。

隋朝创建大兴宫，以宫城正南门广阳门（唐称承天门）为外朝，以正殿大兴殿（唐称太极殿）、中华殿（唐称两仪殿）为中朝和内朝。唐前期的皇帝居太极宫（即隋大兴宫），因循三朝制度，通常在外朝承天门举行元日、冬至大朝贺和宣赦仪式；在中朝太极殿举行大朝会等礼仪活动，同时也作为驾崩皇帝设灵和出殡、为继位的皇帝举行枢前即位典礼的场所；在两仪殿举行常朝，与臣下商议国家大事，也是皇后薨逝的设灵场所。及至龙朔二年（662）高宗续建大明宫之际，针对太极宫布局的先天性缺陷，对前朝区的规划及三朝的定位作出重大变革。

大明宫的三朝制度采用在中轴线上纵向排列含元、宣政、紫宸三座殿宇的形式，分别对应代表外朝、中朝、内朝，这种"三殿式"与太极宫"一门两殿式"的三朝制度形式有了显著不同。太极宫承天门与太极门之间筑有一道隔墙，隔墙的中门称嘉德门，大明宫丹凤门与宣政门之间同样筑有一道隔墙，在墙中部建置含元殿，也就是说大明宫的规划用以殿代门的手法，使外朝场所由城门转移到殿堂，完成了宫室三朝制度的一次变革。

作为外朝的含元殿，功能较为单一，只用于举行元日、冬至大朝贺仪式，其他如宣赦和受俘仪式，则分别安排在丹凤门、兴安门举行，表明大明宫的外朝功能是通过含元殿、丹凤门及兴安门相结合的方式实现的。中朝宣政殿在三殿中地位最为尊崇，功能与西内太极殿大体相同，用于举行皇帝即位、册尊号与册太子、朔望朝参之类大朝会、制举殿试等大型礼仪活动。需要说明的是，虽然中朝属皇帝即位之所，但在宣政殿即位的皇帝只有宪宗和文宗二人，肃宗则在宣政殿举行了授玺仪式，即由太上皇（玄宗）亲自将上传国玺传授予肃宗，以示追认其在灵武即位的合法性，其他皇帝的即位礼，都因循"枢前即位"制度，仍在西内太极殿举行。内朝紫宸殿，也称内朝正殿，是皇帝举行常朝的场所，也就是日常与宰臣讨论、决策军国政务的地方，功能与太极宫两仪殿相同。

《雍录》收录有《太极宫入阁图》和《东内入阁图》，前图中可见承天门、太极殿、两仪殿被分别标记为外朝、中朝、内朝，这是完全正确的，但在后一图中，却将丹凤门标记为"古之外朝"，将含元殿标记为"古之中朝"，将宣政殿标记为"常朝"，将紫宸殿标记为"内朝"，似乎由三朝变成了"四朝"，显然有失允当，说明此书的作者对大明宫前朝布局的制度性变革缺乏深入认识。唐朝以后，各朝宫室皆循三朝制度，表现形式则因客观原因各有差异，现存北京的明清紫禁城，在前朝区安排太和、中和、保和三殿，以示三朝，这与大明宫相同，但前朝的区划布局却有诸多差异与变通。

（四）五重格局

史籍中常见将都城、宫城分别称为"九重""五重"，把皇帝称为"九五之尊"，这是古人依据《周易》"九五，飞龙在天，利见大人"之说，将其用于指称帝王之位。唐人骆宾王以"山河千里国，城阙九重门"诗句来形容国家疆域和都城布局。这里所谓的九重，可理解为九进、九层、九隔等意思，五重与此相类，就是说皇帝居住在九重的都城和五重的宫城之内。查究历代都城和宫城的布局可知，这种表述绝非是一种虚拟的意境，而是都城规划建设的制度追求和真实践行。经过长期的演进，大约在隋唐时代，"九五思想"已融贯到都城规划之中，成为一项法则，不论两京长安和洛阳，还是太极宫、洛阳宫、大明宫等正宫，无不表现出这一制度的存在，并为后世所继承。

《唐六典》记载大明宫南部横置有三道隔墙，第一道位于含元殿东西一线，第二道位于宣政门东西一线，第三道位于紫宸门东西一线，吕大防《唐长安城图》也对此有清楚标识。宫内的三道隔墙加上南宫城和北宫城，正好是五重，也就是说宫城从南至北表现为五重，同时在每重城墙的中部，设置大型门阙，又表现出五进的形式。太极宫内的隔墙也有三道，第一道位于承天门之北的嘉德门东西一线，第二道位于太极门东西一线，第三道位于朱明门东西一线，再加上南城和北城，也是五重。洛阳宫的布局，虽然差异较大，但据史籍记载和已有的考古资料看，也不脱五重模式。

中国古代的都城，经过长期发展，逐渐形成宫城、皇城、郭城三重布局制度，隋唐长安城的出现，正是这种都城制度发展到成熟阶段的标志。长安城由南边的郭城和北边的禁苑结合而成，宫城居于全城东西南北之中央，若以宫城为第一重城，那么，宫城南边的皇城和宫城北边的内苑，就是第二重城，郭城和禁苑自然就是第三重。需要说明的是，因宫城的北城垣与北郭城重合，才另设内苑补足九重。如果从南郭城之明德门入城，一直往北行，经皇城朱雀门、宫城南城承天门、宫内第一道隔墙的嘉德门、第二道隔墙的太极门、第三道隔墙的朱明门、宫城北城玄武门、西内苑重玄门，到达禁苑北正门启运门，共为九进，也就是九重，其中宫城表现为五重。隋唐东都洛阳城，虽然禁苑在郭城之西，但因为在宫城北城的玄武门之北，另区隔出曜仪城和圆壁城，使全城由南至北仍不失为九重（或九进）形态。

所谓"九五之尊"，大约有两方面含义，一方面表示皇帝居于九重的都城和五重的宫城之内，另一方面表示都城九重的第五重最为尊贵，太极宫的太极殿和大明宫的宣政殿位居五重之内，是皇帝承天命、布大政的地方，通常在此举行即位、上尊号、册太子等重大典仪。

（五）中轴线与东西对称布局

中轴对称本是一项自然法则，当人们将其运用到建筑的设计和规划时，就会赋予建筑端庄、稳定、平衡之审美价值。中国古代建筑，无论单体还是组群，乃至都城、宫城，都按照"建中立极"的思想设定中心和中轴线，实行对称布置，这既是一种规划手法，更是一项规划制度。大明宫的中轴线对称布局，除史料有清楚记述外，又有考古资料实证，可以作出深度诠释。

大明宫中轴线的线位，大致处于宫城范围东西之中央，起于南城的丹凤门，终于北城的玄武门，轴线线位上由南至北依次坐落着丹凤门、含元殿、宣政门、宣政殿、紫宸门、紫宸殿、玄武门等宫内的主体建筑，其中的含元、宣政、紫宸三大殿宇分别代表古代宫室制度的外朝、中朝、内朝

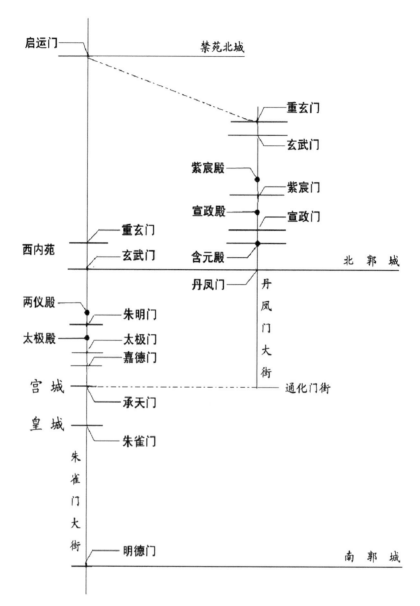

图 2-18　唐长安城布局制度示意图

之三朝制度。前朝区中轴线东西两边的建筑配置,呈现出明显的对称性特征,不论南城的宫门、宫内三道隔墙的墙门,乃至东边的崇明门街和西边的光顺门街,无不东西均衡配置,连金吾仗院、朝堂、宣政殿院两边的官署区也同样东西分设。这种规整有序的对称格局既是前朝区布局制度的体现，也是礼仪空间的有形化象征。需要说明的是，玄武门的位置稍偏西于中轴线，对照太极宫的玄武门也居于偏西位置，推测这是宫室规划的风水讲究所致，并不影响中轴线南北贯通的客观存在。

大明宫中轴线与都城中轴线的关系，是长安城布局制度研究的一个重要问题。大明宫丹凤门外向南拓展出宽阔的丹凤门大街，街道南端与通化门内东西大街相交接，实际上是中轴线的延长，以这种形式使轴线南端与承天门东西取齐，用来标志两宫的东西并列关系，又意味着两宫的中轴线在承天门外相交，共同与都城的中轴线并合。《雍录》卷三说："丹凤中门正街，西有横街，可以达于承天（门），南即朱雀正街矣。"说明作者已意识到大明宫中轴线与都城中轴线的关系问题。同样，大明宫北边内苑的重玄门，也标志着中轴线向北延伸，在禁苑的北正门启运门与都城中轴线并合。也就是说，太极宫中轴线与都城中轴线是重合关系，大明宫与太极宫东西并列，其轴线无法与都城轴线重合，不得不采取特别手法使二者实现某种形式的结合，用以标志大明宫与太极宫相同的正宫地位。至于兴庆宫，尽管地处京城，玄宗曾一度居住听政，但终归是一处离宫性质的宫室，其布局制度与正宫相差甚远，对此，宋人程大昌在《雍录》卷三中早有论及："兴庆者，虽有夹城可以潜达大明（宫），要之隔越衢路，亦当名为离宫而已。"

近年来，关于长安城的中轴线问题，出现了一些看似新颖的观点，有说唐长安城有两条中轴线，一条代表隋朝，一条代表唐朝；有说大明宫的中轴线向南延伸到慈恩寺，大雁塔也是轴线上的建筑；也有说大明宫有三条轴线，等等。这些论点的提出不是建立在对都城制度和宫室制度的深入研究之上，且论据不足，推测和想象成分过多，因此不能成立。

（六）水系建置

大明宫内的太液池，经全面勘探和局部发掘，范围和形制已基本查清，后来又发现并局部发掘了含元殿前的水渠，使宫区的水系布局清晰显现出来，即南部外朝区设置的水渠和北部后寝区的浚成水池，由此，可将大明宫的水系制度总结概括为"南渠北池"或"前渠后池"。（详见第八章）

大明宫的布局制度，表现为一个全方位、多层次的制度体系，这里只列出总体布局的六项基本制度，另外如门阙制度、殿院布局等，目前还难以做出全面的、科学的叙述。就中国古代宫室制度的发展轨迹而言，随着大量考古资料的获取，日渐清晰起来，其中汉代未央宫和建章宫是君主专制时代宫室制度体系形成过程的两个里程碑，又经过各朝宫室营造实践的推演，到隋唐时期，各项制度实现融会贯通，形成制度体系，太极宫、洛阳宫、大明宫就是这种制度体系的代表，标志宫室制度已趋于成熟和定型，并为以后历代宫室规划所承袭，尽管规模、布局各有变通，形成独自的特点，但无有越出规制者。现存北京明清紫禁城，既是古代宫室制度的传承者，也是古代社会宫室营造的最后成果。由于太极宫和洛阳宫遗址都被现代城市所叠压或摧毁，考古资料十分有限，布局情况不甚明了，保存较为完整的大明宫遗址就成为唐时代宫室制度研究的最重要实物资料。

第三章

丹 凤 门 遗 址

文武千官岁仗兵，万方同轨奏升平。

上皇一御含元殿，丹凤门开白日明。

张祜 《元日仗》

（《全唐诗》卷五一一）

丹凤门是大明宫的正南门，也是唐长安城的一处地标建筑，其规模之大、等级之高、地位之尊，均居都城门阙之首，堪称隋唐时代门阙类建筑的代表作品。丹凤门遗址保存相对完好，结构关系清楚，蕴含丰富的时代信息，具有极为重要的历史与文物价值，是唐史和古代建筑研究的珍贵实物资料，也是印证今天西安市城市建设轨迹与发展进程的一处重要历史地理标识，承载着厚重的历史记忆。

一、丹凤门的建造与毁圮

大明宫的宫门、殿堂等众多大型单体建筑的建造时间，除含元殿外，绝大多数都不见直接或明确的记载，因而总会引发后世人们的反复考证，不过，这些考证往往会得出错误结论。丹凤门的建造时间，即是此类疑案之一。后世以至今人的著述大多认为丹凤门是高宗龙朔年间（661～663）续建大明宫时与含元殿、宣政殿同期一并建造的，实际上这只是一种缺少充分依据的推测。

宋人吕大防《长安城图·题记》说"唐高宗始营大明宫于丹凤（门）后，南开翊善、永昌二坊，各为二。"（《云麓漫钞》卷八）这段话值得特别注意，细揣其文意，似有高宗续建大明宫和拓开丹凤门大街之际，丹凤门早已存在的意思。

查考大明宫的营造进程，太宗晚年已经实施过一次大规模的续建工程，对此，《玉海》卷一百七十"唐北阙"条记："实录，贞观二十年十月，司空房玄龄及将作大匠（阎）立德大营北阙，制显道门、观，并成。"这里的"北阙"，如本书前文所述，就是指大明宫，经此番"大营"之后，北阙便成为太宗晚年在长安的固定居处，所以，文中的"显道门、观"，极可能就是丹凤门及其楼观。及至高宗龙朔二年（662），将大明宫改称蓬莱宫，又将宫内各殿堂、门阙等建筑重新统一命名，显道门才被改称为丹凤门。

《册府元龟》卷八十四记，贞观二十三年（649）三月十七日，"百官及京邑士庶，并列于显道门外，见系囚千余人，咸北面，太宗力疾乘舆，诸司庶僚百姓等，车马填噎……，然后遣宣诏……，可大赦天下。"这是太宗临终前抱病来到显道门，面对长安百姓，举行的一次宣赦仪式，也是唐朝皇帝首次在显道门（丹凤门）举行的重大典礼。

依据这些史料和史实，推定丹凤门建成于贞观二十年（646）十月，而非高宗时期，应该是一个可信的结论。拙作《唐太宗"大营北阙"考》（《文博》2007年第6期）一文，通过重新梳理分析北阙和显道门的相关史料，明确了北阙与大明宫的关系，提出显道门就是丹凤门的新观点，澄清了此前有关显道门的各种说法。

丹凤门的名称，有过三次改动。贞观二十年（646）十月初创时称显道门，高宗龙朔二年（662）六月改称丹凤门，城楼对应称为丹凤楼。至德二载（757）九月，唐军从安史叛军手中收复长安，十月肃宗返回都城，于乾元元年（758）二月，将丹凤门改称明凤门（也有史籍记作"鸣凤门"）。大约四年后的宝应元年（762）五月，即代宗即位不久，又恢复了"丹凤"旧称（也有史籍在宝应二年仍使用"明凤"一称），直至唐末再未见改动。

所谓丹凤，实际上就是古代传说中的南方之神朱雀。按照四方之神的文化传统，宫城或陵园的四面门阙，分别以朱雀（南）、玄武（北）、青龙（东）、白虎（西）命名。高宗改显道门为丹凤门，既传承宫室建筑命名的文化传统，又稍做变通，这是因为都城的皇城正南门已经使用"朱雀"一称，所以大明宫的南门就只好被异称为丹凤门。后世北宋东京之宫城的南门也取"丹凤"命名。

晚唐的长安，历经多次战乱破坏，丹凤门究竟毁圮于何时，同样未见明确记载。查僖宗光启二年（886）十二月的战乱，对大明宫造成了毁灭性的破坏，如本书前文所述，推定丹凤门毁圮于这次兵祸，应当没有问题。时隔十二年之后，光化元年（898）二月，镇国军节度使、京兆尹韩建受暂驻华州的昭宗之命重新修复大明宫，昭宗当年八月回到长安后，寝居于大明宫，又多来往于太极宫活动，宣敕仪式则分别在太极宫端门（位置不清）和长乐门举行，再未见到使用丹凤门的记载，这似乎说明这次修复的重点在后宫部分，丹凤门及前朝区的大型建筑则直至"天祐迁都"（904）的数年间一直无力重建。在此需要做一个说明，《旧五代史》卷十五之《孙德昭传》记：天复元年（901）元日，军将孙德昭策动政变，将被宦官刘季述软禁在东宫的昭宗解救出来，"奉迎御丹凤门楼"。似乎此时丹凤门仍然存在并被使用。但是，《旧唐书》和《资治通鉴》对此事都记作"昭宗反正，登长乐门楼，受朝贺。"长乐门是太极宫的南门之一，可证《旧五代史》的记载有误，不足凭信。

丹凤门从贞观二十年（646）十月创建，至光启二年（886）十二月毁圮，至少存在约240年之久。在这漫长的岁月里，丹凤门及其楼观肯定有过多次修葺缮治，只因史料阙佚，具体情况难以知晓。五代人林楚翘有《水鼓子》词："百司供拟甚纷纭，丹凤重修了奏闻。明日禁兵阶立仗，金鹅袄子赐将军。"此词似乎记录了晚唐时期，某一年在含元殿举行大朝会前，重修丹凤门的史实，至少也算修缮丹凤门的一条重要线索。从丹凤门遗址出土的"天宝四月官瓦"印文瓦、"西坊天宝年六……"印文砖看，极可能在早在天宝元年（742）就曾对丹凤门实施过一次大规模的维修工程，当然，此类资料还有待进一步分析讨论。

图 3-1　考古发掘前的丹凤门遗址土台及上部的现代建筑（2003 年）

二、丹凤门的功用

在大明宫四面城垣的数座门阙中，丹凤门是最为重要的一座，其地位相当于同时期太极宫的承天门和洛阳宫的应天门、后世元大都宫城的崇天门和明清北京紫禁城的午门。有人将丹凤门与今北京的天安门相比对，从建筑类型的角度看，都属古典建筑的城门，并无不妥，但二者的时代背景不同，在都城制度和礼仪制度上也不具有对等地位，天安门是都城的皇城正门，而非宫门。就唐长安城的主要门阙而言，外郭城的正门明德门（隋朝创建，唐永徽四年重建并施置门观）、皇城的正门朱雀门、宫城的正门承天门都创建于隋朝，为唐朝所沿用，唯有丹凤门创建于唐朝，是地道的唐代、唐风建筑。可见，丹凤门既是大明宫的主体建筑之一，又是都城的一处地标性建筑，更是唐时代门阙建筑的代表作品。

　　丹凤门是大明宫的正南门，也是宫区中轴线上南起第一座建筑，颇具皇权的象征意义，在长安市民乃至国人心目中有着特殊地位，因而往往被称为"国门"。德宗时，谏议大夫吴通玄因罪被赐死，其弟中书舍人吴通微来到丹凤门前，"素服待罪于国门，帝特宥之"（《旧唐书》卷一百九十下），得到了皇帝宽恕豁免。僖宗时，朱玫挟持嗣襄王李煴在大明宫伪立，被逼迫出任伪职的李拯下朝出宫，经丹凤门前，"驻马国门，望南山而吟曰：'紫宸朝罢缀鸳鸯，丹凤楼前驻马看，唯有终南山色在，晴明依旧满长安'"（《旧唐书》卷一百九十下）。按说"国门"的本意是指都城之门，但自高宗将政治中心移往大明宫后，丹凤门就成为都城所有门阙中地位最为尊崇的一座"国门"。

　　丹凤门坐落在大明宫南城垣的中部位置，西距宫城西南角约 662 米（原公布为 650 米，2005 年发掘丹凤门遗址后，确认此门为五门道，其门址中心点相应东移约 12.3 米），西距建福门、东距望仙门各 400 余米。由于大明宫利用了长安北郭城约 1370 米的一段作为南面宫城，使宫城与郭城相重合，所以，南出丹凤门，即是进入郭城，北入丹凤门，即是进入宫城。丹凤门北向直对含元殿庭，相距约 600 米，二者之间为 700 余米宽的御道广场。御道两侧分别建置有左、右金吾仗院，院内常驻有金吾卫将士，担当南面宫门的守卫和前朝区的昼夜巡查警备，如遇皇帝举行大朝会等仪式或者出行，又参与仪仗与扈从。

　　丹凤门外东西一线为郭城之北顺城街，街宽约 25 米，直南为长约 1500 米、宽 176 米的丹凤门大街，这是都城所有南北向街道中最为宽阔的一条，超过了 150 米宽的朱雀门大街，稍逊于太极宫前 220 米宽的横街，大街南端与东西向的通化门大街相交接。《长安志》卷六记，丹凤门街"广一百二十步"，一唐步按 1.486 米计，约合 178 米，与考古勘定的 176 米十分接近，这一宽度表明，开辟此街是预先做出规划，并非率意而为。

另见徐松《唐两京城坊考》卷一将此街的宽度记为"街广一百三十步"，应该是传抄出错，应予校正。

高宗龙朔年间（661~663）为拓展丹凤门大街，将翊善、永昌两个大坊从中辟断成四个小坊，使都城新增了光宅、来庭两个坊名。原来的两个大坊东西宽约千米，南北长近700米，因为丹凤门大街的中线稍偏东，致使西边的光宅、永昌二坊的面积略大于东边的翊善、来庭二坊。实际上丹凤门外是一个"丁"字形的大型广场，而丹凤门大街向南直抵东西向的通化门—延喜门大街，与承天门外的横街东西取齐，用以标志大明宫与太极宫东西并列、同为正宫的关系。《雍录》卷三说："丹凤中门正街，西有横街，可以达于承天（门），南即朱雀正街矣。"可以看出，程大昌已意识到大明宫中轴线与都城的中轴线是通过丹凤门大街与横街实现相互对应衔接，以标志两所正宫东西并列的都城制度。今天西安市火车站向南至东三路的一段解放路，与唐代的丹凤门大街大致重合。

史籍中有关皇帝在丹凤门举行礼仪活动的记载很多，除去前述太宗在显道门举行宣赦仪式外，高宗及后继各代皇帝在丹凤门的活动，大体可归纳为两类，一是举行宴会，二是宣布大赦。丹凤门上构筑有楼观，称丹凤楼，皇帝的宴会通常就安排在丹凤楼内。登上城楼，启户南望，可俯览都城大半坊市。不过，在这里举行宴会的史料并不多见，只是前期的高宗和玄宗时期有过几次。如开元九年（721）三月十二日，玄宗曾在丹凤楼欢宴立下战功的边将王晙等人。开元十八年（730）年底，各国派遣使节入朝贺正，玄宗登上丹凤城楼，专门设宴款待西突厥突骑施部首领苏禄派来的使节，并邀请先前抵达长安的突厥使者出席陪享，不料却引发了一场不大的风波，突厥使者认为"突骑施国小，本是突厥之臣，不宜居上。"（《旧唐书》卷一百九十四下）苏禄使节则称自己是宴会的主宾，不该居下，最后经皇帝准许，只好分设两席，突厥使节坐东席，苏禄使节坐西席，才使宴会洽欢如常。天宝八载（749），玄宗还在丹凤楼上大会群臣，庆贺哥舒翰击败吐蕃、收复石堡城。肃宗之后再未见到在丹凤门楼举行宴会的记录。

丹凤门最主要的功用就是当作皇帝举行宣赦仪式的场所。贞观二十三年（649）三月十七日，太宗"力疾至显道门外，赦天下"（《资治通鉴》

卷十四），这应该是皇帝在丹凤门举行的第一次宣赦活动。高宗虽然寝居大明宫，也有多次发布赦免诏命，但因身患疾病，又不断来往于长安、洛阳、麟游九成宫之间，举行宣赦仪式的地点未见详细载录。武则天长居洛阳，唯长安元年（701）十月至三年（703）十月行幸长安的两年期间，有过两次大赦天下的记载，按理说宣赦仪式应当在丹凤门举行，但并未留下明确记录。从肃宗起，或者说"安史之乱"以后，宫廷礼仪制度在不断变革、逐步完备的情况下，大明宫内各场所的功能逐渐趋于专门化，如元日、冬至朝会固定在含元殿举行，内宴大多设置于麟德殿，宣政殿则举行大朝会、即位、受尊号、册皇太子、制举殿试等重要典礼和活动，丹凤门就不再举行宴会之类活动，而成为皇帝例行宣赦仪式的专一场所。当然，在特别情况下，依据政治形势所需，也在此举行其他特别活动，如宝应元年（762）九月二十六日，即位不久的代宗就在丹凤门街举行了一次所谓"大阅兵马"（《册府元龟》卷一百二十四）的大型阅兵仪式。

赦宥，是指皇帝发出诏命，免除或减轻在押罪犯刑罚的一项政治制度，这是专制社会赋予皇帝的一项超越法律的权力，同时又对法律具有补充和平衡的作用。所谓宣赦，就是皇帝在京城或其他地方的具有特定意义场所直接面对百姓，颁布赦宥诏书的仪式。正常情况下，遇皇帝即位、改元、受册尊号、册太子、元日或冬至大朝贺、南郊祀天，通常都要赦免天下，以示庆贺。如遇国丧、重大自然灾害、用兵征战等特别情况，也往往要颁布赦免令，以示皇帝对百姓的恩抚。据现存史料的不完全统计，从肃宗至僖宗的约130年间，举行宣赦仪式有一百几十次，其中绝大多数都是在丹凤门举行的。

改元也是一项国之大事，具有除旧布新的象征意义，有的皇帝只颁用一个年号，而有的皇帝则频繁更改年号，高宗一朝共用了十五个年号，创唐朝之最。有人将改元也作为丹凤门的功用之一，似乎也能说得通。为了扩大改元的社会影响，皇帝往往要在改元的同时实行赦宥，将二者在同一诏书中宣布。实际上改元并无专门仪式或特定场所，大多数情况下，借助宣赦的仪式发布，因此，丹凤门的某些宣赦仪式实际上就是为了发布改元诏命而专门举行的。武宗皇帝于开成五年（840）正月即位，至次年（841）正月九日在圜丘祀天之后，登上丹凤门楼，宣布改元"会昌"，并

大明宫遗址

大赦天下。

按照唐朝礼仪制度，每逢宣赦日，就会在丹凤门前西边矗立一根高杆，杆头悬一金鸡，东边安置大鼓，长安百姓则聚集在门前广场上。皇帝登上城楼之后，囚犯在阵阵鼓声中被押领至门前，待赦令宣读完毕，就当场释放。唐人封演的《封氏闻见记》卷四"金鸡"条对金鸡宣赦有所描述："国有大赦，则命卫尉树金鸡于阙下，武库令掌其事。鸡以黄金为首，建之于亭之上，宣赦毕则除之。凡建金鸡，则先置鼓于宫城门之左，视大理及府县徒囚至，则捶其鼓。……按《海中星占》，'天鸡星动，必当有赦。'由是，赦以鸡为候。"并说以金鸡作为宣赦仪式的标志，起源于南北朝时期。

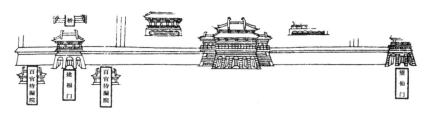

图 3-2 吕大防《大明宫图（残）》

唐人高彦休《唐阙史》收录了一个有趣故事：咸通七年（866），懿宗"以年和时丰，思减徭免罪"，临时决定于十月十日举行丹凤门宣赦大仪，不料前一天突降大雨，造成丹凤门大街的地面坳潦泥泞，为此，懿宗紧急敕命有关部门高价买土填掩平整，于是，万年、长安两县官员许诺民工以每车土一百钱的价值，送土并劳作，至傍晚便使路面平净如初，第二天的宣赦仪式结束之后，"楼观之下，纤埃不生，圣颜甚悦"。不过，事后每车土只按五十钱结账了事，未能按事前许诺的劳务价值向民工兑现报酬。

宣赦是长安百姓能够目睹皇帝或亲身感受皇帝恩德的一项重大典仪，不仅备受朝野、特别是都城市民的关注，也激发了众多诗人的诗兴，现存唐诗中有许多颂咏丹凤门或以丹凤门宣赦为题材的篇章佳句，其中有如张籍"丹凤城门向晓开，千官相次入朝来"；杨巨源"丹凤楼前歌九奏，金鸡竿下鼓千声"等诗句。王建《宫词》也有同一题材的诗句："丹凤楼前把火开，五云金辂下天来。阶前走马人宣尉，天子南郊一宿回。楼前立仗看宣赦，万岁声长拜舞齐。日照彩盘高百尺，飞仙争上取金鸡。"（《全唐诗》卷三〇二）作者用凝练的诗句记述了皇帝天不亮就从大明宫出发，前往南郊圜丘（今陕西师范大学南边）祀天，烦琐的祀天礼仪结束后，又原路返回，再登上丹凤门楼，举行宣赦仪式的全过程，堪称史诗。诗人李白在"安史之乱"期间，因追随永王李璘而于至德二载（757）获罪，被判处流放夜郎（今贵州西北正安县），因此著诗"我愁远谪夜郎去，何日金鸡放赦还"（《全唐诗》卷一七〇），渴望皇帝赦免，次年，果然在前往夜郎的途中喜遇赦宥诏命而被放还。

诗歌之外，李庾《两都赋》、李华《含元殿赋》也对丹凤门有所描述。遗憾的是唐人《丹凤门赋》一文未能留传至今，只在日本求法僧圆仁《入唐新求圣教目录》中有"《丹凤门赋》一卷"（见《大正藏》55 册）的记载，由此可知，唐朝时曾有这样一篇专门颂咏丹凤门的辞赋，不知何人所作，或许今天日本某地尚有抄本存世。

唐末农民起义军领袖黄巢也曾在丹凤门举行过宣赦活动。广明元年（880）十二月五日，黄巢率起义军占领长安城，经过数日准备，十二日正式入居大明宫，十三日"即皇帝位于含元殿，画皂缯为衮衣，击战鼓数百声以代金石之乐"（《资治通鉴》卷二百五十四），接着又登上丹凤门楼，面对聚集在广场上的长安百姓，宣布国号"大齐"，年号"金统"，并大赦天下。

丹凤门作为大明宫的正门，不仅是宫禁咽喉之地，而且极具皇权象征意义，因此往往成为重大政治事件的发生场所。早在龙朔二年（662）四月二十二日，即高宗初居大明宫之时，京城寺院僧人二百余人，来到丹凤门前，就沙门拜君亲一事直接向皇帝请愿（《宋高僧传》卷十七）。玄宗特别尊崇道教，开元二十九年（741）正月七日，有人迎合皇帝旨意，报称老子降临丹凤门大街，告赐灵符，玄宗当即差遣使者前往陕州桃林县（今河南灵宝）寻访，待将所得宝符奉迎至京，"帝于丹凤楼上，身披龙衮，手执金炉，六宫嫔媒，竞于楼上散花焚香，遥自作礼，帝又令撒金钱于楼下，纵令士庶分取，以为欢乐。"（杜光庭《历代崇道记》）随即改来年为天宝元年，改桃林县为灵宝县。建中四年（783）十月，德宗调遣一队泾原部队前往襄阳（今河南襄阳）作战，在路过长安时，因京兆尹王翃款待不周，所备饭食"肉败粮粝"，引发将士对朝廷的不满，顷刻间发生哗变，本已行进到浐河边的部队又折返回城，聚集在丹凤门下，向皇帝讨要说法。面对危局，朝中竟一时无人能出面救局，德宗皇帝只好从大明宫北门出逃，导致叛将朱泚在大明宫建立政权，割据长安，到次年五月，这场"泾原兵变"才被平定。文宗时，宰相李训暗中领受皇帝旨意，妄图策动政变，一举消灭宦官势力，大和九年（835）十一月二十一日，李训提前在丹凤门外和金吾仗院埋伏兵士，图谋在紫宸殿朝会时，谎称金吾仗院石榴树上夜降甘露，将宦官头目诱骗到金吾仗院后一网打尽，不料事情败露，布置在丹凤门外的士兵却因故未能及时赶到，反遭宦官率领的北衙禁军出动反击，斩杀金吾卫士卒一千六百余人、朝官数百人，顷刻间，丹凤门内外尸横遍野，血流成河，朝中为之一空，史称"甘露之变"。

应当说明的是，丹凤门平常处于关闭状态，只有举行元日、冬至大朝贺及其他重大礼仪活动，或者皇帝出行和返回的情况下，才能开启。进而言之，丹凤门五个门道的中门道，是皇帝的专用门道，即便是含元殿大朝会当日，前来的使节蕃客、各级官员也只能经由旁侧门道进入。望仙门和建福门每日按时开启、关闭，文武百官平日上朝当班都从这两门进出宫城。

三、丹凤门遗址的考古发掘与保护利用

天祐元年（904）一月，唐朝迁都洛阳，都城的建筑被拆除，有用的材料（主要是木料）被运往洛阳，大明宫沦为一片废墟，丹凤门遗址也长期暴露于城郊野外。宋朝元丰三年（1080），龙图阁待制、知永兴军府事吕大防等人亲临唐长安城各处遗址踏察测量，并参阅唐人《两京新记》等书，绘制出唐长安城总图与三宫分图共四幅，勒刻于碑石，树立在京兆府衙署（今西安市西大街公安局一带）。大约在金、元时期这些碑石毁于战乱，直至清末、民国始有残碑碎石出土面世，现全部收存于西安碑林博物馆。其中《唐长安城图》的大明宫部分仅损失了北边的一小部分，而大明宫分图仅残存南城垣及附近部分，庆幸的是在这两幅现存最早的大明宫图刻上，都可以清楚地看到标识的丹凤门图形，尽管两图所绘的门阙形象不尽相同。

清朝嘉庆十一年（1806），王森文调查汉唐都城遗迹，并绘制《汉唐都城图》，图有题记，其中记述丹凤门遗址近旁有午（五）门村，此村落就是今天的西安市新城区自强村（2010 年已拆迁）的前身。1934 年 12 月

陇海铁路铺轨到西安，次年1月1日正式通车，1936年12月7日西（安）宝（鸡）段相继通车，以至1938年黄河花园口黄泛区难民的到来，使丹凤门遗址一带居住人口大量增加，逐渐变成市区，形成自强路、二马路、革新街（民国时称翔鸾路，1966年改名革新街）、童家巷等城市街巷。由此，大明宫南城垣地面以上的残存部分随着市民生活和生产活动的加剧而逐渐损毁消失，仅有残存的丹凤门遗址南北20多米、东西100余米范围仍高出周围地面2米多，四周布满现代民居，形同孤岛。据说早在1934年，当时的西京建设委员会利用丹凤门遗址约0.2公顷土地，建设成"丹凤公园"，后来归市政处管理，1948年又将公园交由市卫生局北区卫生所管理，1949年5月20日西安解放后，此卫生所被新政府接收，后来被改制成西安市第六医院。在文物部门和医院方面互相协调、共同管理下，这处重要遗址才有幸得以保存下来。至二十世纪八九十年代，当地的老年人仍将丹凤门遗址所在的院落叫作花园。

1957年，陕西省文管会开展唐长安城遗址的大范围田野考古调查，在事后发布的调查报告中，公布丹凤门的规制为三个门道。此后，中国科学院考古研究所又对大明宫遗址进行全面考古调查，1959年发表《唐长安大明宫》考古报告集，也据初步勘探资料提出丹凤门"共有三个门道"，认为史籍中关于丹凤门为五个门道的记载有误。但这一观点并未得到学界的普遍认同，一些著述仍以李华《含元殿赋》、吕大防《唐长安城图》和《大明宫图》、李好文《长安志图·唐禁苑图》及其他史料为据，坚持"五门道"说。因此，丹凤门的规制如何，到底有几个门道，长期以来未有定论。

图3-3　丹凤门遗址发掘现场（2005）

2005 年，西安市政府决定并实施“大明宫御道遗址保护拆迁项目”，投入数亿元资金，将含元殿遗址以南至自强东路之间 400 米 × 600 米范围内的常居人口全部迁移、现代建筑全部拆除，使丹凤门遗址的考古发掘成为可能。中国社会科学院考古研究所唐城工作队以龚国强为领队，于当年 9 月正式开始丹凤门遗址发掘作业，至 2006 年 1 月结束野外作业，历时约半年，发掘面积达 7525 平方米，考古成果在《考古》2006 年第 7 期发布。这项考古成果还被列入“2005 年度全国十大考古新发现”参评名单，惜未能入围。

丹凤门遗址考古发掘取得了重大成果，不仅查清了丹凤门遗址的基本结构、保存状况，为复原研究、遗址的保护利用提供了科学依据，而且对解决相关学术问题、深化隋唐都城与宫室制度的研究，具有重大学术意义，也为隋唐长安城之考古进程增添了精彩篇章。

图 3 – 4　丹凤门隔墙、壁柱石础及门砧石坑位遗迹

考古发掘查明：1. 丹凤门的门阙基座（包括地基、墩台和隔墙），全部用黄土夯筑而成，东西长 74.5 米，南北宽 33 米，占地约 2460 平方米，墩台和门道隔墙的外表全部砌筑砖壁；2. 丹凤门共开五个门道，门道各宽 8.5 米，进深 33 米，门道之间的隔墙（夯土墙加两侧包砖壁）厚 3.8 米；3. 各门道内的两侧墙壁架构有壁柱，柱下置石础，壁柱间见包壁砖，结构与早先发掘的皇城含光门遗址相同，现木质壁柱全然无存，柱下础石仅存留 4 个；4. 各门道中部横置门槛（或称门阈），门槛由固定的立颊石和活动式木槛连接组合而成，总长约 7.5 米，现石构件大多损失，木槛残留灰

烬，门槛两端与门砧石（长1.5米、宽0.4米、厚0.4米）相接，门砧石皆无存，仅留坑位，推测每一木质门扉板的宽度约3.85米（约合13唐尺）；5. 门阙墩台的东西两边各与城墙相接，城墙内侧（北侧）各筑有一条宽3.5米、长54米的马道，用以登达城台和城楼，马道外侧立面砌砖壁，内侧与城墙连成一体，为一次夯筑而成，现西马道遗迹清晰可辨，东马道则损失殆尽，仅存残基；6. 经对西马道以西的城垣解剖测定，确认城垣墙基宽10.3米，城墙根部宽9.8米（约合33唐尺），墙体内外两侧均为夯土外露，未砌筑砖壁；7. 门阙基座的西南部外侧，仍保存一段宽约7米、东西长约40米的唐地面，此处基座的包砖和散水尚有残留，特别是城门基座的砖壁与城墙无包砖的土壁之接合部位也清楚可见，由于城门基座的南边、北边、东边均损失较多，外延关系已无法查明，因此，这里的唐地面、散水、砌砖等遗迹就成为丹凤门遗址具有唯一性的珍贵标本遗迹之一。

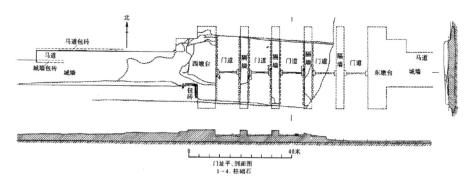

图3-5　丹凤门遗址实测图

丹凤门遗址出土遗物较少，除前述"天宝"纪年砖瓦外，尚有鸱吻残块、铁钉、铺地方砖、石础等建筑构件遗留，其中一枚方形泡钉极为罕见，钉长16.5厘米，方形钉帽边长达10厘米，规格超乎寻常，疑似大型木门扇板所用。

丹凤门遗址考古成果表明，丹凤门与大明宫的其他宫门乃至都城各城门一样，都采用夯土墩台与木梁架混合结构的建筑形式，具有鲜明的时代特征，不同于宋代开始流行的砖石结构的券洞式门阙。至于早先的误认为3个门道，是因为最东边的门道早在20世纪50年代前已被挖毁，东起第二个门道也只残存西半部分，受当时现场工作条件的限制，一时未能精准勘探，造成误判。此次正式发掘，既为门道数目的学术之争画上句号，证明了史籍中"凤门五开"（唐李庾《两都赋》）、"十扇开闭"（唐李华《含元殿赋》）的记载是真实可信的，同时也修正了丹凤门中线与大明宫中轴线相对西偏、定位不准确的问题，因为此前误将西边第二门道当作正中门道，使门阙中线偏西了约 12.3 米。

丹凤门的礼制地位与太极宫的承天门相同，都属宫城的正南门。因承天门遗址未能发掘，规制（三门道或五门道）不甚清楚，从已发布的初步勘探资料看，门道宽度有 8 米、6 米不等，进深 19 米，显然，规模、制度均不及丹凤门崇高厚重。都城的正南门明德门虽经正式发掘确认为五门道制式，但门道仅宽 5 米，且门阙基座东西长 52.5 米，南北进深 16.5 米，占地面积仅有约 870 平方米，制度和规模既逊于承天门，更逊于丹凤门。由此，丹凤门的规模之大，等格之高，地位之尊，均居都城门阙之最。

考古资料表明，丹凤门遗址保存相对完整，结构关系基本清楚，蕴含着非常丰富的时代信息，具有极为重要的历史和文物价值，是唐长安城遗留至今的一处十分珍贵的建筑遗址，也是印证今天西安市形成与发展进程的一处历史地理标识。

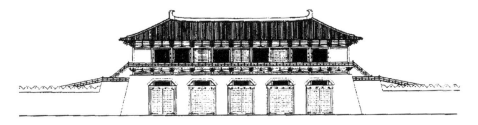

图 3－6　王璐《丹凤门复原图》

丹凤门遗址考古报告发布后，一直未见有复原研究成果正式发表，仅见西安建筑科技大学王璐的硕士论文《唐大明宫丹凤门遗址保护初探》有专门讨论。此文复原研究成果的要点为：1. 丹凤门基座底部为 76.1 米 ×34.6 米（含包壁砖厚度），高 12.35 米，因四壁收分，墩台上部木平座台面为 69.9 米 ×28.4 米；2. 开五门道，门道侧壁各立 20 个排叉柱，柱上施承重枋，架过梁，立小柱，架小梁，大梁距门道地面 8.5 米，与门道宽度相同；3. 城门墩台东、西两边的城墙，底宽 10.3 米（遗址实际宽 9.8 米），高 7 米，顶宽 7 米，设雉堞；4. 漫道（马道）长 35 米，宽 3.5 米，坡度 5:1；5. 丹凤楼为木平座一层单檐庑殿顶式结构，面阔 11 间，进深 4 间，间阔、间深均为 6.2 米；6. 登楼通道分为三段式，先经 35 米长的漫道登上城墙，再经一坡道登上城墩台，最后经阶道登上城楼。虽然此文的研究成果还只是阶段性的，但颇具开创意义。

此外，张锦秋院士承担的丹凤门遗址保护展示大厅的工程设计以考古资料为依据，外观采用仿唐门阙建筑的形式，同样具有复原研究意义。其门阙基座和两边的郭城部分，因保护遗址和使用功能的客观需要，尺度较考古数据适当放大，但外观仍保持城门台座及五个门道、城郭与马道的基本结构。楼观部分，同样复原为木平座上一层单檐庑殿顶样式，面阔 11 间，进深 5 间。城楼登道为两段式，即先经马道登上城台，再登上城楼，不同于王璐的复原成果。整个城门连同城楼通高达 32 米。（丹凤门遗址保护大厅外景见本书彩插）

本书 2011 年第一版出版之后，杨鸿勋《大明宫》一书于 2013 年出版，其中有丹凤门复原研究专章。杨先生深入分析遗址结构及数据，对照明德门遗址，参酌吕大防《唐长安城图·大明宫图》之丹凤门外观形象和敦煌莫高窟唐代壁画中的门阙建筑图样，以独到的思路，提出丹凤门复原的两种方案。其方案一的特点为：1. 夯土基座上架构两重木平座，下层平座东西长 72.8 米，南北宽 31.5 米；上层平座东西长 51 米，南北宽 26 米。2. 上层平座上构筑面阔 9 间、进深 5 间的楼观，间阔 5.2 米，间深 4.5 米。3. 下层平座上的东边和西边、即上层平座下的两侧各建置一座挟屋，挟屋面阔 2 间，进深 3 间，各间的规格与楼屋相同。4. 上楼登道为三段式，先经马道登上城台，再经木梯登上平座，然后进入挟屋，登上挟屋内的木梯，方到达楼内。5. 丹凤门及楼观从地面至屋脊，通高约 30 米。杨先生的研究成果为深入认识丹凤门这座著名历史建筑扩展了学术视野。

古建筑学专家依据考古资料和史料对丹凤门所做的各项复原研究，尽管与原状必然存在一定距离，但在深入解读遗址、揭示这座千年前著名门阙建筑的基本结构与直观形象方面，缩小了今人对丹凤门原貌及其遗址的认知距离，因而极具学术和现实意义。

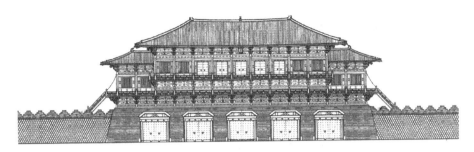

图 3-7　杨鸿勋《丹凤门复原图》

2005 年考古发掘之后，如何保护和利用丹凤门遗址，为各界所关注。经专家对多种保护方案反复论证，并报国家文物局审核批准，决定采用建设保护大厅、揭露展示遗址、布置辅助陈列的方式，将这处重要的考古遗址向观众展出，发挥社会教育作用。2008 年，在建设大明宫遗址公园期间，西安曲江大明宫遗址保护改造办公室委托张锦秋院士承担丹凤门遗址保护展示大厅的工程设计，并组织专门会议对设计方提出的工程设计进行论证和调整。现场施工从 2009 年春季开始，至 2010 年 9 月，丹凤门保护大厅主体建筑和内部陈设实现全面竣工并对公众开放。

丹凤门遗址保护展示大厅是一座全钢结构的现代建筑，但其外观则依据考古数据，设计成仿唐式门阙的形式，整个建筑东西长近 200 米，南北宽 45 米，通高 32 米，城体呈土黄色仿夯土墙外表，城门基台、五个门道、单檐庑殿式楼观、东西马道等结构都得到表现；其内部结构分为三层，底层即是遗址展示大厅；中层布置有文物和辅助陈列，并设有供游人从空中观览遗址的环形回廊；上层则是一个可举行各种活动的多功能大厅。现在，丹凤门遗址保护展示大厅既是一所专题博物馆，又是大明宫遗址公园的标志性景观，更是今天西安市区的一大地标建筑。远远望去，仿佛唐代的丹凤门再现世间。

2016 年，鉴于揭露展示的丹凤门遗址局部出现夯土干裂、风化、剥蚀等现象，经专家论证、上级文物行政部门审核批准，在西安曲江大明宫遗址区文物局的主持下，对门址的门道和隔墙实施工程保护措施。具体做法是采用传统建筑材料、传统施工技术、传统工艺，复原出门道两边的夯土隔墙侧壁的壁柱及其柱础、壁柱间的砖砌包壁，将残存的夯土隔墙封闭保护在砌体之中，消除或减少环境因素对夯土隔墙本体的侵害，有限度地复原展现出唐代门道的基本结构。

客观而言，对丹凤门遗址及其他类似的土质遗址采用全面揭露展示的方式是不可取的，这不仅会缩短遗址寿命，造成遗址蕴含信息的流失，实际上是人们在过度的消费遗址。在现有条件下，像含元殿遗址和麟德殿遗址采用"遗址保护性复原"的方式是对这类土质建筑遗址的最有效、最合理、最可操作、最可行的保护展示方式。

第四章

含元殿遗址

绛帻鸡人报晓筹，尚衣方进翠云裘。

九天阊阖开宫殿，万国衣冠拜冕旒。

日色才临仙掌动，香烟欲傍衮龙浮。

朝罢须裁五色诏，佩声归到凤池头。

王维　《和贾至舍人早朝大明宫之作》

（《全唐诗》卷一二八）

含元殿是大明宫前朝第一座正殿，也是唐长安城的一处主要地标建筑，更是中国古代建筑史上的经典作品。含元殿遗址保存大致完整，布局关系基本清楚，局部破损严重。经先后两期考古发掘，取得重大成果。实施"保护性复原工程"后的含元殿遗址，已成为西安市一处大型历史人文景观。

一、含元殿的建成与毁圮

含元殿的建成时间，史籍有明确记载。《旧唐书》卷四记：龙朔三年（663）四月二十三日，高宗"幸蓬莱宫新起含元殿"。即新殿刚刚落成，高宗就亲临视察。据此推测建造工程当在上年启动，费时一两年，也就是说高宗在龙朔二年（662）四月迁入大明宫居住之际，前朝区的含元殿即将开工营造或正在建设之中。含元殿的竣工，是大明宫全面建成的标志，因此，高宗在两天后的四月二十五日"始御紫宸殿听政，百僚奉贺新宫成也"（《唐会要》卷三十）。说明高宗虽然在上年四月已迁来大明宫居住，但朝会等政事活动仍在太极宫举行，直至此时，才正式开始在这所新宫室听政，表明都城政令中心由太极宫向大明宫转移的最终实现，尽管后来的中宗和睿宗又回到太极宫短期朝寝，但那不过是特定政治背景下的一个插曲而已。

宋敏求《长安志》卷六在叙述到含元殿时有一条夹注说："此本苑内观德殿，为三九临射之所，改拆为含元殿也。"此说单从字面看可以有两种理解，一是将观德殿拆除后，在原址改建成含元殿；二是含元殿使用了观德殿拆下的建筑材料。但是，《册府元龟》卷一百一十记，总章元年（668）十月二日"文武官献食，贺破高丽，帝御玄武门之观德殿宴百官"。从中可知含元殿建成五年之后，观德殿依然存在并且还在使用，证明含元殿的殿址和使用的建筑材料都与观德殿没有任何关系，显然《长安志》这一条夹注有误，不知源出何处。

据相关史料，唐观德殿又被称为"射殿"，是唐朝前期皇帝每逢三月三日和九月九日举行射礼的地方，即"三九临射之所"，其位置在太极宫玄武门外西内苑中偏东处的龙首原南坡之上（今西安市北门外油库街北边原有一处大型遗址，很可能就是观德殿遗址，现已无存），虽与含元殿东西相望，且有西内苑东墙和大明宫西城垣隔开，二者并不在同一地址。因今人对《长安志》的这条夹注多有引用和讨论，在此有必要做出澄清。

含元殿毁圮的时间，史籍未有明确记载，但分析各书对唐末长安发生数次战乱的相关记录，能够推断出可信的结论。广明元年（880）十二月，黄巢曾在含元殿举行即位大典，此后"黄巢据京师，九衢三内，宫室宛然"（《旧唐书》卷十九下），说明黄巢占领长安期间，含元殿乃至整个大明宫始终处于完好使用状况。中和三年（883）四月，在官军的强力围攻下，黄巢被迫撤出长安，各路官军遂涌入城中，"纵火焚剽，宫室居市闾里，十焚六七"（《旧唐书》卷十九下），但"惟含元殿独存"（《新唐书》卷二百二十五）。可见在这次战乱中，对都城造成严重破坏的，主要是官军，而非黄巢军，且含元殿并未被毁坏，依然完好。及至光启二年（886），僖宗避乱出逃，朱玫挟持嗣襄王李煴在大明宫伪立，此时宫内的丹凤门、紫宸殿大都完好，估计含元殿也应当存在。同年十二月，王行瑜杀死朱玫，嗣襄王出逃，"诸军大乱，焚掠京城"，致使"京城除大内（太极宫）正衙（太极殿）外，别无殿宇"（《旧唐书》卷一百六十五）。显然，这次事变使都城及大明、太极两宫均遭到毁灭性破坏，事后，返回长安的僖宗只能到稍事修葺的太极宫栖身，因此，断定含元殿毁于光启二年（886）十二月的兵祸，应当是一个有把握的结论。此外，之后再未发现史籍中有皇帝使用含元殿的记录，又说明韩建于光化元年（898）修复大明宫时，并未重建含元殿。由此，含元殿从龙朔三年（663）四月建成到光启二年（886）十二月毁圮，存在 224 个年头之久。

晚唐诗人韦庄的著名诗篇《秦妇吟》，早已失传，20 世纪初在敦煌莫高窟石室中发现抄本。诗篇中有"含元殿上狐兔行，花萼楼前荆棘满"（陈尚君《全唐诗补编》）的佳句，按诗文所述，似乎含元殿在中和三年（883）四月前，即黄巢占领长安期间已经损毁，显然与史实有出入，不足为凭，只能说明韦庄是在假借秦妇之口，诉说长安被黄巢军摧残的破败景象，以渲染农民起义军的种种暴行而已。

含元殿的命名，别有讲究，不仅出自《易经》，且蕴意深长。唐人李华《含元殿赋》说："含元建名，《易》乾坤之说，曰含宏广大，又曰元亨利贞，括万象以为尊，特巍巍乎上京。"（《全唐文》卷三百十四）高宗在创建含元殿之初，即已制定此名，至武则天长安元年（701）由洛阳行幸长安期间，于十二月一日改称"大明殿"，使殿名与宫名相统一。神龙元年（705）二月，中宗即位后又恢复原称，此后，再未改动，一直沿用至唐末，但在景龙年间（707~710），也常见以"大明"称呼。查古代宫室，以"含元"作殿名，并非仅此一例，除同时代洛阳宫应天门内正殿也称含元殿（徐松辑，高敏点校《河南志》，中华书局，2012年）外，更早的东魏邺南城宫中已有被称为"含元"的殿名。

二、含元殿遗址的考古发掘

含元殿遗址位于今西安市区东北部自强东路革新街（此街道及居民住宅已于2005年全部拆除）北口处，殿址东北300余米处有村庄名含元殿村（2009年已拆迁），说明民间世代相传这里就是含元殿遗址。唐朝灭亡以后，各时代都有史地研究者亲临现场踏察，留下诸多著述。宋人吕大防等人曾亲临大明宫遗址察访测定，并"参以诸书及遗迹"（《云麓漫钞》卷八），于元丰三年（1080）绘刻隋唐都城和宫城各图共四幅，备受后世推崇，其中对含元殿作出了准确标记。清代王森文于嘉庆十一年（1806）冬，踏察西安古迹，绘有《汉唐都城图》，并在题记中对含元殿遗址略做记述，其中有言"殿西南隅有石如础，质粗，疑地中承础石也"（见《唐长安大明宫》之附录）。这一大型石础一直在原地保留至今，两百年间未曾损毁或遗失，实属一大幸事。1907年9月3日，日本人足立喜六亲临现场考察，第一次拍出含元殿遗址全景照片（见足立喜六《长安史迹研究》），并专门绘制出遗址地形图，极具参考价值，同年10月6日，日本人桑原骘藏也到现场拍摄（见桑原骘藏《考史游记》），二人为千年前的含元殿遗址留下了最早的珍贵影像资料。

含元殿遗址的考古发掘工作肇始于20世纪50年代，经过先后两期大规模的科学发掘，揭示了遗址的基本面貌和保存状况。

1959~1960年，由中国科学院考古研究所马得志先生主持，首次对含元殿遗址开展考古发掘，重点发掘了殿址、两廊和两阁局部部位，取得重大成果（见《1959~1960年唐大明宫发掘简报》，《考古》1961年第7期）：1. 查清含元殿遗址的基本结构和所在地的地形，并测定相关数据；

2. 确认翔鸾阁和栖凤阁遗址，发现两阁的"出阙"建筑形式；3. 找到连接殿基台与两阁的东、西飞廊遗址；4. 发现了殿前的早期坡道遗迹。限于当时的条件，未能进行更大范围的全面发掘。

图 4-1　1907 年的含元殿遗址（桑原骘藏摄）

含元殿遗址考古成果发布后，引起国内外学术界的极大关注，先后有郭义孚《含元殿外观复原》、刘致平和傅熹年《唐长安大明宫含元殿原状的探讨》、杨鸿勋《唐长安大明宫含元殿复原研究》和《唐长安大明宫含元殿应为五凤楼形制》等复原研究报告发表。考古发掘和复原研究成果较为全面深入地揭示了含元殿遗址的基本结构、保存状况、建筑面貌、文化和文物价值，使今天的人们对唐代含元殿有了一定程度的直观认识。1982年，在马得志先生的主持下，再对含元殿前的东朝堂遗址进行全面发掘，同样取得重要成果。

1995 至 1996 年，为制定含元殿遗址保护利用方案，由中国社会科学院考古研究所安家瑶研究员主持，对含元殿遗址开展第二次大规模考古发掘。这次发掘共开掘 15 米×15 米探方 128 个，揭露面积达 27000 多平方米，包括对第一次发掘范围的局部复掘，获取了更多新的重要发现，对首期发掘成果极具补充意义：1. 重新测定殿基台、两阁基台、飞廊及其他各部位的完整数据；2. 发现殿基台夯土层中的同一层位上分布的暗础；3. 找到残存的西龙尾道土坡遗迹；4. 发现残存于 11.85 米考古高程的砖壁和散水残迹；5. 确认两阁的三出阙形式和发现母阙北边的抱厦基台；6. 发现殿址以南约 80 米处残存的东西一线台阶；7. 重新测定殿址南边的早期坡道遗迹（考古报告称"生土墩台"）；8. 勘定 20 多座砖瓦窑址并作部分发掘；9. 对其他零散遗迹的勘察或发掘。

含元殿遗址第二期考古成果在《考古》1997 年第 3 期上发表后，再次引起学界的高度关注，相继有诸多论著发表，其中有傅熹年《对含元殿遗址及原状的再探讨》、杨鸿勋《唐长安大明宫含元殿复原研究报告——再论含元殿的形制》、安家瑶《唐大明宫含元殿遗址的几个问题》和《唐大明宫含元殿龙尾道形制的探讨》等。

图 4-2　含元殿遗址考古发掘现场（1996）

2005 年，对含元殿遗址以南至丹凤门之间范围开展考古调查，又有了一些新的发现，一是在殿南 130 余米处，发现了一条东西向的水渠及三处跨渠木桥遗址；二是发现东朝堂以南铺设有陶质排水管线，向南延伸至水渠；三是发现从西朝堂向南至水渠西桥之间铺设有一条方砖甬道，跨过木桥后继续向南延伸（龚国强、何岁利、李春林《西安市唐大明宫含元殿遗址以南的考古新发现》，《考古》2007 第 9 期）。这些考古新发现填补了含元殿殿前的空间布局和整个建筑组群周围环境关系的空白。

含元殿遗址的保存状况，可以概括为：大体完整，破损严重。考古资料表明，主殿和两阁以及大台仍大致保持原有形态，遗址结构关系、建筑布局和形制基本清楚，但是，遗址本体破损严重，某些部位毁坏、损失较多。含元殿遗址建筑组群基址的四周已成断壁，形同孤岛，东、西、北三边的近围地形被切割成断崖，与周围地面及其他建筑遗迹的连接关系已被完全切断；两阁的墩台和基台多处破裂，断壁危然高悬，不断坍塌坠落；两廊基址损毁严重，西廊及承载西廊的大台早在1907年之前已被挖成沟道（见足立喜六《长安史迹研究》所附《含元殿遗址地形图》），成为明代及以后西安城北门外通往东北郊区的一条便道，后来又被全部挖毁，形成低于大台台面约7米深的下沉沟槽，使夯土廊基大部被挖毁，仅残存东段和南段数米长的段落，东廊基址虽然延续不断，但夯土廊基残存高度只有0.2米不等，仅能分辨出宽度和走向；三层大台和龙尾道也破损严重，已无法辨认基本形制；东朝堂的夯土基址残存高度仅0.3至0.6米不等。显然，含元殿及其附属建筑的基址已十分残破，保存状况极差，实际上处于濒危状态。含元殿遗址的保存状况、完好程度远逊于麟德殿遗址。

三、含元殿及其建筑组群

含元殿是大明宫内南起第一座殿宇，坐落在丹凤门正北大约600米处的龙首原南坡之上，北距宣政殿约300米。此处的龙首原南坡，上下高差10余米，当时将坡地凿筑成三层平台的形式，有史料称"太阶三重"或"玉阶三级"，李华《含元殿赋》则说"太阶三层，远法昆仑"。虽然史籍中有一些关于三层大台的记述（如《雍录》卷三"含元螭头"），但似嫌含混不清，无法做出整体判断。又因遗址破损严重，其形制与结构难以完全勘察清楚。

据考古资料，目前可以认定，龙首原坡上平地、也就是第三层大台的台面，考古高程定为18.88米（以殿基台西侧散水砖面为准）。大台下的平地，以殿址以南80米处发现的残存土台阶以外和东朝堂以南的唐地面标高为准，测定考古高程约为8.30米。据此，可确定三层大台总高约10.58米。考古发现的11.85米考古高程上的砖壁残基、散水及台面遗迹，极可能就是第一层大台（由下至上）的台面，也就是第二层大台的阶下遗迹。以此推算，第一层大台高度为3.55米，南北纵长70余米，南缘就是残存的东西方向延伸的一道土阶，东西边缘因后世地形变化已无法测定，推测东西阔大约为160米，稍大于两阁基台内距（127米）的幅面，呈现为向南伸出的平展宽阔层台。第二层大台的台面，因地形严重变动，已不存在，可据相关数据推算，第二层大台高约3.5米，宽约6.8米；第三层大台同样高约3.5米，台边缘距殿基台南边宽约10米。

需要说明的是，考古报告依照遗址保存的现状，将南边70余米处的土阶视为早期遗迹，将土阶范围标识为"殿前广场"，将11.85米考古高程视为第一层大台的台下散水，将18.88米考古高程视为第二层台面，将殿基台的台面当作第三层大台台面，将整个三层大台描述为倒"凹"字形。这些推论显然有悖于史料记述，也不符合古典宫殿建筑的常规，确有必要深入讨论。

图4-3 含元殿遗址11.85米考古高程砖壁及散水遗迹

关于三层大台与含元殿基台的关系，李华《含元殿赋》说："划盘冈以为址，太阶积而三重，因博厚而顺高明，筑陵天之四墉，四墉既列，太阶如截"。这一经典叙述，再清楚不过的说明含元殿利用上下高差10米多的三层大台，即"太阶"，用以承载筑有"四墉"（即四壁）的大殿基台及殿堂，将三层大台与殿基台作出明确区分。在实施含元殿遗址保护工程时，实际上只复原出两层大台，而将11.85米考古高程以南范围处理成一个大斜坡，模糊处理了向南伸出70余米的第一层大台的存在。客观而言，唐时的殿前层台之下，绝对不会是一个斜坡。现存北京紫禁城太和殿的三重大台及其龙尾道对理解含元殿三层大台的形制极具参考价值。由此，对含元殿遗址及其相关遗迹的辨识似乎仍有待深化。

龙首原南坡这一形胜之地，使含元殿坐落高敞，视野开阔，登上殿堂，远可眺望峰峦叠嶂的南山胜景，近可俯览整齐划一的都城街衢坊市。含元殿正南与相距约7.5千米的大雁塔南北直对，天晴日丽，两相眺望，楚楚可见。大雁塔所在的大慈恩寺，是高宗李治做太子时，于贞观二十二年（648）将隋朝无漏寺改扩建而成，以为亡母文德皇后追福，永徽三年（652）又应玄奘所请，兴建佛塔（大雁塔），以供奉藏纳从印度取回的佛像和经卷。及至含元殿落成，高宗每每临朝坐殿，遥望寺塔，顿生思母之情。

坐落在三层大台之上的含元殿基台，实测东西长76.8米，南北宽43米，高3.46米，占地约3300平方米。基台为夯土筑成，四周砌筑砖壁，砖壁及壁下部的土衬石、砖铺散水或散水垫层等遗迹尚有较多存留，非常清楚。基台北边设有两条登殿的漫道，各长10.3米，宽4.2米。基台东西两边各与廊道连接。分析北边坡道的坡度和东西廊道的高度，可判断殿基台应当分为两层，与同时期建成的麟德殿大致相同，但各层台阶的高度和上层台阶四边收进的尺度因基台四周破损而难以精准测定。实施含元殿遗址保护工程时，综考廊道、漫道、踏步等关系，将下层台高度复原为2.5米，上层台高度复原为1.1米。

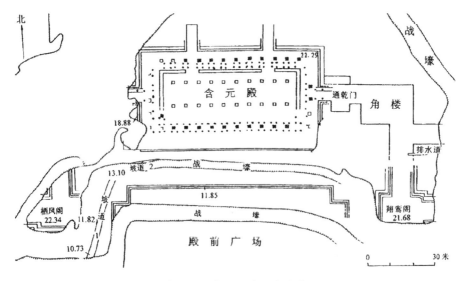

图4-4 含元殿遗址平面图

大殿基台上面存留有石柱础一个和有序排列的柱础坑位、夯土隔墙、柱洞等遗迹，地面铺砌早已全部损失。经辨识和测定这些遗迹，可以认定含元殿通面阔 13 间，间阔 5.35 米（合唐尺一丈八尺），与麟德殿同，东西两边外廊各占 1 间，室内实用 11 间；通进深 5 间，南北外廊各占 1 间，室内进深 3 间；南边外廊和南边间均进深 4.6 米，北边外廊和北边间均进深 4.25 米，唯中间 1 间进深 9.7 米，跨度极大；殿室东、西、北三面用 1.3 米厚的夯土墙围隔，南边未见隔墙遗迹，推测用木隔断将室内和前廊隔开。分析殿室柱网布局，其用柱当不少于 62 个，如果加上前边隔断的用柱，总用柱或为 72 个。

殿基台上仅存一个石柱础，极为珍贵。石础通高 0.65 米，下部为方形，边长约 1.35 米，上部为覆盆形，实测覆盆内径接近 0.72 米，当合唐尺二尺四寸，这也就是木柱的柱径，又从石础上面三分之一部分呈毛糙状和所在位置判断，此柱础应当是大殿西山墙南端挡墙柱的石础，毛糙部分被夯土墙参压，不外露，故不作雕琢。现在，此柱础被安置在西山墙南端做复原性展出。此外，还发现殿基台夯土层中夹筑有暗础和基台四边有规律分布着大量柱洞，这些遗迹引起古建专家的注意和讨论，有的认为殿基台应当分为早、晚两期，也有认为殿阶基四周一度采用木平座结构。对这些疑点仍有待深入讨论和一一破解。

图 4 -5　含元殿遗址殿基台发掘现场（1960）

史籍记载的含元殿，并非是一个孤立的殿堂，而是一组由主殿（含元殿）、两阁（翔鸾阁和栖凤阁）、东西两廊（东翼廊和西翼廊）、东西两条龙尾道、朝堂（东朝堂和西朝堂）等组合而成的制度规整、布局协调、功能完备的建筑组群，这已被考古资料所证实。整个建筑组群的平面呈"品"字形布局，以中央的大型殿宇（含元殿）为主体，在西南和东南近处分别对称配置栖凤阁和翔鸾阁，两阁与殿宇之间各用曲尺形长廊相连接。在三层大台下边的东西两侧还对称建置有东朝堂和西朝堂。若从丹凤门进入大明宫，顺御道北行，两边有左、右金吾仗院，行至龙首渠，要越过御桥，再顺着被称为"龙尾道"的坡道，依次登上三层大台，才能到达含元殿殿阶前。可见，整个建筑组群恰到好处地利用了自然地形，中心突出，主次分明，东西对称，上下呼应，有机结合，浑然一体，反映了规划者的独到匠心。

翔鸾阁和栖凤阁是含元殿组群中两个重要的单体建筑，《唐六典》记："夹殿两阁，左（东）曰翔鸾阁，右（西）曰栖凤阁。"李华《含元殿赋》说："左翔鸾而右栖凤，翘两阙而为翼。"两阁与主殿一样，也坐落在龙首原大台同一高程之台面上，只是大台的东南和西南各向南伸展出一个平台，或可称为墩台，以承载两阁。墩台坐落在一层大台上，上面与第三层大台平，高度相当于第二层与第三层大台的高度之和。因墩台周边破损严重，南边和两侧的范围无法准确测定，形制不清，估计此墩台向南伸出约30米、东西广不少于50米，两阁的基台就坐落在墩台之上，基台则承载着木结构阁楼。

像含元殿这种"一殿两阁"组合形式的建筑，并不鲜见，也非首创。早先的隋仁寿宫（今宝鸡麟游县）之仁寿殿就属此类形制，只是规格不同而已（中国社会科学院考古研究所编著《隋仁寿宫·唐九成宫——考古发掘报告》，科学出版社，2008年）。及至明清的宫室，也不乏隋、唐制度之遗风，今北京故宫的太和殿前东西两边就分别建置有体仁阁和弘义阁，前清盛京宫室（今沈阳故宫）在崇政殿（正殿）前东西两边建置有飞龙阁和翔凤阁，其最大的不同在于含元殿利用了龙首原特别的自然地形，太和殿和崇政殿则是在平地上建造。太和殿的三层大台，高约8米，完全由人工堆砌，两阁的位置、朝向、形制和结构也因客观条件限制而与含元殿有所差异。

　　虽然翔鸾阁和栖凤阁的夯土基台破损严重，但建筑的基本形制却清晰可辨，即由一个母阙（或称主阙）和两个子阙结合而成的"三出阙"式的台阁建筑。考古实测栖凤阁母阙基台南北宽 12.5 米，东西长 18.4 米，残存高度 3.43 米，基台上部的铺砌、础位等痕迹已完全损失，因此，实际高度还应再高出一些；母阙基台北边中部还向北伸出一个宽约 8 米、长约 8.5 米的平台，应当是抱厦的基台，登阁的阶道就设置在此台的北端。母阙基台西边第一子阙的基台东西长 4.5 米，南北宽约 9 米；第二子阙的基台尚残存夯土遗构，但因破损严重，无法测定长度和宽度。母阙与两个子阙基台的高度，应为逐一递降的形式。翔鸾阁基台的结构，除子阙位于母阙东边、部分测量数据稍有出入外，建筑结构与栖凤阁完全对称相同。

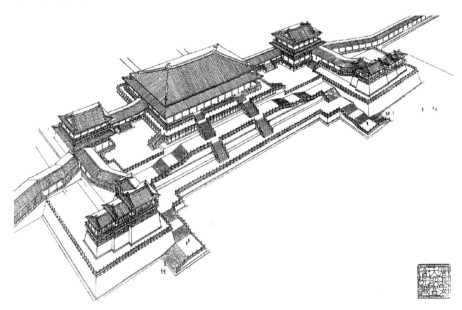

图 4-6　杨鸿勋《含元殿建筑组群复原鸟瞰图》

　　含元殿的两阁虽然保留有"出阙"的形式，也往往被称为"两阙"，但已经摆脱了早期门阙的单纯礼制建筑形式的特征，演变为兼具实用功能的台阁式建筑。实测两阁基台的北壁比大殿基台南壁偏南约 18 米，两阁基台的内壁比殿基的东西两壁各外偏约 25 米，两阁基台与殿基台的直线距离约 31 米，两阁基台东西遥对，相距约 127 米。另外，在含元殿遗址附近还出土一个散落的石柱础，体形稍小，础座为方形，边长约 0.7 米，复盆的弧面刻满蔓草纹饰，异常精致，推测此石础应当是两阁的遗物，现陈列在遗址公园博物馆内。

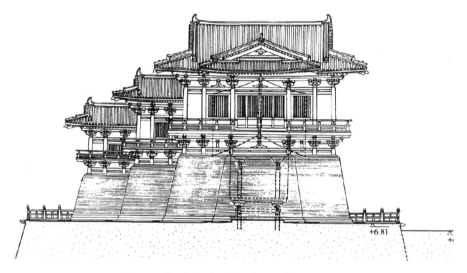

图 4-7　杨鸿勋《翔鸾阁复原图》（北立面）

由于两阁遗址十分残破，考古测量数据不很完全，增大了复原研究的难度，尽管有复原研究成果面世，但疑点尚多。据传"三出阙"式建筑为皇帝专用，是古代建筑等级制度的一种标志。唐高宗乾陵之乳阙和内城门阙都是"三出阙"制式，懿德太子墓还出土一幅"三出阙"的壁画，这些考古成果极大丰富了学界对此类建筑的认识，现存陕西华阴西岳庙的城角楼则是明清时代三出阙阁楼建筑的实物遗珍。

有关皇帝在两阁活动的史料并不多见，《旧唐书》卷八十四《郝处俊传》记述了一则故事：上元元年（674）九月的一天，高宗来到翔鸾阁"观大酺"，为助兴，当场令两位王子以角胜为乐，与会的郝处俊立即提出异议，对高宗说，二王之间不该分为两方，交争胜负，应该"推多让美，相敬如一"，受到高宗赞赏。"安史之乱"时，官军收复长安后，肃宗在含元殿前举行了一次"大阅诸军"的仪式，并登上两阁观看。

殿堂的东边和西边，各有一条连通两阁的曲尺形廊道，称"翼廊"或

"飞廊"，也有称"东廊""西廊"。东廊起于殿基台东壁，向东行35.5米（廊中线），再折拐南行41.5米，与翔鸾阁母阙相接，接近阁基的一段廊道呈升高状，形似起飞，这可能就是"飞廊"之称的由来。两廊基址保存状况极差，西飞廊基址大多塌毁无存，仅有与殿基台相接处还完整地保留着5米长的一小段，从足立喜六绘制的《含元殿遗址地形图》可知，西飞廊及其所在的大台早在1907年已经被挖成一条西南—东北向的沟壕。东飞廊基址虽然接续不断，但廊道夯土基台残存高度仅有0.2~0.3米，损失较多。因此，两廊的结构与形制，当以东、西廊的测量数据参照互补，做出判断。实测两廊的廊基高0.7米，两侧砌砖壁，壁下铺散水；廊道的东西段和南北段结构不一，东西段廊基宽7米，南北段廊基宽9.6米，东西段廊道南边立廊柱，北边构筑夯土墙，属南面透空式，而南北段廊道则设两排廊柱，属两面透空形式。廊道的南端与两阁基台相接处，构筑有踏道，用以登临阁楼。在东西段廊道上还发现一处南北向的门址，门址距殿基台约5米，宽7.7米，有人认为这一门址就是史籍所记之"通乾门"，并推定西廊对称位置有"观象门"，考古报告持相同观点。不过，此说尚有疑点，有待深入讨论（见后文）。

含元殿坐落在龙首原南坡之上，据相关史料，若从南边登上含元殿，要经过被称为"龙尾道"的坡道。韦述《两京新记》说："含元殿左右有砌道盘上，谓之龙尾道。"康骈《剧谈录》说："龙尾道出于阁前。"《雍录》引贾黄中《谈录》说："含元殿前龙尾道，自平地凡诘曲七转，由丹凤北望宛如龙尾下垂于地，两垠阑槛，悉以青石为之，至今石柱犹有存者。"从这些记载可知，龙尾道有两条，分别位于三层大台的两端，即两阁大台的内侧，呈对应折拐形状，坡面用花方砖铺砌，两垠立有石栏杆。白居易诗中的"双阙龙相对，千宫雁一行"（《全唐诗》卷四四八），就是描写两阁和龙尾道东西相对，以及文武百官上朝时行进在龙尾道上的情景。天宝年间（742~756），多次到京城朝觐的安禄山，"每朝，常经龙尾道，未尝不南北睥睨，久而方进，即凶逆之萌，常在心矣"（姚汝能《安禄山事迹》卷上）。安禄山登上龙尾道之际，眼中所见的含元殿乃至大明宫，使无法平抑的野心在胸中翻腾。宣宗大中十二年（858）元日朝会时，年过八十岁的柳公权，登上龙尾道后，因气力委顿，听错了皇帝尊号，被罚一季俸禄，受到同僚讪笑，而前一年元旦，年过八十的太子太师卢钧，领班百官登上龙尾道后，"声容明畅，举朝称服"（钱易《南部新书》卷戊）。

龙尾道的形制究竟如何，因遗址损失严重，已无法辨识。仅在栖凤阁大台内侧、三层大台的西端处找到一段长约28米的南北向土坡，坡面遗留数枚"开元通宝"钱，结合相关记载，从位置和走向判断，此坡道应当是西边龙尾道的一部分。东边对应位置的龙尾道，已被后世全部挖毁，未能找到明显遗迹，至于所传"青石""石柱"之类构件，也未见存留。在实施含元殿遗址保护工程时，对龙尾道的设计采取权宜之计，只是适应现存地形，为游人设置了两条登临殿台的步行坡道和阶道而已，尽管铺砌了仿制的印花方砖，但并不表明是原来龙尾道真实形制的复原。

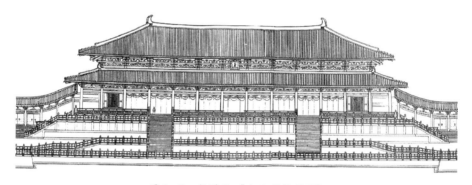

图 4-8　杨鸿勋《含元殿复原图》

值得注意的是，在第二次发掘时，除发现上述两阁内侧之东、西龙尾道外，还在殿前中部也发现有两条直对殿阶的长坡道，发掘报告称为"生土墩台"，也就是利用原生坡地铲削而成，并非夯筑，坡道南端落在第一层大台之上，尚残存少量砖石铺砌遗迹，北端与殿前大台断开，残存长度约28米，两坡道相距约30米。分析种种迹象，这两条土坡当系早期遗迹，也就是说，起初在含元殿前另有两条直登殿庭的坡道，后因生土塌垮而废弃，废弃时间难以推断。或可将这两条坡道称为"早期龙尾道"。

两阁大台下的东西两边，还分别建置有东朝堂和西朝堂，这是文武百官上朝前集中传点叙班或宣诏听旨的场所。按照宫室制度，朝堂是整个宫城的一项制度建置，置于外朝之前，因此太极宫之朝堂设在承天门外东、西两边，大明宫的朝堂设于含元殿前之东、西两边。上朝时文官班列走东路，武官班列走西路，文武官员分别在东、西朝堂序班和候朝。

两座朝堂东西相距约230米，目前只发掘了东朝堂遗址。考古资料表明，东朝堂遗址有早晚期之分，说明曾被改建。早期基台东西长73米，南北宽12.45米，南边设三个踏道，东边与一条近百米的长墙相接。晚期遗址，也就是改建后的东朝堂基台，东西长68米，南北宽16.45米，面积稍有增大；南边改设两个踏道；并在北侧的西端新建了一排南北走向的庑廊，南端与朝堂相接，廊基宽10.4米，南北残长43米，北端已被破坏；东边改设一条宽约7米的长廊，延伸80余米，直抵昭训门外南北街，长廊与街道交接处应当辟置有"朝堂东廊侧门"。西朝堂遗址因大部分被现代建筑叠压，未能发掘，从地形看，可能已严重损毁，遗迹所存无几，推测其位置与形制当与东朝堂对称。

图4-9　东朝堂遗址（1982）

据《唐六典》卷七"阁下即朝堂，肺石、登闻鼓，如承天（门）之制"的记载，可知东朝堂附近立有肺石，西朝堂附近立有登闻鼓，官民若有冤情，可立于石下申诉或挝鼓以闻达皇帝。大和九年（835）六月，京兆尹杨虞卿因家中用人散布妖言惹祸，被御史台羁押候审，为此，其弟、子等八人来到大明宫西朝堂，连续挝击登闻鼓喊冤，文宗知道后，敕命将其释放。宋人沈括《梦溪笔谈》卷十九"肺石"条记："长安故宫阙前有唐肺石尚在，其制如佛寺所击响石而甚大，可长八九尺，形如垂肺，亦有款志，但漫剥不可读。"尽管沈括未说明所见肺石在承天门前还是在含元殿前，但所描述肺石的大致形象，可补史传之不足。

　　还有一个必须澄清的问题，即含元殿建筑组群中是否建置有钟楼和鼓楼。《雍录·阁本大明宫图》在丹凤门内东西两边标记有钟楼和鼓楼；《长安志》卷六在述及含元殿的两阁和飞廊时说"又有钟楼、鼓楼"；徐松《唐两京城坊考》卷一说"阁前有钟楼、鼓楼"。这些史料影响到今人对大明宫钟鼓楼设置的认识，杨鸿勋《唐长安大明宫含元殿复原再论》一文据《长安志》在大殿的东飞廊和西飞廊的拐角处复原出钟楼和鼓楼；日本学者妹尾达彦《唐代长安与洛阳》一文所附《大明宫图》则将钟楼和鼓楼分别标记在东、西朝堂的南边。查舒元舆《御史台新造中书院记》（《全唐文》卷七百二十七）载："百官由通乾、观象入宣政门，及班于殿廷前，则左右巡使二人，分押于钟、鼓楼下。"由此可知，大明宫的钟楼和鼓楼对称设置在宣政殿院内的殿前东西两边，一如太极宫的钟、鼓楼设置在太极殿前一样，两者都属中朝所在。因此，含元殿建筑组群范围内，不应再有钟、鼓楼的设置，当然，更不会将钟、鼓楼设置在两阁背后的廊道上。依此而论，《长安志》和《唐两京城坊考》的相关记述只是一种揣测，不可凭信。此外，在东、西廊道折拐处是否建置有楼阁一类建筑，也有疑点，实际上并无考古资料的充分支持。

图 4-10　含元殿螭首出土现场

至于通乾门和观象门的位置问题，目前仍未明确，也是一个学术疑点。前述含元殿东廊基址上发现的门址，极可能叫作"侧门"，《唐会要》卷六记"使出含元殿西廊侧门外，登辂车，从光范门入，诣光顺门进册"。可见西廊有侧门，东廊当对称设有"东廊侧门"。而规制较高的通乾、观象二门并不辟置在飞廊上。据东朝堂遗址发掘报告，在东朝堂晚期基址的西端，发现有一条向北延伸的宽10.4米的所谓"庑廊"，按理说，此庑廊向北必然有道路，在这条道路抵近含元殿大台以东的宫墙处，宫墙上必当对应开辟有门道，进此门前行，再左拐进齐德门，方可经宣政门，进入宣政殿院。进通乾门也可行抵日华门以东的门下省等衙署。因此，推定这处宫墙上的门道就是通乾门，应该不会有错。含元殿西边同样有一条由西朝堂向北，通过观象门，再拐进兴礼门，到达宣政门，也可前往月华门外以西的中书省等衙署（见第五章《宣政殿院及周边建筑示意图》）。《通典》卷第二十四记："监察御史，职知朝堂，正门无籍、非因奏事，不得入至殿庭。在西凤阙南，视殿中侍御史以上从观象门出，若从天降。"此处所言殿中侍御史从观象门出，如从天降，而未说通乾门，这正是由于含元殿西边的地形高显，观象门坐落于龙首原南坡之上，而含元殿以东的地形较为平缓，通乾门坐落低平。这条史料或可证明通乾、观象二门并不在含元殿两侧同一地平的廊道上，而是辟置在大台及两阁的外侧。

目前，借助文献资料和考古成果，可以对含元殿建筑组群的总体布局有一个较为全面的认识，但对诸如通乾门和观象门的位置、三层大台和龙尾道的形制、东西飞廊与第一道宫墙的衔接关系等问题，以及主殿及各附属单体建筑的复原研究，都还有待于深化。应该说明，古建专家的复原研究是重要的学术成果，但并不能反映含元殿建筑组群的真实面貌。

四、含元殿的灾害破坏与修缮

在含元殿建成存世的 224 年间，先后多次遭到大风、淫雨、地震等自然灾害的侵害，造成程度不等的损坏，据《旧唐书·五行志》的不完全的记录，有以下数次：

1. 德宗贞元四年（788）正月朔日，含元殿"殿阶及栏槛三十余间，无故自坏，甲士死者十余人，其夜，京师地震"。这是一次较为强烈的地震，后两日还有余震，不仅震坏了大殿基阶、三层大台的三十多间栏杆，还造成人员死伤。

2. 宪宗元和三年（808）四月二十日，"大风毁含元殿西阙栏槛二十七间"。这次风灾造成的损失虽然不及二十年前那次地震，但对栖凤阁造成严重损坏。

3. 宪宗元和十二年（817）六月二十七日，"京师大雨，街市水深三尺，坏庐舍二千家，含元殿一柱陷"。这是一次因暴雨导致含元殿一个大柱下沉的事件，推测是檐柱，而非金柱。

4. 文宗大和九年（835）四月二十六日，"夜，大风，含元殿四鸱吻并皆落"。对这次大风的危害程度，《新唐书·五行二》有更详细的叙述："大风拔木万株，堕含元殿四鸱尾，拔殿廷树三，坏金吾仗舍，发城门楼观内外三十余所……"这次风灾造成严重破坏，仅大明宫内，就有含元殿、金吾仗院、宫门城楼等多处建筑受损。其中所谓"含元殿四鸱吻"的表述，引发了古建筑专家对含元殿建筑结构及其形制的深度思考和不同认识。

每次自然灾害过后，含元殿肯定被及时修葺缮治，恢复完好状态，但这些都属于应急性修缮，正常的计划性维修，史书也有一些记载。唐人段成式《酉阳杂俎》卷十九记："大历（766～779）中，修含元殿，有一人投状请瓦，且言，瓦工惟我所能，祖父已尝瓦此殿矣。"可知代宗时对含元殿进行过一次大修，又可知其中某位从事屋面瓦作工匠的祖父在几十年前也曾参加过一次缮治含元殿屋面的工程，似乎说明玄宗时期曾实施过一次大修，或许就是指开元二年（714）玄宗即位之初对大明宫的那次大规模修缮工程，也可能是指开元二十九年（741）的一次修葺营作工程（下述）。

德宗贞元十九年（803）二月，也有一次"修含元殿"（《旧唐书》卷十三）的记载。

丁用晦《芝田录》"会昌狂士"条还记录了一件奇异之事：开成、会昌（836～846）年间，含元殿换一柱，敕右军采造，选其材合尺度者，军司在周至山中遇一巨材，伐倒后当中锯解，有殷血流出，据说树材内生有巨蟒，急忙命人推入渭河流走（《太平广记》卷八十四）。此故事虽然怪异，但真实反映了唐朝后期含元殿的部分殿柱及木作件因年深月久而糟朽腐蠹、需要更换的客观事实。

上述这些修缮纪录都集中在代宗至武宗期间，而此前100年间和此后40年间的情况均不见直接记载，可见史料缺佚严重。

值得注意的是，《全唐诗》卷八七五收录的《含元殿丹石隐语》一诗记："开元末，含元殿火去，基下出丹石，上有隐语云云：'天汉二年，赤光生栗，木下有子，伤心遇酷。'"这段文字明确说开元末年，含元殿曾被火焚。查开元二十八年、二十九年、天宝二年、三载的元日朝会都在含元殿举行，唯有天宝元年（742）的元会在兴庆宫勤政楼举行，这似乎反映了含元殿在开元二十九年（741）确实遭遇了一次火灾，才使天宝元年（742）的元会活动暂且改变了地点，待修复之后，天宝二年（743）的元会又恢复在含元殿举行。但此事在《旧唐书》等典籍中都不见记载，而《含元殿丹石隐语》一诗，应出自柳宗元《龙城录》，现多认为此书非柳宗元作品，系宋人伪作，因此，此事还需深入探究。假如含元殿确实在开元二十九年（741）遭遇火焚，那么，天宝之后的含元殿就属重新建造，已不是龙朔年间（661~663）建造的那个含元殿，这或许对于认识含元殿遗址的早晚期及其他种种遗迹现象提供了一些重要线索。

五、砖瓦窑遗址

1995年全面发掘含元殿遗址时，在殿址以东20米开外南北一带发现了21座砖瓦窑遗址。经勘测，这些窑址分为三组，北边一组共有6座，中部一组共有5座，南边一组共有10座。当时只发掘了北边一组中的Y1、Y2、Y3、Y4、Y5等5座窑址。2003年在建造砖瓦窑址展厅时，在北边一组的西侧又发现了两个窑址，因这两个窑址十分残破，决定不进行保护，当即用黄土回填夯实。1940年代后期，国民党军队在含元殿遗址所在的高地上开挖了多条战壕，作为西安北郊的防御工事，多座窑址就被暴露在含元殿遗址东边一条东南—西北走向的战壕的侧壁上。由种种迹象推测，此处的窑址原来可能不止23座。

考古资料表明，所发现的砖瓦窑都是利用龙首原高地的原生土层挖掘而成，建窑时，先在地面挖掘一个深3~4米的圆形或条形的土坑，然后在土坑侧壁挖凿窑室，窑门都面向坑道。窑室前小后大，下宽上窄，立断面呈馒头形状。窑室的前部是火膛，后部是窑床，打制晾晒好的砖坯就摆摆在窑床上，窑床后壁之外另凿出烟室和烟道。窑室一般进深约3米，前部宽1米多，后部宽约3米，高约2米。窑顶距地面为1米以上厚度的生土层。这些窑址的形制与结构都完全相同、大小也相近，处于同一地层，窑址和出土遗物的文化特征属于唐代。

图4-11　含元殿遗址附近的Y3砖窑遗址

窑址与含元殿的关系，是一个重要学术课题。窑址内残留废砖（或砖坯）的规格、形状、纹饰、色相等与含元殿的用砖完全相同，窑址出土的某些印有官匠姓名的印文砖，在殿址也有发现，如"官匠毛振"砖、"官匠王世"砖等，因此可以认定这些砖瓦窑与含元殿的营造属于同一时期，也就是说，在龙朔二年（662）建造含元殿时，采用就地取材的办法，使用了施工现场砖瓦窑烧制的砖瓦构件。含元殿遗址出土的条砖，标准规格为17厘米×35厘米×7.5厘米，按这种规模的砖窑测算，每窑大约可烧制1300块标准条砖。待营造工程结束后，将这些废弃的砖瓦窑填埋，恢复原来地形。

值得注意的是，含元殿东飞廊就坐落在南边一组窑址的上部，由此而论，也不排除另一种可能，太宗在贞观后期第二次营造大明宫时，凿掘出这些烧窑，用以烧制砖瓦，工程结束后，全部被掩埋于地下，而此时烧制的砖件，长期存在于宫中（建筑使用或剩余），至十几年后的龙朔二年（662）建造含元殿时，又使用了部分旧砖。其实唐代宫中建筑用砖非常节约，含元殿北边散水的垫层就使用了大量残破废旧砖块。

含元殿砖瓦窑址的发现与发掘，既揭示了唐代砖瓦窑的结构、砖瓦构件的生产方式，也为唐代砖瓦提供了断代标准，具有重要学术意义。

为向公众展出这处砖瓦窑遗址，2002年，中国和日本两国政府签署合作协议，决定利用日本政府提供的无偿文化援助项目资金，在北边一组4座砖瓦窑遗址上建设374平方米的保护展示厅，将已经发掘的3座（Y3、Y4、Y5）窑址揭露展示。2003年建成并投入使用。

六、含元殿的功用

唐朝皇帝在含元殿举行的礼仪活动，史籍记载颇多。按古代宫室"三朝"制度，含元殿属外朝所在，因此，其功用较为单一，主要是举行元日、冬至大朝贺仪式。特别情况下，一些其他重要礼仪活动也在这里举行，如"安史之乱"时，官军收复长安，就在含元殿前举行一次阅兵仪式，肃宗登上栖凤阁和翔鸾阁"大阅诸军"；官军收复东都洛阳后，将被安禄山逼任伪职的唐朝官员押解到含元殿前，"免冠徒跣，朝堂待罪"（《旧唐书》卷十），最后受到分类甄别惩处。一般而言，唐朝前期的宫廷生活及各项礼仪制度还不十分完备，处于不断改革调整阶段，大约经过肃宗、代宗时期，各项制度才臻于成熟，此后的朝会、宴会、宣赦、受俘等仪式的场所相对固定下来，仪式也日渐规范。如总章元年（668）十二月，因高丽平，高宗"坐含元殿，引见（李）勣等，数俘于廷"（《新唐书·高丽传》），后来此类献俘仪式便固定在兴安门举行。玄宗时期，曾在含元殿设宴，如开元二年（714）九月宴享京城侍老、开元十六年（728）十一月十四日宴群臣等，开元九年（721）四月的制举殿试和天宝八载（749）六月五日的受册尊号仪式，也在含元殿举行，这些活动后来都相对固定在麟德殿、宣政殿举行。

唐朝元日大朝贺，简称"贺正"或"元会"，源于古代朝贡制度，本来是通过贡物和朝觐的方式来规范中央与地方、宗主国与藩属国之间关系的一种礼仪制度。唐朝建国初期，贺正大典在太极宫承天门或太极殿举行，高宗兴造大明宫，变革布局制度，以含元殿代替宫城正门作为外朝场所，此礼便改制在含元殿举行。举玄宗一朝为例，在位45年，历44个元日，除去因出巡、用兵、大雨雪、丧事而取消元会外，至少在长安举行过25次元日朝会，其中有18次在含元殿举行，其他7次分别在太极宫太极殿、兴庆宫勤政楼、华清宫观风楼、大明宫宣政殿等场所举行。

冬至日的大朝会，唐朝前期并未实行，开元八年（720）十一月，中书门下提出"冬至，一阳初生，万物潜动，所以自古圣帝明王，皆于此日朝万国，视云物，礼之大者，莫逾是时"，玄宗才决定"自今以后，冬至日受朝，永为例程"（《唐会要》卷二十四），以后的各代皇帝照行冬至朝贺，仗卫仪式与元正相同或稍有减省。但是，因为冬至距元日较近或其他原因，实际举行的次数并不如元日多。

元日或冬至的朝会仪式，场面隆重热烈，仪式繁缛有序，《通典》《唐会要》等书都有记叙，归纳起来大致如下：首先是陈设和仪仗，要提前在殿廷内为皇帝设帷幄御座；殿前陈设乐悬（悬挂钟磬的木架，高宗时设七十二架，后减省为三十六架，以至二十架）、历代宝玉（皇帝印玺）、舆辂（皇帝用车）、黄麾仗（各种旗帜旌幡）等；各地和异域以土特产为主的贡品，也要摆在殿前；由数千（或上万）士兵和仗马组成的仪仗队，排列在现场，显示隆重威严的气氛。平常关闭的丹凤门，在这天也依例开启，迎接前来朝贺的内臣和蕃客。

朝贺仪式按程序进行，由礼仪官传呼"中严"，在场人员全部进入状态，再传呼"外办"，穿着衮冕的皇帝在《太和之乐》的音乐声中就位御座，然后，皇太子和皇族、文武百官、地方朝集使、外国和周边民族政权的使节或首领分别依次向皇帝拜贺新岁，待朝拜贺岁礼毕，殿内殿外皆呼万岁，正是"万岁声长绕冕旒"（杨巨源诗）。最后，往往还要举行大型乐舞和驯兽表演，皇帝通常也会设宴款待、赏赐宾客和群臣。这样一场活动既费时，又要耗费大量人力、财力，因此，遇到战争、自然灾害或者国丧，就会"罢朝会"。

元日、冬至朝会既是国家大典，也是国际盛会，含元殿成了各国、各民族政权开展外交和文化交流的大舞台。据《唐六典》卷四所记，四方蕃国原有三百余国，至开元时，尚有七十多国，这些远邦近蕃并非每年都能派出使节朝觐，但每次元会，总有多则数十国，少则数国莅临。远道而来的蕃国首领或使节操着不同的语言，穿着各种奇装异服，列队登上含元殿庭，朝觐大唐天子，一如王建《元日早朝》诗所述："六蕃陪位次，衣服各异形。举头看玉牌，不识宫殿名。"（《全唐诗》卷二九七）由此可知，殿前屋檐下悬挂着写有"含元殿"的木匾牌，只是有的使节并不认识匾牌上的汉字。见于日本史籍记载，第十二次（有人排为第十一次）日本遣唐使节出席了天宝十二载（753）的贺正活动，在朝仪进行中，日本使节因朝列位次不及新罗，以新罗是日本的朝贡国，当场提出抗议，为此，经玄宗特许将日本使节调位至东列第一，排在大食国使节之前，新罗使节调位至西列第二，排在吐蕃使节之下。（见池田温《唐研究论文选集》之《论天宝后期唐朝、新罗与日本的关系》）当天的朝会结束后，日本使节还被破例允许由留唐出任职官的第九次遣唐使节晁衡（日本名阿倍仲麻吕）引导，到大明宫宫内各处观览，并由画匠为使节留下画像，此事被传为千古佳话。

按礼仪制度，皇帝在元日的活动非常烦琐忙碌。首先要到南郊圜丘（天坛）祀天，再回到大明宫含元殿受朝贺，某些情况下还要登上丹凤门宣赦，以至拜谒太庙。客观而言，在一个上午的时间里是不可能完成如此烦琐的一系列仪式的，为此，有宰臣建议皇帝分日行事。建中元年（780）元日，是德宗即位后遇到的第一个元日，这一天举行了含元殿大朝贺，并宣布改元"建中"，还安排了接受尊号的仪式，至三日，朝拜了太清宫（老子庙），四日拜谒太庙（宗庙），五日，才赴南郊祀天，并回程登上丹凤门楼，宣布"大赦天下"，总共用四天时间完成了全部预定的礼仪事项。

唐代诗人每每为含元殿的恢宏气势和元日、冬至朝会的盛大场面所震撼，激发起无尽的创作灵感。在流传至今的唐诗中，就有许多咏诵含元殿的篇章，举张祜《元日仗》诗："文武千官岁仗兵，万方同轨奏升平。上皇一御含元殿，丹凤门开白日明。"（《全唐诗》卷五一一）其他如王维"九天阊阖开宫殿，万国衣冠拜冕旒"；崔立之"千官望长至，万国拜含元"；王建"大国礼乐备，万邦朝含元"；杨巨源"华夷文物贺新年，霜仗遥排凤阙前"等诗句，都生动地描写了含元殿朝会的场景，堪称经典。

除诗作之外，还有一些其他体裁的文学作品，如小说、辞赋等，也对含元殿有较多记述。尤其是李华的《含元殿赋》，竟以洋洋三千言之鸿篇，竭尽颂扬之能事，详述含元殿乃至大明宫的营造、规模、建筑布局等方面情况，为今天的人们认识大明宫留下了珍贵的第一手史料。

七、含元殿遗址的保护与利用

含元殿在唐朝光启二年（886）毁圮后，未能再度修复，有用的建筑材料被拆卸下来，挪作他用。唐末迁都洛阳后，含元殿遗址长期暴露郊野，持续遭受自然和人为的破坏达千年之久。进入20世纪后，因人为原因造成的破损日渐加剧。据说1926年刘镇华围城西安时，因作战所需，曾在含元殿遗址附近挖掘窑洞。20世纪30年代西安开通铁路，铁道火车站北边至含元殿遗址附近的居住人口迅速增加，也有人在断壁或夯土基台下挖窑洞居住，这或许就是"黄家窑"地名的来由。也有人在遗址区或直接在建筑基址上掘造坟墓，对遗址造成严重损坏。值得注意的是，西安作为陪都的20世纪30年代，西京筹备委员会制定的城市规划涉及了大明宫遗址，提出将丹凤门以至含元殿等古迹进行保护并建设为公园的计划。20世纪40年代末的国内战争期间，国民党驻军以龙首原高地作为西安北面设防要地，大量构筑工事，尤其利用含元殿遗址的夯土高台，构筑有一座碉堡（此碉堡系混凝土筑成，在实施含元殿遗址保护工程时，将其上半部拆除，下半部被掩埋在回填土层内），周围开挖数条战壕，利用和续挖西边断崖下的十几孔窑洞，作为仓库，存放军火，对遗址造成千余年间最严重的破坏。

1949 年 5 月 20 日，西安解放，人民解放军接管了这所国民党军队的仓库，至 1954 年，出于保护文物古迹的需要，部队将仓库及其国有土地移交给西安市文物管理委员会，限于当时的条件，文管部门又委托西安市医药公司使用这些窑洞存放药品，并代行看护遗址，直到 20 世纪 80 年代后期，医药公司才分次迁出。20 世纪 50 至 70 年代，铁路部门在含元殿遗址南边和西边建设铁路东村、西村、三村、四村等成片居民区，居民不断挖取生活用土，倾倒垃圾。20 世纪 70 年代，农村村民大范围平整田地或大量取土，将含元殿遗址北边平地和东边坡地变成断崖。

图 4-12　作者在含元殿遗址考古发掘现场

1981 年，西安市政府设立大明宫遗址保管所后，含元殿遗址的保护工作才逐步走上正轨。1984 年，国家文物局拨出专款，征购含元殿遗址周围 42666.7 平方米土地，加上遗址本体用地，形成占地 69333.3 平方米的有效保护范围，并构筑保护性围墙，杜绝了挖土和倾倒垃圾等人为破坏的现象。但是，如断崖坍塌、冻融、风化、水土流失、动植物生长等造成的损毁，并未根本消除，遗址本体仍处于濒危状态。

含元殿遗址的保护和利用问题是社会各界长期关注的热点，也是各级文物行政部门和当地政府必须面对的一项要事。1995 年 7 月，中国政府、联合国教科文组织、日本政府三方签署协议，决定利用保护世界文化遗产日本信托基金会提供的资金，通过国际合作的途径，共同保护含元殿遗址。此后，经过对含元殿遗址的全面发掘、编制保护方案和施工设计、施工前期准备、组织现场施工、配套设施建设等进程，历时 8 年，至 2003 年 3 月含元殿遗址保护工程实现全面竣工。含元殿遗址的保护，采用"遗址保护性复原"的方式，这是目前同类土质遗址保护最有效、最可行、完全可逆的一种方式。

与此同时，中国政府与日本政府于 2002 年 12 月签署协议，合作实施"含元殿遗址陈列馆和砖窑址保护厅及近围环境整治"项目，至 2003 年 12 月也实现竣工。至此，实施保护工程后的含元殿遗址已具备对公众开放的条件，经有关部门批准，2004 年 5 月 1 日，正式开始接待游人参观。现在，实施保护工程后的含元殿遗址已成为大明宫遗址公园的主体景观，每天都有大量游人登临，感受这处重要历史文化遗产的真实之美、苍凉之美、残缺之美。（含元殿遗址保护项目详见本书第十章）

八、含元殿的重建问题

含元殿遗址具有极为重要的历史、文化艺术、科学、文物等多重价值，其保护和利用事业，备受世人关注。有人提议复原性重建含元殿，希望这一称著中国建筑史、见证大唐盛世的建筑，能够再现人间。甚至有人提出诸多理由，主张在原址重建。不过，无论出于何种目的，重建含元殿只能是一个良好的愿望，难以实现，原址重建，更不可取。

第一，含元殿遗址本体已经非常残破，完全丧失了荷载能力，无法再次承载如此大体量的建筑物。倘若重新整理地形，开挖基槽，构筑基础，那将是以损毁现存遗址为代价的得不偿失的事情。遗址本体是唐代留存至今的真实文物，所建成的含元殿不过是一个仿制品，因此，原址重建的想法并不可取，也无必要。

第二，无论在原址、还是易地建造的"含元殿"，即使完全采用传统材料、传统技术、传统工艺施工，都只能是一个现代建筑，尽管具有中国古典建筑的形，但不可能具有唐代含元殿的魂。再说，在现实条件下，能否真正做到传统材料、技术和工艺，也是一个令人生疑的问题。因此，重建含元殿本来就没有多大实际意义，在原址重建更无必要。曾经有人打算在西安某地重建含元殿，也有人试图在日本奈良复原含元殿景观，都因种种原因半途而废。当然，按照中国古建法则，采用易地复原重建的探索性创意，具有科研意义，不应无差别反对。西安青龙寺遗址的大殿基址被回填保护，在基址的北边另行复原性的建造一座大殿，用作展陈和纪念，就是一个尝试性的案例。

第三，唐代含元殿的原状，对今天而言，仍是一个谜，遗址仅仅反映了建筑的布局和基础部分的结构情况，对其各部位的石作、木作、砖瓦作、装饰，乃至造型和风貌，还有待于继续深化研究，何况遗址本身破损严重，还有早、晚期迹象。目前已取得的复原研究成果只能说明今天人们对含元殿的了解和认识的程度，并不表明含元殿就像某些复原图所描绘的那样。因此，以任何一个复原图作为蓝本重建的"含元殿"都不具有历史真实性。

第四，含元殿是特定时代、特定地点的一座宫殿建筑，离开特定时代、特定地点，就离开了当时的自然条件和历史人文环境。在今天的任何地方建成所谓的"含元殿"，都不是真正意义上的含元殿，都无法再现它原有的"九天阊阖开宫殿，万国衣冠拜冕旒"那种非凡气度，今天的人们很难感受到唐人登上含元殿的那种心情意境。

第五，用钢混或轻钢结构建造仿古建筑，是时下的一股潮流，但这种建筑寿命短暂，少则几十年，多则上百年，不可能长久保存，且只具有古建筑的外形，并非真正的古建筑。若采用此种方式建造的所谓"含元殿"，决不会成为历史文物，只能作为舞台布景或游乐场的临时场景，是一种没有任何历史意义的建筑游戏，也与含元殿无关。曾几何时，在西安地面上出现的"秦王宫""阿房宫"之类，在热闹一阵之后，都风光不再，销声匿迹了。

第六，《中华人民共和国文物保护法》第二十二条规定："不可移动文物已经全部毁坏的，应当实施遗址保护，不得在原址重建。"又规定："全国重点文物保护单位需要在原址重建的，由省、自治区、直辖市人民政府报国务院批准。"可见，原址重建含元殿，是一个十分严肃、慎重的问题，切不可轻率处之。

总之，真实的含元殿已经成为历史，历史不可复原，任何再现含元殿的想法和行为，无论动机如何，只能是一种无奈的冲动。

第五章

宣 政 殿

天门日射黄金榜，春殿晴曛赤羽旗。

宫草微微承委佩，炉烟细细驻游丝。

云近蓬莱常好色，雪残鳷鹊亦多时。

侍臣缓步归青琐，退食从容出每迟。

杜甫《宣政殿退朝晚出左掖》

（《全唐诗》卷二二五）

宣政殿是大明宫三大正殿之一，坐落在中轴线上的含元殿以北、紫宸殿以南区位。作为古代宫室三朝制度之中朝所在，宣政殿实际上是大明宫的中心建筑，礼制地位高于含元、紫宸二殿。文献中有关宣政殿的史料异常丰富，大多是皇帝举行各项重要典礼的大朝会记录。由于宣政殿院所在区域的地层关系在近现代遭到严重扰动和破坏，迄今未能获取完整的考古资料，难以开展复原研究，使人们对这座殿堂建筑的认识较为模糊，只能凭借史料大致了解其基本面貌。

一、建造与毁圮

宣政殿的建造时间，宋敏求《长安志》卷六有清楚记述："龙朔二年，造蓬莱宫含元殿，又造宣政、紫宸、蓬莱三殿。"这是指含元、宣政二殿的起造时间。至龙朔三年（663）四月，含元殿就实现完全竣工，高宗皇帝于当月二十三日"幸蓬莱宫新起含元殿"（《旧唐书》卷四）。即亲临刚刚落成的含元殿视察，说明此殿建造工程费时约一年。推测宣政殿也应该在此期间与含元殿统一规划设计，同步施工，一次建成并启用。至于紫宸、蓬莱二殿的建造时间，尚有疑点，当另行考定（各见第六章、第二章）。

唐代流传一个"刘门奴"故事，与高宗创造宣政殿有关。韦述《两京新记》、戴孚《广异记》等唐人小说多有载录，其中《太平广记》卷三百二十七的文字较为平俗浅白，兹录如下：

"高宗营大明宫，宣政殿始成，每夜，闻数十骑行殿左右，殿中宿卫者皆见焉。衣马甚洁，如此十余日。高宗乃使术者刘门奴问其故，对曰：'我汉楚王戊之太子也。'门奴诘问之：'案《汉书》，楚王与七国谋反，汉兵诛之，夷宗覆族，安有遗嗣乎？'答曰：'王起兵时，留吾在长安。及王诛后，天子念我，置而不杀，养于宫中。后以病死，葬于此。天子怜我，殓以玉鱼一双，今在正殿东北角。史臣遗略，是以不见于书。'门奴曰：'今皇帝在此，汝何敢庭中扰扰乎。'对曰：'此是我故宅，今既在天子宫中，动出颇见拘限，甚不乐，乞改葬我于高敞美地，诚所望也。慎无夺我玉鱼。'门奴奏之，帝令改葬。发其处，果得古坟，棺已朽腐，傍有玉鱼一双，制甚精巧。乃敕易棺椁，以礼葬之于苑外，并以玉鱼随之。于此遂绝。"

这个有趣故事广为人知，尽管有梦有鬼，看似不经，却佐证了高宗在龙朔年间（661～663）创造宣政殿的史实。故事所言汉墓一事，尤其值得注意。大明宫所在的地域在汉代属都城之东郊，必然是都城住民的墓葬区。据田野考古资料，大明宫遗址一带的唐文化层下面，分布有大量汉代墓葬，2010 年仅在含元殿遗址以北的大约宣政殿院的范围内就清理了十多座规格不等的汉墓，这无疑说明在建造宣政殿处理地基时，确实碰到并迁葬了汉墓。至于刘门奴的故事，那不过是经过小说家演绎的版本。大明宫内大型殿堂建筑的夯土基台大多下沉于当时地面 1.5～3 米，而汉墓大多在4 米或 5 米以下，因此，尚有许多汉墓在建设大明宫时并未被挖毁，一直存留至今。

宣政殿毁圮的时间，本书多有叙述，无须赘言。在唐末长安城发生的八次战乱中，僖宗光启二年（886）十二月的兵祸，使大明宫遭到毁灭性破坏，此后宣政殿再未被提起，推测当毁圮于此时。至于是乱兵焚毁，还是因年久破败不堪而被拆除，目前无法断定。

从创建至毁圮，宣政殿存在了 224 年，其间必定有过多次的修葺缮治，但相关史料却极为少见，只从《唐会要》检出三次修缮纪录。一是卷六十六记："天宝十载八月二十七日敕，白兽、日华、睿武、南辟仗等门，宜令宫苑通管捉。"文中"日华"即宣政殿院之日华门，说的是玄宗在天宝十载（751）把修缮日华等门的工程下达给宫苑总监实施。二是卷六十六载：建中元年（780）九月，"将作监上言，宣政内廊有摧坏者，今当修之"，得到德宗的敕准。这里修缮的所谓"内廊"，究竟指殿院的廊道廊舍，还是殿室本身的檐廊，无法判断。三是卷三十载：宪宗元和十五（820）年七月"修日华门、通乾门、并朝堂廊舍"，这是时隔 70 年之后，又一次修葺日华门。这三条史料都是宣政殿建筑组群的某些部位日常维修记录，目前并未搜检到宣政殿本体大修或翻建的史料，可见史籍阙佚严重。

二、坐落位置

宣政殿的坐落位置，本不应成为一个学术问题，只因为史料记述不尽一致，殿院所在区域的地形地貌又在近代被人为改变，已有的初步考古勘探资料也存在疑点，所以有必要讨论澄清。

《太平御览》卷一百八十三引录韦述《两京新记》说："紫宸殿前紫宸门，门设外屏，东崇明门，南出含耀门、昭训门；西光顺门，南出昭庆门、光范门。"又见《唐六典》卷七记："宣政（殿）北曰紫宸门，其内曰紫宸殿，殿之南面紫宸门，左曰崇明门，右曰光顺门。"

这两条史料都出自唐人的经典著述，其文意完全相同，即紫宸殿院之南门叫紫宸门，紫宸门与东边的崇明门、西边的光顺门并列东西一线，同属宫内第三道宫墙上的墙门，宣政殿就坐落在紫宸门外之南。对此，宋人吕大防所绘《唐长安城图》也做出完全相同的标识，虽然因版幅所限图中未画紫宸门，但将宣政殿清楚地画在第三道宫墙以南。清人徐松《唐两京城坊考》所附之《西京大明宫图》，也把紫宸门与崇明、光顺二门标在东西一线，把宣政殿标在紫宸门的南边。

值得注意的是，宋敏求《长安志》对宣政殿与紫宸门及第三道宫墙关系的叙述较为模糊，而元人李好文《长安志图·大明宫图》则将宣政殿明确标识在第三道宫墙上（或稍偏北）。这是对宣政殿位置的不同记载，直接导致了今人的认识分歧。

20 世纪 50 年代对大明宫遗址开展考古调查，据考古报告集《唐长安大明宫》公布的勘探资料，推定宣政殿遗址位于含元殿以北 300 米处的第三道宫墙的中部，并说"殿址东西长近 70 米，南北宽 40 余米，与含元殿的形式相同"。这一结果恰好与李好文《长安志图》的记载相吻合，却有悖于吕大防《唐长安城图》及其他史料。考古勘探资料的发布，未能最终解决这一课题。傅熹年先生《唐长安大明宫含元殿原状的探讨》一文所附《含元殿附近环境示意图》，按文献记载，将紫宸门标识在第三道宫墙上，将宣政殿标识在紫宸门的南边。而杨鸿勋先生《大明宫》一书所附《大明宫复原图》则按照李好文《大明宫图》和考古资料将宣政殿安排在第三道宫墙上，与考古报告的判断相同。

宣政殿的位置问题，不单是殿址的认定，更重要的是涉及大明宫乃至古代宫室之布局制度，因此，有必要探究清楚。从史料看，《唐六典》与《两京新记》成书于玄宗开元时期（713～741），被史家视为经典，所载史实应当有极高的可信度。《唐长安城图》是吕大防等人经过实地勘察测定，并参考诸书，于宋元丰三年（1080）绘刻而成，在传留至今的唐长安城之旧图中，是最为精准详明的一幅，备受学界看重。反观李好文《大明宫图》，图面稍显粗疏，不成比例，宣政殿标识也有率意而为之之嫌。

再从含元殿至紫宸殿之间中轴线上重要建筑排列的空间格局看，假若宣政殿位于第三道宫墙上，那么，在含元殿至宣政殿之间约 300 米（约合唐距 203 步）的空间内，只有宣政门一座建筑，而宣政殿与紫宸门、紫宸殿则排列在前后不足 100 米的距离内，似嫌前后过于密集拥蹙，更何况据史料记载，紫宸殿还有前殿和内殿之分。如设定宣政殿位于第三道宫墙之南、紫宸门坐落在第三道宫墙上的话，中轴线上的含元殿、宣政门、宣政殿、紫宸门、紫宸殿及紫宸内殿等建筑就会在空间上表现的疏密得当，建筑物之间的间隔会更为合理。

就考古资料而言，所谓的宣政殿遗址其实并未进行发掘，只是依据初步勘探资料作出的判断。更何况含元殿遗址以北至第三道宫墙遗址之间南北约 250 余米、东西近 200 米范围的地形地貌、地层关系在后世扰动较大，20 世纪中期，当地村民大范围取土、平整土地，唐文化层已经损失殆尽，无法获取详尽的考古资料，因此，仅凭有限的初步勘探资料不足以推断此殿的位置，也不能判定史料的孰是孰非，最终的结论，还有待于进一步考古发掘资料的证实。对此，期望在条件成熟的情况下，对第三道宫墙中部的建筑遗址进行全面发掘，查清其究竟是紫宸门遗址，还是宣政殿遗址，同时获取有关紫宸殿院建筑布局的考古资料。

综上所述，本书权且以《两京新记》、《唐六典》、吕大防《唐长安城图》所记为是，认为宣政殿位于第三道宫墙以南，第三道宫墙上的建筑基址应当视为紫宸门遗址，至于这处遗址的相关数据，当以正式发掘后的实测成果为准。

2010 年，在建设大明宫考古遗址公园时，园区规划按照考古报告的推断，在第三道宫墙中部位置的现代地面上模拟设置一座大型殿堂的建筑基台，用以标识宣政殿，又在次北约百米处建造了标识性的紫宸殿基台，二者之间未能标识紫宸门。同时将新建的大明宫遗址博物馆布置在宣政殿院所在的所谓唐代遗址空白区（唐代文化层被取土挖掉的范围），并采用下沉式半地下建筑的形式，以获取园区整体环境风貌的平衡。期待将来在宣政殿殿址确认之后，条件成熟情况下，将现在博物馆建筑拆除，恢复这一带的唐代地貌，并在地面上模拟复原或重建宣政殿及其院落，准确展现大明宫前朝区的基本建筑格局。

三、殿院布局

史料和考古资料表明，大明宫中的殿堂，除含元殿和麟德殿之外，大多坐落在由围墙或廊墙封闭的院落之中，通常称为"殿院"。宣政殿院同样是一个四面封闭的独立空间，殿院的主体建筑是宣政殿，殿院的北院墙即是第三道宫墙，南院墙即是第二道宫墙，另外构筑东、西两面院墙（或廊墙）。殿院的正南门是宣政门，置于南墙正中位置，东面廊式院墙和西面的廊式院墙分别辟置有日华门（东）和月华门（西）。殿院内的宣政殿东、西两边各构筑有一道横向隔墙，将殿院分隔成南北两部分，隔墙上分别辟置东上阁门和西上阁门。殿院中还有钟楼和鼓楼两座建筑。宣政殿院的这些建筑名称在史籍中出现的频次很高。依据相关记载，参酌吕大防《唐长安城图》之大明宫部分，完全可以对宣政殿院及其与外围建筑的关系作出推定性复原。

吕大防《唐长安城图》清楚标记出大明宫内三道宫墙的位置，即第一道位于含元殿东西一线，第二道位于宣政门东西一线，第三道位于紫宸门东西一线。但目前考古资料只勘定含元殿东西的宫墙和第三道宫墙，宣政门东西一线的宫墙目前尚未找到，又因 20 世纪 50 年代在含元殿以南 130 米处东西一线发现有砖瓦和白灰墙皮堆积，被推断为第一道宫墙，这样就与史料相悖。不过，在 2005 年对含元殿以南进行大范围考古调查时，经发掘确认此处为一条东西向的水渠遗址（龚国强、何岁利、李春林《西安市唐大明宫含元殿遗址以南的考古新发现》，《考古》2007 年第 9 期），并未发现所谓的第一道宫墙。因此，或可据史料认定含元殿东西一线的宫墙为南起第一道宫墙。

考古测定含元殿遗址东西一线的第一道宫墙北距第三道宫墙约 300 米，据此可拟定第一道宫墙北距第二道宫墙约 100 米（约合 67 唐步），第二道宫墙北距宣政殿（建筑中点）当为120米（约合80唐步），宣政殿北距第三道宫墙为80米（合50余唐步），由此，利用第二道宫墙和第三道宫墙作为宣政殿殿院的南墙和北墙，殿院之南北跨距约为200米（约合唐距135步）。殿院的东西范围与含元殿及东西两飞廊的长度相当，可推定殿院东廊至西廊相距约150米（约合100唐步）。据此，殿院占地面积约30000平方米。当然，也不排除第二道宫墙位于第一道宫墙与第三道宫墙之间等距离线位的可能，即距含元殿和宣政门各150米。

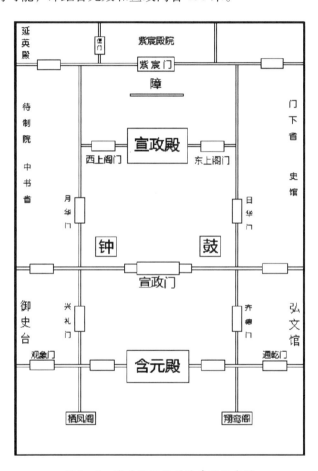

图5-1　宣政殿院及周边建筑示意图

宣政殿院共有三座院门，即宣政门、日华门、月华门。殿后的紫宸门虽关联宣政殿院，但就宫室制度而言，属于紫宸殿院的正南门。

宣政门既是殿院正门，也是大明宫中轴线上的重要建筑之一，设定此门直南距含元殿约100米。门外两边的纵向廊墙上另辟有齐德门（东）和兴礼门（西），这两门的名称各书所记有异，当以《唐六典》所记为是。吕大防《唐长安城图》将这两门画成侧门（南北廊墙上东西向开门），李好文《长安志图·大明宫图》则画成横门（第二道宫墙上南北向开门）。《南部新书》卷七记："李德裕自西川入相，视事之日，令御史台榜兴礼门，'朝臣有事见宰相者，皆须牒台，……不得横入兴礼门，于是禁省始静。'"从"横入"一词可知，这两门是侧门，即东西向的门。不过，分析相关史料，这一带既有侧门，也有横门，只是李好文图误将齐德与兴礼二门标记在横门上而已，横门的名称目前无考。

《通典》卷七十五、《唐会要》卷二十五说："通乾、观象门外序班，武次于文。至宣政门，文由东门而入，武由西门而入，至阁门亦如之。其退朝，并从宣政门而出。"由此可知，宣政门并非一个门道，推测应当是一座三门道形式的门阙，或者是由三座单门道门阙并联的殿院之门，中门道应为皇帝经行所用。宋人叶梦得《石林燕语》卷二又说，宣政门外有药树，按古制，御史台的御史立于药树下，对入殿奏事的官员行使监搜职责。

关于百官前往宣政殿或紫宸殿上朝的行进路线，今人已多有探讨，在此试作述略：通常情况下，官员早朝，先在建福门和望仙门外候点，宫门开启，鱼贯而入，北行至朝堂长廊的侧门处，办理"通籍"手续，即身份验证和登记，然后顺东西长廊行至朝堂内暂时休息，待监察御史到场，邀集官员分别至通乾、观象二门前序班，然后领队进门，又拐进齐德、兴礼二门，来到宣政门前，经过监搜和再次整肃班序，方才进门，抵达宣政殿庭。如若前往紫宸殿，还需继续前行，再分别经东、西上阁门，进入紫宸门，到达紫宸殿前。这只是官员参加宣政大朝会和紫宸常朝的行进路线，如果是含元殿大朝贺，官员和蕃客当然是经由丹凤门进入宫城。

宣政殿院的东、西两面廊墙，廊内空间较为宽敞，规格当与含元殿东西廊相同，设定廊基宽7米余（合24尺），属单廊结构，即外侧立墙，内里架廊。据记载，如在朝会时遇到天降雨雪，地面潦湿，百官就立班于廊下。朝会结束后，百官又在廊下就食，称为"廊下食"，据说，官员就食时也要注重仪态，若有"行坐失仪、语闹"者，还会受到相应的行政处罚。

德宗即位之初，御史台"侍御史朱敖，请复旧制，置朱衣、豸冠于内廊，有犯者，御史服以弹，……不复关白于中丞大夫"，在得到皇帝准许后"悬衣、冠于宣政左廊"。（《唐会要》卷六十一）"左廊"就是东廊，从此东廊内便长期悬挂着朱衣和豸冠，以备御史在弹劾官员时随时取用。建中元年（780）三月的一天，德宗坐朝紫宸殿，时见监察御史张著，穿着朱衣，戴着豸冠，以"奉诏，浚陵阳渠，匿诏不时行"为由，弹劾京兆尹兼御史中丞严郢。这是恢复这项制度之后的第一宗弹劾案。严郢遭张著弹劾后被拘押在金吾仗院待审，长安百姓听闻严郢获罪，每天有上千人聚集在大明宫建福门外向皇帝请愿，要求宽释严郢，德宗只好便宜从事，削去严郢所兼御史中丞一职了事。原来朝廷要调动京畿地区的丁夫去丰州九原县（今内蒙古自治区五原县南）浚修陵阳渠，被京兆尹严郢消极抵制，因此才被弹劾拘押，但严郢受到长安百姓拥戴，才发生了聚众相救之举。

殿院的东廊墙上辟有日华门，门外当有南北向的道路，路东是门下省、弘文馆、史馆（开元二十五年移往中书省北）等衙署所在。西廊墙上对应辟有月华门，门外同样有南北向道路，路西是待制院、殿中省、中书省、御史台等衙署所在。虽然日华和月华二门在史籍中多有记载，但因未能获取完整的考古资料，准确位置及其建筑形制目前无法判断。

宣政殿坐落在殿院的北部正中位置，殿堂的结构可参考含元殿与麟德殿前殿的考古数据，推测规制为面阔 11 间，间宽 5.35 米（合 18 唐尺，与含元殿、麟德殿同），其中两边间作穿廊，室内阔 9 间；进深 6 间，间深 4.76 米（合 16 唐尺），其中南边间与北边间亦作穿廊，室内进深 4 间。按此推算，大殿基台当分为两层，下层台东西长 68.4 米，南北宽 43 米，高 2.35 米。上层台东、西、北三边各收进 3.8 米，南边收进 6.2 米，东西长 60.8 米，南北宽 31 米，高 1.10 米。两层台总高 3.45 米。殿南设东西两踏道，殿北上层设东西两踏道，下层设东西两漫道。这些初步拟定的复原数据是在参酌含元殿和麟德殿遗址的相关考古数据，以及出土铺地方砖、压阶石等建筑构件的规格基础上粗略计算出来的，权作参考。

宣政殿的东侧和西侧，各构筑有一道横向隔墙（或为廊墙），隔墙的一端与殿堂的山墙相接，另一端分别与殿院的东、西廊墙相接，将殿院区隔成殿前与殿后两部分。推算这两道隔墙各长近 40 米，墙上分别辟有一个阁门（宫中小门、旁门的通称），以交通前院与后院，乃至通达紫宸殿院。因为宰臣前往紫宸殿上朝，被称为"上阁"或"入阁"，因此，所经由的这两个小门就被称为"西上阁门"和"东上阁门"。其实，太极宫太极殿东西两边早已有上阁门，大明宫只是沿袭旧制而已。乾元元年（758）五月一日紫宸殿朝会时，回纥使节与黑衣大食使节在上阁门前发生争执，为入阁的先后次序互不相让，为此，肃宗敕命分别从东、西上阁门进入，才平息了一起小小的外交风波。殿后之院落南北约 80 米，北墙正中即紫宸门，这是由宣政殿院通往紫宸殿院的唯一门阙。

在宣政殿北面与紫宸门之间，建置有一道横向屏障，《太平御览》卷一百八十三引《两京新记》说："紫宸殿前紫宸门，门设外屏。"舒元舆《御史台新造中书院记》（《全唐文》卷七二七）又记："内谒者承旨，唤仗入东、西阁门，峨冠曳组者皆趋而进，分监察御史一人，立于紫宸屏下，以监其出入。"《唐会要》卷二十四则说"令朝官从容至阁门，入至障外，不须趋走。"这些史料所言之"屏"和"障"，是否是同一建筑物，难以断定，但无论"屏"或"障"，无疑应该是照壁一类的建筑物，在此设一道障，主要功能是阻断宣政殿与紫宸门之间的视通。

宣政殿院内还建置有钟楼与鼓楼。《御史台新造中书院记》载："鸡人报点，监者押百官由通乾、观象入宣政门，及班于殿廷前，则左右巡使二人分押于钟、鼓楼下。"从中可知，殿院之钟、鼓楼位于宣政门内不远处，百官进门后先立在钟、鼓楼附近，等待前往殿阶前排班。《长安志》卷六说，太极宫太极殿之"东隅有鼓楼，西隅有钟楼，贞观四年置。"照此而论，大明宫宣政殿院的钟、鼓楼又是孰东孰西呢？既然太极宫的钟、鼓楼创置于贞观四年（630），高宗龙朔二年（662）续建大明宫，相去不过30年，或当延续太极宫制度，也将钟楼置于西隅，鼓楼置于东隅，不似今天的晨钟暮鼓或东钟西鼓。徐松《河南志》记述北宋洛阳宫中之文明殿时，明确说"殿东南隅有鼓楼，西南隅有钟楼。"似乎在北宋时仍保留着前代遗制。今人辛德勇《谈唐代都邑的钟楼与鼓楼——从一个物质文化侧面看佛、道两教对中国社会的影响》（《旧史舆地文录》，中华书局，2013 年）一文对此已做深入讨论，可资参考。另外，《长安志》未说宣政殿院有钟、鼓楼，却说含元殿"又有钟楼、鼓楼"，令人生疑，也许此句本在宣政殿下，在抄刻时被误置于含元殿下，实际上《长安志》中此类错简并不少见。也有史料说宣政殿院内栽植有数株松树，退朝后官员可在树下稍憩。

因为迄今为止一直未能获取宣政殿的详细考古资料，上述仅据史料作出的宣政殿院布局复原，是有局限的。但不可否认，从建筑史的角度看，宣政殿与含元殿一样，也是唐代建筑的经典作品。

四、礼仪及其他功用

大明宫中的三四十座殿堂，依功用可分为朝殿和寝殿，朝殿又依坐落位置可分为正殿和便殿。位于前朝的含元、宣政、紫宸三殿，既是正殿，又是朝殿，因而是宫中最重要的殿堂。三大正殿是按照古代（周礼）宫室之"三朝制度"规划建置的礼制建筑，各具不同的礼仪功能。含元殿作为外朝，与丹凤门、兴安门相配合，以举行元日和冬至朝贺、宣赦、受俘等活动为主要功能。紫宸殿作为内朝，是皇帝日常听政的场所，即所谓的常朝。宣政殿作为中朝，与太极宫太极殿一样，同处都城的"九五"尊位，即宫城的五重之中，都城的九重之中，可视为宫城和都城的中心建筑，礼制地位最为尊崇，超出含元、紫宸二殿。《唐会要》卷三十所记一事，反映了宣政殿在宫内数十座殿堂中的这种特别地位：永隆二年（681）正月十日，高宗有敕，将于宣政殿大会百官及命妇，太常博士袁利贞上疏曰："宣政殿上兼设命妇坐位，奏九部伎及散乐，并从宣政门入。臣以为前殿正寝，非命妇宴会之处，象阙路门，非倡优进御之所。望请命妇会于别殿，九部伎从东门入，散乐一色，伏望停省，若于三殿别所。自可备极恩私。"此议得到高宗首肯，将这次联欢活动改往麟德殿举办。

宣政殿的功用是多方面的，从史籍记载的使用情况看，主要是举行皇帝即位、册尊号、册太子及其他册封，大朝会，读时令，制举殿试，会见来使，宴会等典礼，其中有些属于礼仪活动，有些则是随时机而为，这些典礼的仪式也是各有不同。总而言之，宣政殿的功用正如李华《含元殿赋》所言"布大政于宣政"，表明这里的每项活动都关系国家大政。

图 5-2　"天宝五载西坊官砖"印文砖拓本

皇帝即位，是国家大事，即位仪式，是国家大典，即位地点和程序都有专门的礼仪规范。唐朝前期，都城只有太极宫一所宫室，开国皇帝李渊和第三代皇帝高宗李治的即位典礼，都是在宫中太极殿举行的，后来虽然有了大明宫，成为皇帝的长居之所，但枢前即位之礼仍以旧例安排在太极殿举行，用以标志继位者的正统与合法性，这取决于太极宫的正宫、太极殿的正殿与中朝地位。虽然新皇帝登基要经过包括"宣遗诏""见百官""枢前即位""宣赦"和首次坐朝等诸多程序，但最重要的还是枢前即位仪式。查少帝、睿宗、德宗、顺宗、穆宗、敬宗、武宗、宣宗、懿宗、僖宗、昭宗都曾实行太极殿枢前即位之礼。太宗、玄宗因属上皇逊位，背景不同，即位地点则权宜处之，分别取东宫显德殿和别殿行事。肃宗因"安史之乱"，在灵武即位，收复长安后，又在大明宫宣政殿举行上皇传授国玺仪式，以示追认灵武即位的合法性。代宗的枢前即位仪式在太极宫的两仪殿举行，这是因为当时玄宗灵柩停在太极殿，尚未下葬，肃宗的灵柩便只好停置于两仪殿。宪宗受顺宗生前传位，不存在枢前即位，因此在宣政殿行即位礼。文宗即位尤为特别，虽属兄终弟及，却未践行太极殿枢前即位之式，而取宣政殿行即位之礼，不知内中原委，或许因为先帝突然驾崩无有遗嘱，只好"伏奉太皇太后令，江王（文宗）即皇帝位"（《册府元龟》卷十一），无须按常规行事，这位太皇太后就是郭子仪的孙女、代宗的外孙女、宪宗的皇后、穆宗的生母、文宗的祖母郭太后。

《册府元龟》卷十一对宝历二年（826）十二月十二日文宗在宣政殿举行即位仪式的全过程有详细记述，极为重要："帝御宣政殿即位，诸卫各勒兵屯诸门，黄麾大仗陈于殿庭，押册、宝自西阶下，文武群官入就位，侍中板奏请中外严辨，帝出自序门，服具服、远游冠、绛纱袍、执笏，就中间南向位立定，册使宣云，伏奉太皇太后令江王即皇帝位，礼仪使奉请再拜，举册官奉册就皇帝前，摄中书令司空兼门下侍郎平章事裴度进读曰：……读册称贺，帝受册，以授左右，侍中进宝，帝受宝，以授左右，又奏请改服衮冕，即御座受万方朝贺，殿中监进镇珪，内高品承旨，索扇开，帝正衮冕负扆南面，侍中就升御座之右西面立，符宝置于御座前，群官在位者皆再拜，摄太尉兵部尚书段文昌进当香案前，跪奏曰：'我国家奄宅万方，光被四表，大行皇帝丕承祖业，嗣唐配天，伏惟皇帝陛下敬之哉。'百寮皆再拜，摄侍中门下侍郎平章事窦易直，承旨临阶西向称，有制，在位者皆再拜，宣云：'顾以薄德，嗣守鸿业，祗奉诏命，感惧良深。'在位者皆再拜，侍中奏礼毕，帝降座，御辇还宫。"

这条史料展现了文宗即位仪式的几个重要环节：首先是由宰相裴度宣读太皇太后的册书（代替宣遗诏）；然后皇帝受册受宝（印）；再改服衮冕，升御座；最后，皇帝发布十六字的即位讲话。

唐朝皇帝枢前即位礼固定在太极殿举行，同为中朝的宣政殿则是都城的另一处皇帝举行即位仪式的场所。今人某些著述混淆宣政殿与含元殿的功能，说含元殿也是皇帝的即位场所，对此实有必要澄清。其实取含元殿即位的只有农民军领袖黄巢，唐朝皇帝中未见一例，就连叛臣朱泚的伪立仪式也在宣政殿举行。还有一点要澄清，《唐会要》卷一说睿宗"唐隆元年六月二十四日，即位于承天门楼"，查《旧唐书》卷七、《资治通鉴》卷第二百九可知，当日在太极殿中宗枢前履行少帝退位、睿宗即位程式后，睿宗才登上承天门楼大赦天下，显见《唐会要》文有脱句，《新唐书》卷五不加判断，照录为"安国相王即皇帝位于承天门"。可以肯定，唐朝不曾有在含元殿即位的皇帝，更不曾有在承天门或丹凤门举行即位仪式的皇帝。

　　册立太子同样是国之大政，关系到帝位的顺利继承和国家稳定。确立太子地位的最主要法定程序，就是册立仪式。作为中朝所在的太极宫太极殿和大明宫宣政殿，当然就是有唐一代举行册立太子仪式的制度性场所。查贞观十七年（643）四月七日，太宗"御太极殿，召文武六品以上，告立晋王（李治）为太子，群臣称庆"。（《唐会要》卷四、《册府元龟》卷二百五十七）唐朝皇帝中有数次册立皇太子的，如高祖、太宗、高宗、玄宗、代宗、文宗，也有未立太子的皇帝。开元二十六年（738），"七月己巳（二日），帝御宣政殿，会九品以上文武百官，册皇太子忠王玙"，当月望日（十五日）大朝会之际，"皇太子于宣政殿谢册命"。（《册府元龟》卷二百五十七）这时册立的太子就是后来的肃宗。此后，肃宗、代宗、德宗、顺宗、宪宗、文宗等皇帝都举行过宣政殿册太子仪式。需要注意的是，长庆二年（822）十二月二十日穆宗册太子仪式在紫宸殿举行，为此，《唐会要》卷四特别作出说明："故事，册太子御宣政殿。时以圣体未康，虑劳登御，故从便也。"唐中期还一度实行过册太子仪式结束后，宰臣要从宣政殿前往崇明门参谒太子的制度。

　　宣政殿的朝会，长期实行朔、望日朝参制度，尽管有时断时续的情况，但终究是中朝朝会的一项基本制度。贞元七年（791），德宗曾敕命"每年五月一日御宣政殿，与文武百僚相见，京官九品以上，外官因朝参在京者，并听就列，宜令所司即量定仪注颁示，仍永编礼式。"（《唐会要》卷二十四）这是德宗依照冬至"一阳初生"的含义，取五月一日近于夏至

"阴生"，而创立的一项类似于冬至朝贺的制度，但未能坚持下去，到宪宗元和三年（808）就被废止了。《唐会要》卷二十四说：皇帝"朔、望日御宣政殿见群臣，谓之大朝。"既然是大朝，必然与紫宸殿的常朝有所不同，首先是参朝人员众多，京城九品以上职事官都要参加，杨希义《大明宫史话》推测有三千人与会，参朝官员所着朝服也有严格规定；二是排设隆重仪仗；三是仪式繁缛；四是朝会内容重要，如宣布皇帝制命或处置重大事项，并举行改元、册封、受尊号等特定仪式。当然，如有国之大事，虽非朔、望日，也会坐朝宣政殿。元和十五年（820）闰正月某日，即位伊始的穆宗就在宣政殿举行仪式，册封自己的母亲、宪宗懿安皇后郭氏为皇太后。大中三年（849）十二月二十六日，宣宗举行宣政殿朝会，追册顺宗、宪宗尊号，亲临这次朝会的诗人薛逢留下《宣政殿前陪位观册顺宗宪宗皇帝尊号》诗作，"楼头钟鼓递相催，曙色当衙晓仗开。孔雀扇分香案出，衮龙衣动册函来。金泥照耀传中旨，玉节从容引上台。盛礼永尊徽号毕，圣慈南面不胜哀。"（《全唐诗》卷五四八）该诗生动、真实地记述了册礼的完整过程，堪称史诗。

宣政殿朝会的朝仪细节，今天已无从知晓，《唐会要》卷二十四记述了开元时期的大致情节："每月朔望，皇帝受朝于宣政殿，先列仗卫及四品以下（此处似有脱句，'以下'有误，或当为'以上'）于庭，侍中进外办，上乃步自西序门出。升御座，朝罢，又自御座起，步入东序门，然后放仗，散。"此仪式在宰臣建议下，又得到改善，专门增加了羽扇，把皇帝出西厢到御座、离御座入东厢的过程遮挡起来。由此可知，宣政殿内正中设置有御座，殿室内区隔出东厢和西厢两个房间供皇帝临时休息，两厢的小门分别叫东序门和西序门。

在宣政殿举行的另一项礼仪活动就是"读时令"，但此一仪式似乎未能持续实行。何为"时令"，有言"在事为令，在言为命"，人们按照一年四季天时运行变化的规律或节点行事，就是时令。"读时令"就是皇帝亲自主持的、由太常卿依据《礼记》之《月令》篇，增补新内容，编成篇章，向高层官员宣讲天时、历法、农事，以及国家应时而行的各种事项。《唐会要》卷二十六载有各代皇帝举行读时令活动的情况。太宗曾御太极殿，"命有司读春令。"武则天长安三年（703）元日"明堂受朝读时令"。玄宗开元二十六年（738）将读时令活动制度化，"命太常卿韦绍，每月进月令一篇，是后每孟月（每季首月）朔日，上御宣政殿，侧置一榻，东西置案，令韦绍坐而读之。"乾元元年（758）十二月二十八日立春，肃宗"御宣政殿，命太常卿于休烈读春令"。此后，德宗、文宗也举行过此种仪式。"读时令"之所以成为一项重大的礼仪活动，大概与古代农业社会之天时与农业生产乃至社会运行、国家管理有着密切关系，正如玄宗所言："敬顺天时，无违月令"（《全唐文》卷二十二）。

科举制度创立于隋朝，制举及其殿试形式则创立于唐朝，《册府元龟》卷六百三十九说："武后载初元年（690），策问贡举人于洛城殿前，试贡举人自此而始"。不过制举殿试究竟始于何时，学界似有不同认识。所谓"制举"，就是按皇帝制命举行的一种不定期的考试选人办法。因皇帝要亲临考试，便将考场设在宫中的殿堂，因此又称为"制举殿试"。肃宗之前殿试场所并未固定，据各书所载，玄宗曾在含元殿（开元八年、开元九年、天宝十三载）、兴庆宫各处举行过殿试举人。至肃宗、代宗后，就固定在宣政殿举行，并成为制度，一直延续至晚唐，估计其间在宣政殿举行的殿试有数十次之多。不过，也有特别情况，如大历二年（767）的殿试就在紫宸殿举行，原因不详，另两次则因皇帝不亲临考场，而将考试安排在皇城之尚书省举行，对此有人上奏皇上："制科所试，本在亲临，南省策试，亦非旧典。"（《唐会要》卷七十六）说明皇帝亲临宣政殿制举试场已经完全制度化，非此，则有违"旧典"。有唐一代，对参加制举的举人都非常关照。如大历六年（771）四月一日，代宗"御宣政殿，试制举人，至夕，策未成者，令太官给烛，俾尽其材"（《旧唐书》卷十一）。《唐会要》卷七十六载，宪宗对应策过晚，无法归还住处者，敕命有司安排在大明宫建福门外附近的光宅坊光宅寺和来庭坊保寿寺临时住宿。《旧唐书》卷十七上记：宝历元年（825）三月二十七日，敬宗亲临宣政殿，"试制举人二百九十一人。"《册府元龟》卷六百四十四则记作"三百一十九人"。无论孰是，这可能是有唐一代制举殿试人数最多的一次。

《资治通鉴》卷二百一十一还记述了有关宣政殿的一次特别事件：开

元四年（716）五月，有人上奏玄宗说："今年遴选的官员水平太差，所任命的县令大多数不称职。"玄宗便将这些县令召集到宣政殿上，以"如何治民"为题命他们各作文章一篇，结果鄄城县令韦济最佳，玄宗特意将他提升为醴泉县令，对二百多名不合格者，另行安排官职，对成绩最差的四十五人，放归回家继续学习。

宣政殿的功用，除上述这些主要礼仪性活动外，还有宣布改元、册功勋、册民族政权首领等仪式，也有皇帝在这里会见来使、设宴的记录。在此不做赘述。总而言之，宣政殿是唐长安城最重要的礼制建筑之一，也是大明宫的中心建筑，这里举行的各项礼仪活动，与国家政治生活密切相关，其礼仪地位应在含元殿、紫宸殿之上。

第六章

紫　宸　殿

曙钟催入紫宸朝，列炬流虹映绛绡。

天近鳌头花簇仗，风低豹尾乐鸣韶。

衣冠一变无夷俗，律令重颁有正条。

昨夜钟山甘露降，玻璃满赐出宫瓢。

紫宸殿也是大明宫的一座重要殿堂，坐落在宫区中轴线上，与含元殿、宣政殿同列三大正殿。紫宸殿朝会，又称入阁，属于常朝性质，唐朝以降，多有人关注以紫宸殿为代表的唐代内朝朝仪制度。紫宸殿遗址破损严重，一直未能发掘，只有初步勘探资料发布，遗址结构不甚清楚，无法开展科学复原研究。目前只能依据史料，就紫宸殿的建造时间、殿院布局、朝仪制度等作简要叙述。

一、建造时间

紫宸殿的建造时间，唐代史籍无直接记述。唯见《长安志》卷六说："龙朔二年，造蓬莱宫含元殿，又造宣政、紫宸、蓬莱三殿。"此说把这四座殿堂统归于同时建造，似有揣测之嫌。含元、宣政二殿创建于龙朔年间（661～663），因史籍记载清楚，绝无疑问，但蓬莱殿极有可能在太宗营造北阙时已经建成（见第二章），而紫宸殿的建造时间则有两种可能，一是创建于太宗贞观二十二年（648），当时，太宗在北阙（大明宫）内建成紫微殿，这一殿堂或许就是高宗龙朔二年（662）大行宫殿改名之举后的紫宸殿；另一就是与含元、宣政同期建造。因此紫宸殿的建造时间目前仍不能有定论。

高宗虽然在龙朔二年（662）四月已由太极宫迁徙大明宫内居住（见第一章），但因宫内前朝区正处于大规模营造过程中，不便于举行各种朝会和礼仪活动，因此，日常的坐朝听政仍在太极宫进行。直至次年（663）年初，含元、宣政等前朝区的各项建设工程实现全面竣工，才于四月二十三日亲临新成的含元殿视察，并于二十五日首次在紫宸殿举行正式朝会，当时，参朝的"百僚奉贺新宫成也"（《唐会要》卷三十）。显然，这次朝会非同寻常，既是大明宫全面建成的一场庆典活动，也是都城政治中枢由太极宫转移到大明宫的标志事件，至此，大明宫的性质发生转变，不再是一所旁宫别馆，已成为都城的与太极宫并列的另一所正宫。

紫宸殿毁圮的时间，同样不见明确记述。查僖宗光启元年（885）十二月出奔凤翔，次年（886）五月，朱玫挟持嗣襄王李煴在大明宫伪立，时任伪职的李拯有退朝诗："紫宸朝罢缀鹓鸾，丹凤楼前驻马看。"（《旧唐书》卷一百九十下）诗句明确提到紫宸殿，说明此时依然完好，仍在举行朝会，当然，这次朝会也是文献中使用紫宸殿的最后纪录。数月后的同年十二月，长安再次发生战乱，大明宫遭到毁灭性破坏（见第一章），此后，紫宸殿与含元殿、宣政殿等宫内的几处主要建筑再未被提起，因此推定这些殿堂一并毁圮于光启二年（886）十二月，应当没有问题，直至光化元年（898）韩建修复长安宫室时，也未能重建。由此，紫宸殿至少存在了224年，若从太宗时算起，则有可能存在了约240年。

二、紫宸殿及殿院布局

紫宸殿在宫内的位置，史料有清楚记述。《玉海》卷一百五十九引唐人韦述《两京新记》："紫宸殿在宣政殿北，紫宸门内，即内衙正殿。"这已被考古勘探资料所证实。考古勘定紫宸殿遗址位于大明宫中轴线上宣政殿之北、南距第三道宫墙约100米处的后寝区。这一位置关系表明，紫宸殿是三大正殿中最靠北的一座，按照古代宫室之三朝制度（外朝、中朝、内朝），应当属于内朝所在，因此，被称为"内朝正殿"。从中轴线上建筑的排列次序看，从南至北有丹凤门、含元殿、宣政门、宣政殿、紫宸门、紫宸殿、玄武门等建筑，紫宸殿属南起的第三座正殿、第六座建筑。

紫宸殿遗址的位置，在20世纪50年代对大明宫遗址进行全面考古调查之际，已被发现并初步勘定。殿址南距龙首原南缘约450米，北距龙首原北缘300余米。这一带龙首原上的地形较为平坦宽展，地形图上标识为410米高程，三座正殿的基台大致坐落在同一高程的平地上，并无明显的高低差异或起伏（见第二章《大明宫遗址地形图》）。《雍录》卷三有言："含元之北为宣政，宣政之北为紫宸，地每退北，辄又加高，至紫宸则极矣。"此说并不符合实际地形和考古实测成果，不过是作者的揣测而已。

紫宸殿遗址本体破损严重，一直未能发掘，但殿、廊、墙、门等遗迹尚可辨识，表明紫宸殿同样是一组气势恢宏且布局较为复杂的建筑组群。依据有限的勘探资料和相关史料，可认定紫宸殿坐落在一个大型的院落之中，殿院的南墙就是宫内的第三道隔墙，殿院之东面、西面、北面皆构筑有院墙（或廊墙），形成一个南北长方形的四面闭合的院落式布局。殿院东西宽约125米，稍小于150米余宽的宣政殿院，南北长约180米（约合120唐步）。殿院的正南门是紫宸门，东、西两面院墙并无制式院门，北院墙当有院门通往院外，门名目前无考，或可称"紫宸北门"。

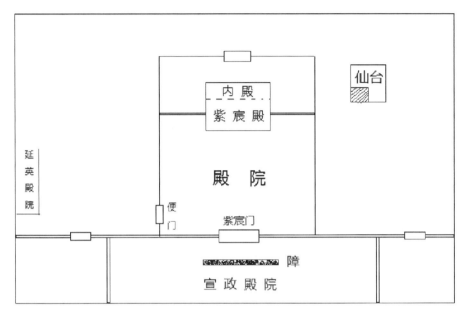

图 6-1 紫宸殿院布局示意图

紫宸门的位置，目前仍未有定论。按《唐六典》《雍录·阁本大明宫图》的记载，当位于第三道宫墙上，与光顺门和崇明门同处东西一线，唯《长安志图·唐大明宫图》将宣政殿标记在第三道宫墙上，把紫宸门置于再退北的位置。考古勘探资料以《长安志图·唐大明宫图》为是，将第三道宫墙上的建筑遗址推断为宣政殿遗址，而将紫宸门遗址推定在次北 35 米处。由此产生的这一疑点，尚有待于后续的考古工作作出最终结论（参见第五章）。《太平御览》卷一百八十三引韦述《两京新记》："紫宸殿前紫宸门，门设外屏。"《唐会要》卷二十四则说"令朝官从容至阁门，入至障外，不须趋走。"这两条史料所说的"屏"和"障"，无论其建筑形式如何，极可能就是后世所说的照壁，在此处置"障"，其功能在于阻断宣政殿与紫宸门之间的视通。

应该说明的是，紫宸门既是制度性建置，也是宫中的一处具有特定礼仪功用的建筑，某些特别情况下，皇帝会在这里举行临时性的会见宰臣的活动。贞元二十一年（805）正月，德宗驾崩，顺宗着缞服来到紫宸门见百僚，以示顺利继位，受到群臣参拜，宰相杜佑跪请皇帝节哀、进食。元和十一年（816）三月，宪宗之母、顺宗庄宪王皇后崩于兴庆宫咸宁殿，发丧于太极宫两仪殿，为此，宪宗专门"见群臣于紫宸门外庑下"（《旧唐书》卷十五），接受宰臣的参慰。此后的宪宗、穆宗驾崩之后，继位的穆宗和敬宗也曾着缞服来到紫宸门外，与群臣相见。

紫宸殿的建筑结构，因无考古发掘资料，暂无法作出复原研究。据记载，代宗皇帝大历十四年（779）崩于"紫宸内殿"，似乎说明此殿有内、外或前、后之别，不是一个独立的单体建筑。假若紫宸殿是由前、后两座独立的殿堂组成，两殿之间当有廊道连接，平面呈"工"字布局。当然，也不排除前、后殿采用串联毗接的形式，类似于麟德殿前、中、后三殿的布局，大约前殿用于听政，内殿用于寝居。

据初步勘探资料，紫宸殿基址南北宽近 50 米，超过含元殿基台 43 米的宽度，东西长约 55 米，远小于含元殿基台 76.8 米的长度。依此推论，紫宸殿极可能是前、后两殿毗接的布局，再参考含元殿、麟德殿的建筑形式，或可推定紫宸殿的基本布局，即殿基台同样分为上、下两层，殿室面阔或为 9 间，总进深或为 8 间。当然，因遗址破损严重，勘探资料未必精准，殿址的布局和结构有待全面发掘和辨识、并经古建筑专家作出复原研究后才能得到最终确认。

按史料记载，紫宸殿朝会又被称为"入阁"或"上阁"，其缘由，唐朝以后多有人考辨，有认为"入阁"为"入閤"之误，直至今天，仍莫衷一是。单就字义而言，"阁"是一种特定的建筑形式，如明代谢肇淛《五杂俎》（上海古籍出版社，2012 年）卷二所言："阁，夹室也，以板为之，亦楼观之通名也，或以藏书，或以绘画，或以为登高远眺之所，此楼阁之阁。"常见史籍有"殿阁""阁楼""书阁"等的说法，麟德殿建筑组群中就有"障日阁"和"景云阁"，紫宸殿是否有"阁"式建筑或殿内有"阁"式装饰布置，今天已无法知晓。但见《南部新书·壬卷》记："紫宸旧例，有接状中郎，最近御幄。"可知殿内装置有帷幄一类设施，入阁时皇帝坐在帷幄之中，幄前摆放一张"香案"，即较大的桌子一类的室内用具。按说唐初太极宫已有入阁之制，太极殿两边的庑廊上就辟有东、西上阁门，官员通过此二门前往两仪殿入阁，大明宫的布局不过是太极宫制度的再版而已。太极殿和宣政殿两旁的偏门，的确属于"阁门"性质，即宫中的偏门、旁门、小门之类，但因这二门是入阁必经之门，所以其名称应当以"上阁门"为是。因为"阁"与"閤"在后世往往被混用，就难免使人将"入阁"当作"入閤"，有把"閤门"写作"阁门"，也有把"上阁门"误当作"上閤门"。

《唐会要》卷三十记：元和十五年（810）二月，穆宗即位之初，"诏于西廊内开便门，以通宰臣自阁中赴延英路。"这条史料既原始又重要，表明此时在紫宸殿院的西廊上开了一个"便门"，而不是其他地方。此门的开辟，极大方便了宰臣从紫宸殿退朝后直接前往延英殿与皇帝小范围讨论机要事务。此前宰臣由紫宸殿到西边的延英殿，要出紫宸门，经过宣政殿院，再从光顺门（或别的门）绕进后宫，进入延英门，才能到达延英殿。这条史料在后世被误记或误解，把此"便门"当作延英门，并说延英门位于宣政殿的西廊上，造成极大误会。按理说，延英门只能是延英殿院的正门，不可能在其他地方。延英殿院位于紫宸殿院西边，是一处独立的院落，这已被考古勘探资料所证实，延英门就在这一殿院的院墙上。因考古报告依照某些史料推测宣政殿位于第三道宫墙上，进而又推测宣政殿西廊有延英门，导致人们对这一带的布局产生了诸多疑问和歧义。现遗址公园内按照考古报告的说法，在所谓的宣政殿遗址西边辟置了一个模拟的门址，标识为延英门。对于宣政殿、紫宸门，以及延英门的位置问题，期待新的考古资料予以最终认定。（参见第五章《宣政殿院及周边布局图》）

紫宸殿院内植有松树、樱桃等树木。《唐会要》卷二十五记，开成元年（836）三月，文宗敕，"如入阁日班退后，各于紫宸殿前东、西松树下依班立"，待宰相奏事完毕，再进殿一齐至香案前，各向皇帝汇报本部门事项。可知紫宸殿前台阶下的东边和西边，各有一株或多株松树，实际上松树是当时宫内普遍种植的树种。曾在朝中任职的张莒（代宗、德宗时人）作有《紫宸殿前樱桃树赋》，其中有"殿紫宸兮足丽，木朱樱兮可嘉"（《全唐文》卷四四六）之佳句，可证紫宸殿院确有樱桃树。《唐语林》卷五记载了一个有趣的故事，说有一年紫宸院之樱桃成熟之季，玄宗请参朝的百官尝鲜，但并未把樱桃摘下来送到手上，而是"命百官口摘之"，留下一段妙趣横生的佳话。当然，反映君臣关系融洽之事非此一例，宋人乐史《杨太真外传》卷下载："开元末，江陵进乳柑橘，上以十枚种于蓬莱宫，至天宝十载九月秋结实。"玄宗遂将这初产的一百五十颗乳柑橘分赐宰臣，受到表贺吹捧。不过，书中并未说这些乳柑橘的栽植地点。

三、朝会及其他功用

大明宫中各殿堂的功用（功能和实际使用情况）取决于其在宫室布局制度中的定位。紫宸殿的定位，表现为三个层面。第一是朝殿，即皇帝的政务活动之所，而非寝殿（寝息之所），尽管代宗皇帝曾居住并驾崩于此殿，但并不影响其朝殿性质。第二是正殿，与含元殿、宣政殿同列三大正殿序列，具有宫室制度所禀赋的礼制特征，与延英、麟德等便殿在功用方面有明显差别，《唐会要》卷三十记录的一件事，最能说明紫宸殿的正殿地位：开元十六年（728），玄宗女"唐昌公主出降"薛锈，原定在紫宸殿行五礼，为此，右补阙施敬本等人联名上疏，认为紫宸殿是正殿，相当于"汉之前殿、周之路寝"，应当端重肃穆，威严尊崇，不宜举行婚礼之类"言词僭越，事理乖张"的活动，因请改变地点，于是，玄宗接受建议，将此婚嫁仪式移往光顺门外举行。第三是常朝（或内朝）场所，皇帝通常在这里听政议政，与宰臣商讨、决策各项具体的军国大政，这与作为外朝的含元殿和作为中朝的宣政殿大有不同，外朝和中朝通常举行国家典式，并不听政议政（商讨或处理具体政务），纯属礼仪活动场所。

龙朔三年（663）四月二十五日，高宗首开紫宸殿朝会之先河，迄于僖宗初期，在220余年间，各代皇帝在此殿举行过朝会、宴享、会见蕃客、册封、诞日庆贺、宣赦、制举殿试、命官谢恩和辞行等各种各样的活动。当然，作为常朝场所，皇帝坐朝听政，与宰臣共同商讨国家大事是紫宸殿贯穿始终的主体功用。在宫内的三座正殿中，紫宸殿的使用频次最高，在相关史籍中留下了极为丰富的记录，成为研究唐代朝仪制度的重要史料。

由于紫宸殿朝会要决策国家大事，会涉及朝廷各个部门，所以参朝的有宰相和各司主政等在京的五品以上官员，通常把这些固定参朝的官员称为"常参官"，有人推测，当有约300人，当然，这些官员因各种原因不可能保证同时出席每一次朝会。门下省的起居郎和中书省的起居舍人，虽是从六品官，并无参政资格，但必须出席朝会，还要站立在殿内离皇帝最近的"香案"两边，因为他们分别承担着"记言"和"记事"的重要事务，相当于今天的会议记录人员，退朝后要把朝会的原始记录编撰成"起居注"，按季度送往史馆存档，作为编修国史的原始资料，今天所见唐代的大部分国政史料就出自他们之手。同样，中书省的右补阙和右拾遗、门下省的左补阙和左拾遗，虽为七、八品官，同样因为承担着"供奉讽谏、扈从乘舆，凡发令举事有不便于时，不合于道，大则廷议，小则上封"（《唐六典》卷八）等诸项职责，也要参朝。

图6-2　"官匠□文政"印文砖拓本

紫宸殿朝会本来应该"每日常坐"，但实际上因种种缘由很难做到。玄宗晚年意志消沉，奸相当道，荒于朝政，天宝十四载（755）将常朝改为"分日入朝"，此后的皇帝也有"隔日视事""三日一临朝""五日一朝""十日一朝"的变通形式，甚至有把宣政殿"朔望朝参"（每月初一、十五上朝）制度搬到紫宸殿的情况。有些皇帝很难做到像代宗、德宗那样勤政务实。敬宗十六岁即位，本性贪玩，常常因晚间娱乐过度，早晨不能按时坐朝，有一天，群臣在殿前站立等候太久，仍不见皇帝露面，有人竟昏厥倒地，为此，左拾遗刘栖楚叩头劝谏，磕头磕的血流满面，终究也未能改变这位少年天子的本性。

按照相关朝会的"仪制令"，凡遇大雨，道路泥泞，可停朝参。代宗时为了不耽误军国要事，要求官员雨天也要上朝，但允许推迟二刻传点。一刻时间有多长，按《唐六典》卷十"昼夜共百刻"计，每刻约相当今天的14.4分钟；按徐坚《初学记》卷二十五"夏至昼六十五刻，冬至昼四十五刻，二分昼五十五刻"的说法，当时一昼夜分为一百一十刻，一刻约13分钟。不论以何种标准计算，推迟二刻，不过推迟大约半小时而已。到德宗时，凡遇雨雪，则允许减少参朝人员，"令每司长官一人入朝"（《唐会要》卷二十四）议政。元和八年（813）冬季的一天，宪宗曾因天降大雪而放朝。

虽说紫宸朝会的时间是固定的，但有时会因为特别情况而被取消。如遇重臣、亲王和公主、藩王等薨亡，皇帝会按照惯例用"废朝"一日或三日或五日的方式举哀。建中二年（781）五月，八十五岁的郭子仪去世，德宗以废朝五日举哀，这是最高规格的礼遇。元和三年（808），宪宗为其姑母、和亲回鹘的咸安大长公主之丧废朝三日。这里所谓"废朝"或"辍朝"，只是取消或避开正殿朝会而已，并不影响国家政务运转，皇帝还可在其他场所与臣下商讨处理军国要务。如遇取消朝会，当由内官（宦官）提前传达到由宦官任职的阁门使（即管理东、西上阁门的办事机构），再由阁门使派员分头传告各部门。今见花蕊夫人《宫词》记录了此事："日晚阁门传圣旨，明朝尽放紫宸朝。"（《全唐诗》卷七九八）说的是头天晚上，阁门使将皇帝取消第二天紫宸殿朝会的通知，传达到相关部门。

皇帝坐朝紫宸殿，是否设立仪仗，后世多有讨论。按理说，正殿朝会应当有仪仗，但作为内朝，仪式会相对简易，仗卫减省或取消，便宜行事，不会像含元殿、宣政殿大朝会那样大肆铺排陈设，大立仗卫仪马。司马光《涑水记闻》卷八说："乘舆止于紫宸，则呼仗自东西阁门入。"说明凡紫宸殿听政，都要将由军士组成的仪仗队提前调遣，依次经过宣政殿院的东西上阁门、紫宸门进入紫宸殿院，排列仪仗禁卫，为朝会制造出庄严肃穆的气氛。《唐会要》卷六十五载：大历十四年（779）七月，德宗即位伊始，"闲厩使奏，置马随仗，当使准例，每日于月华门立马八匹，仗下归厩去。"对此，《旧唐书》卷四十四记作："进马旧仪，每日尚乘（局）以厩马八匹，分为左右厢，立于正殿侧宫门外，候仗下即散。"综合这两条史料可知，入阁也有仗卫，立仗马属于仪仗之一项，即由殿中省尚乘局每天安排八匹仗马分别排立在日华门和月华门外，仪式结束，被牵回马厩。王建《宫词》对此有形象反映："未明东上阁门开，排仗声从后殿来。阿监两边相对立，遥闻索马一时回。"（《全唐诗》卷三〇二）紫宸殿二百余年间的朝会仪式，各时期会有变化，今天很难做出全面叙述。

《旧唐书》卷四十六记，武则天曾亲自编撰有十卷本的《紫宸礼要》一书，今或已失传，不过，其所言"紫宸"未必是专指大明宫紫宸殿，应该是包括紫宸殿朝会在内的专门规范听政议政的规章制度。另外，《资治通鉴》卷二百三、《新唐书》卷七十六都说高宗驾崩之后，武则天常御紫宸殿临朝听政，按说武氏长期居住洛阳，因此推断洛阳宫中也有名为"紫宸"的殿堂，据各书所记，其位置当在明堂（或含元殿）之北。

紫宸殿朝会时，百官进入殿庭，先按班次拜谒皇帝，然后再由当班的监察御史安排官员奏事，或者将写好的疏状表章呈上。如若涉及国家大计、人事安排、民族关系、用兵等种种具体问题，皇帝与宰臣、宰臣与宰臣之间往往会产生不同意见，甚至发生激烈争执，最终都以皇帝的决断行事，当然也有议而不决的情况。史籍中有大量皇帝在紫宸殿活动的记录，其中不乏一些特别事件，反映了紫宸朝会的方方面面。

长安元年（701）十月至三年（703）十月，武则天行幸西京期间，居大明宫，在紫宸殿听政。长安三年（703）九月，宰相魏元忠被张易之、张昌宗诬陷下狱，武皇帝要二张与魏元忠当面对质，二张私下诱迫凤阁舍人张说出证魏元忠谋反，张说佯作同意，第二天，武皇坐朝紫宸殿，太子李显、相王李旦和太平公主都在场，张说却并未附和二张，反而揭露其阴谋，极言魏元忠忠正无罪。最后，在其他朝臣的好言相助下，魏元忠才得以免死，被贬官端州高要（今广东肇庆）县尉，张说则被武则天视为反复无常之人流放岭表。

开元时期，玄宗多在紫宸殿召见朝集使（各州派驻京城的代表或参加元日、冬至朝贺的特使），听取奏报，并赐宴赐物。开元七年（719）正月的一天，玄宗坐朝紫宸殿时，参朝的朝集使、魏州（今河北大名）长史敬让，越次抢先上奏，就在场的朝集使、辰州（今湖南沅陵）长使周利贞在中宗复位后受武三思指使将其父敬晖枉杀而死一事，乘此机会向皇上追控其罪行。玄宗虽对敬让为父申冤表示同情，但对其违犯朝会仪规给予夺一季俸禄的处罚，同时将周利贞远放为邕州（今广西南宁）长史，作为惩处。《旧唐书》卷一百九十四记，开元十五年（727），玄宗专门在紫宸殿设宴款待突厥使者，原来吐蕃以书信约突厥一同进犯唐境，突厥小杀可汗派使者前来告密，因此受到玄宗的厚待。开元二十八年（740）四月的一天，宰相牛仙客和李林甫上朝之际，看到紫宸殿屋檐斗拱上有乌鸦筑巢，认为是"灵鸟呈祥"，上表称贺，盛赞玄宗慈仁孝德之政。唐人张读《宣室志》卷一记述一个故事，开元初某日，玄宗坐朝紫宸殿，宰臣姚崇和宋璟奏请要事，玄宗只顾低头所思，全然罔闻，再奏一遍，玄宗更是起身拂衣而去，二人颇感惊悚，后经高力士了解，原来玄宗夜间梦中见十仙子传授《紫芸曲》，生怕忘却，才匆忙退朝。

　　肃宗、代宗时期，紫宸殿除了用作朝会之外，还成为频繁会见、赐宴蕃客的场所，这与当时平定"安史"叛军的形势有关。据《册府元龟》卷九百七十六记载，肃宗、代宗先后在紫宸殿赐宴回纥、新罗、吐蕃等国来使或首领，以示优容，其中的回纥因出兵协助平叛，颇受皇帝厚待，不仅对来往使节、大小首领赐宴、赐物，肃宗还把宁国公主出嫁回纥毗伽可汗，这是有唐以来首次将皇帝亲生女儿出降蕃邦。此后，德宗女咸安公主、宪宗女太和公主也先后出降回纥首领，这都是皇帝出于当时政治军事形势和民族关系做出的无奈抉择。

　　贞元元年（785）正月的一天，德宗坐朝紫宸殿，为卢杞的官职任命，与宰臣发生了一场激烈争论。原来德宗即位之初，任用卢杞为宰相，后又因故将其贬为吉州（今江西吉安）长史，这时又想将其升迁为饶州（今江西鄱阳）刺史，但受到卢翰等宰臣的强烈反对，给事中袁高甚至拒绝起草任命诏书，最终在众多朝官反复谏劝下，德宗才怒气稍息，做出让步，将卢杞迁为沣州别驾（相当副刺史）。卢杞是唐朝公认的大奸相，史称其"为政极恶穷凶""奸邪用事，私立朋党"。

元和十年（815）六月三日清晨，宪宗正要前往紫宸殿坐朝，忽然有人紧急报告，称宰相武元衡在上朝途中遭人刺杀身亡，御史中丞裴度也遭到暗算，身负轻伤。皇帝顿感震惊，遂罢朝会，移坐延英殿问事。后经数日搜索，捕获刺客八人，经审问供述，是成德节度使王承宗派遣刺客进京谋杀重臣，意图动摇皇帝的削藩大计，不过，数年后才彻底查清，这次谋杀是淄青节度使李师道派出的刺客所为。元和十四年（819）正月，宪宗要奉迎法门寺佛骨舍利到都城瞻仰供奉，受到刑部侍郎韩愈的强烈反对，紫宸殿朝会时，宪宗把韩愈的奏章出示百官，以言辞出格，有损皇帝尊严，将要极法处置，在受到宰臣一番谏劝之后，才怒气稍缓，将韩愈贬为潮州（今广东省潮州市潮安区）刺史。韩愈离开京城，冒雪行走到蓝关（今西安市蓝田县蓝桥镇与商洛市商州区牧护关镇之间）时，吟成"云横秦岭家何在，雪拥蓝关马不前"的千古名句。

穆宗、敬宗时，曾实行一项制度，即每逢降诞日（皇帝生日），百官先到紫宸殿向皇帝当面奉贺，然后再到光顺门奉贺皇太后，不过，此制度未能延续下去。长庆二年（822）十一月，穆宗与宦官击毬时，受到惊吓，突患"风眩"，足不能履地，数日不能坐朝，引起宰臣忧虑，至次月五日，才在紫宸殿坐大绳床（类似今天的软椅）面见百官，宰臣当场恳请把景王（即敬宗）册立为皇太子，得到穆宗同意，经过半个月的准备后，就在紫宸殿举行了册立太子的仪式。

敬宗是一位贪玩的少年天子，连即位后第一次坐朝紫宸殿，也想着玩的事情，一退朝就急奔玄武门外的飞龙厩，与宦官打毬娱乐，大行赏赐。不久，敬宗又想游幸骊山，受到臣下的谏劝，其中拾遗张权舆跪伏紫宸殿，连连叩头，历数周幽王在骊山被杀、秦始皇死葬骊山、明皇造华清宫引发"安史之乱"之史事，想让小皇帝回心转意。不料这番话反而引发了敬宗的好奇，一定要前往验证。待自骊山回宫，对周围人说："叩头者之言，安足信哉！"（《唐语林校证》卷六）

大和五年（831）二月的一天，文宗坐朝紫宸殿，宰相路随刚走至殿阶前，就仆倒于地，被旁边的宦官扶起。原来路随对前不久宰相宋申锡遭宦官头目王守澄诬陷贬官深感不满，故意倒地装病，第二天就上疏皇帝，称病请求退休，受到皇帝宽慰挽留。大和七年（833）底，文宗"暴风恙"

（突然中风），八年（834）正月十六日抱病坐朝紫宸殿，当宰臣问及病情，文宗叹息宫中缺少良医，宦官王守澄乘机将郑注和李训推荐给皇帝，二人虽通医术，但本性奸邪，被宰相李德裕等人鄙视，奏请文宗远离此类小人，此后李训不仅未被摒除，反而一路升官至宰相，并与文宗暗中谋划诛灭宦官头目，导致大和九年（835）十一月二十一日发生"甘露之变"。开成四年（839）六月十八日，文宗坐朝紫宸殿，以天时久旱，面带忧虑之色对宰臣说："朕为天下主，无德及人，致此灾旱，今又请见于上，若三日不雨，当退归南内，更选贤明以主天下"（《册府元龟》卷二十六）。闻听皇帝此言，百官顿时感动的呜咽流涕，多人当场请罪免官，说来也怪，当天夜间便普降甘雨，缓解了灾情。开成四年（839）十月七日，紫宸殿朝会时，文宗要阅看起居郎和起居舍人编撰的起居注，遭到起居舍人魏谟拒绝，魏谟说："自古置史官，书事以明鉴诫。陛下但为善事，勿畏臣不书；如陛下所行错忤，臣纵不书，天下人书之。……陛下一览之后，自此书事须有回避。如此，善恶不直，非史也，遗后代何以取信？"（《旧唐书》卷一百七十六）听闻此番谠言，文宗只好作罢。

　　需要说明的是，按照宫廷礼仪制度，一些本应在含元殿、宣政殿举行的典礼仪式，因特别原因会安排在紫宸殿。大历二年（767）十月二十六日，代宗在紫宸殿举行制举殿试，此前肃宗已在宣政殿举行过殿试，此后的殿试固定在宣政殿，不清楚代宗为何要将这次殿试安排在紫宸殿。至于穆宗在紫宸殿举行册太子的典仪，那是因为穆宗中风，行动不便，权宜行事而已，并非制度性安排。懿宗咸通元年（860）的元日朝会在紫宸殿举行，其原因也不清楚。至于德宗贞元九年（793）元日朝贺的地点，《唐会要》卷二十四记作紫宸殿，《册府元龟》卷一百七则记作含元殿，据此次朝会德宗所做《元日退朝观军仗归营》诗看，其排仗、场面极大，很可能是在含元殿，而非紫宸殿，在此暂且不作结论。

　　唐人段安节《乐府杂录》之"驱傩"条记："侲子，五百小儿为之，衣朱褶素襦，戴面具以晦日于紫宸殿前傩，张宫悬乐，太常卿及少卿押乐正到西阁门，丞并太乐署令、鼓吹署令、协律郎并押乐在殿前。"所谓"傩"，是一种传统的法术之戏，属民俗范畴。人们请巫（女）觋（男）舞蹈作法，配以鼓乐震响，祈望将居所的鬼恶疫害驱除干净。唐朝宫中的此项活动固定在每岁除夕举行，大明宫的驱傩场所在紫宸殿院。为此，太常寺要提前编排乐舞程序，并在"岁除前一日，于右金吾（仗院）、龙尾道下重阅"，也就是先要在含元殿前试演，才于岁末晦日（每月末日）在紫宸殿院正式举办。这条史料表明，紫宸殿是后宫的中心，在这里驱傩，整个后宫就会安定祥和，同时也反映了唐代宫廷生活面貌之一斑。

传存至今的唐诗，既是文学作品，更是诗史，其中相当数量的篇章涉及大明宫，仅以朝会为主题的就有数百首，从中可以领略大明宫的建筑布局和宫廷礼仪制度。有些诗句就像一部大型纪录片跳动的片花一样，从不同视角摄录紫宸殿朝会的真实场景，但又一晃而过，令人遐想无限。乾元元年（758）春季杜甫在门下省任左拾遗时作有《紫宸殿退朝口号》诗，记录了某次入阁的全过程，兹录如下："户外昭容紫袖垂，双瞻御座引朝仪。香飘合殿春风转，花覆千官淑景移。昼漏希闻高阁报，天颜有喜近臣知。宫中每出归东省，会送夔龙集凤池。"（《全唐诗》卷二二五）

紫宸殿的功用及其朝仪制度，是一个极具学术意义的重要课题，目前已见马得志和马洪路《唐代长安宫廷史话》、杨希义《大明宫史话》、杜文玉《大明宫研究》等书都有专门章节述及，但仍有深入发掘史料、继续讨论的空间。

第七章

麟 德 殿 遗 址

忧勤承圣绪，开泰喜时康。

恭己临群后，垂衣御八荒。

务闲春向暮，朝罢日犹长。

紫殿初筵列，彤庭广乐张。

成功归辅弼，致理赖忠良。

共此欢娱事，千秋乐未央。

德宗李适 《麟德殿宴百僚》

（《全唐诗》卷四）

麟德殿是大明宫的一座重要殿宇，因建筑结构繁复，规模宏大，形式奇特，与含元殿等同列唐代建筑之经典，又因相关史料丰富而称誉中国古建筑史。麟德殿遗址是大明宫遗址中保存最完整的一处殿堂遗址，经20世纪50年代全面发掘后得到确认。目前，实施"遗址保护性复原"工程后的麟德殿遗址，已对公众开放。

一、麟德殿的建造与毁圮

史籍中涉及麟德殿的史料极为丰富，其中绝大多数是皇帝亲临活动的记录，对其营造过程和毁圮的情况却未见有具体、直接记述，只能依据相关史料作出推断。

麟德殿创建于高宗时期，这没有任何疑问，具体年份则需要讨论清楚。《旧唐书》卷五记：上元元年（674）"九月辛亥，百僚具新服，上宴之于麟德殿"。这是一次较早在麟德殿举行的宴会。《册府元龟》卷一百一十对这次宴会有更为详细的记载："帝御麟德殿之景云阁，以宴群臣。"从中可知麟德殿有阁楼，名景云阁。查《册府元龟》同卷中另有一条更早在景云阁设宴的史料：乾封元年（666）四月八日，高宗由洛阳返回长安，"先谒太庙，是日御景云阁宴群臣，设九部乐，颁赐采各有差。"这次麟德殿景云阁的宴会比上元元年那次宴会要早八年多。根据高宗麟德二年（665）正月行幸洛阳和此时回到长安的行程，再参照龙朔二年（662）起大规模营造大明宫的进程，可以肯定这次宴会是麟德殿建成之后举行的第一次盛大活动，说明麟德殿在此前不久、即乾封元年（666）年初刚刚竣工。可见这次宴会非同寻常，既是高宗东封泰山回到长安的当晚，与百官一起接风洗尘，欢洽良宵，又兼有邀集文武百官游览观赏这所新落成殿堂的用意。

高宗缘何在大明宫全面竣成之后，又紧接着建造麟德殿呢，《册府元龟》卷二十四记述了一件重要事情：龙朔三年（663）十二月二十六日，"绛州麟见于介山，含元殿前、银台门内并睹麟迹，改来年正月为麟德元年。"文中所说的"麟"，就是麒麟，即上古神话传说中的一种奇异之兽，"麟迹"就是麒麟的趾印。按照唐朝典制，"麟迹"显现是瑞象之一，属于三瑞（大瑞、上瑞、下瑞）之大瑞，异常重要，应当"随即表奏，文武百僚诣阙奉贺"（《唐六典》卷四）。正因为如此，高宗就大明宫出现"麟迹"瑞象，当即做出两项决定，一是改年号，将"龙朔"改为"麟德"；二是在右银台门内"麟迹"显现地点建造一座殿堂，取名"麟德"。可见，无论年号、殿名、还是殿址的定位，都出于因应祥瑞，并非像某些著述所说的以年号命殿名，当然也不是以殿名取年号。这条史料不仅揭示了营造麟德殿的起因，也是其建造时间的一个有力佐证。参照唐代营造一座普通殿堂一般需要数月工期（不包括备料），像麟德殿这样体量大、用料多、结构复杂的殿堂组群，工期不会少于一年，推测营造工程应当在麟迹显现之后不久的麟德元年（664）和二年（665）进行，并实现竣工。因此，也可以说麟德殿建造于麟德年间（664～665）。应当注意的是，麟德殿现场施工期间，高宗并不在长安（麟德二年正月至乾封元年四月行幸洛阳）。由此，麟德殿与含元殿属于同时期建造，且稍晚一二年，都是大明宫中的早期殿堂。当然，营造宫室是封建帝王的本性追求，瑞象只是一个表面起因，这时建造麟德殿，不过是大明宫营造工程总体计划中的一个后续项目而已。

麟德殿建成之后，就成为宫内的一处重要的大型多功能场所，高宗及以后的皇帝接续不断在这里举行各种活动，直至唐末最终毁于战乱。麟德殿毁圮的具体时间，一直未能查明。按照五代人尉迟偓《中朝故事》卷上"僖皇于麟德殿置宴"的记载，可知僖宗即位初期仍在麟德殿举行宴会，后来黄巢占领长安期间，"九衢三内，宫室宛然"，直至光启二年（886）十二月，长安再次发生战乱，大明宫遭到毁灭性破坏，推测麟德殿与含元殿一样，都最终毁圮于此时。又据考古报告，在遗址基台上发现大量火烧灰烬和变形的砖瓦，似乎说明麟德殿在当时遭到乱军纵火焚烧而遽然毁灭，并非因为年久失修、颓败不堪才被拆除。由此，若以麟德二年（665）建成，光启二年（886）隳废计，麟德殿存在了221个年头。

大约12年之后的光化元年（898），镇国军节度使韩建为昭宗修复大明宫时，麟德殿未能重建，此后昭宗在大明宫的行止中，再未出现麟德殿的殿名，可以为证。不过，昭宗后期在宫中举行重要宴会的场所叫寿春殿（见第二章），有人认为这或许就是重建后的麟德殿，但其位置、建筑形式、功用都不甚清楚，因此，这只能是寿春殿，与原来的麟德殿无关。

在200余年间，麟德殿肯定有过多次修葺缮治，只因文献湮灭，少见记录。《旧唐书》卷一百七十记：宪宗元和十三年（818）二月，"以淮西贼平，因功臣李光颜等来朝，欲开内宴，诏六军修麟德殿之东廊"（也有史料记为"右廊"，即西廊），看来这不过是一次局部修葺，属小修而已，而此前 150 年和此后 70 年的缮治情况都无从知晓。值得注意的是，在麟德殿遗址基台散水之下发现了早期散水遗迹，在殿址的其他部位也发现有改建的迹象，说明麟德殿确实曾被局部修缮和改建乃至大修，至于是否发生过整体重建，既未见到史料载记，也没有考古资料的支持。

二、麟德殿遗址

在唐朝迁都洛阳以后，大明宫沦为废墟，再经后世的长期垦殖，宫区又变成农田，只有部分夯土构造体得以保存下来。20 世纪 50 年代初期，麟德殿遗址在地图上只是一个标识为 414 米高程的大土丘，比周围龙首原上平地高出 4 米左右，属于附近联志村村民的耕地。因地下夯土土质坚硬，土层中混杂有大量砖块瓦砾，无法引水浇灌，极不利于农作物生长。1957 年初，中国科学院考古研究所派出以马得志先生为领队的考古队，开展大明宫遗址田野考古调查，其中麟德殿遗址的全面发掘开始于 1957 年 12 月，至 1959 年 5 月，野外工作基本结束。这次发掘作业持续时间较长，发掘面积为 10000 余平方米，取得重大成果，既查清了麟德殿遗址的基本结构和保存状况，也获取了大量文物标本。考古成果在随后出版的《唐长安大明宫》（科学出版社，1959 年）中国田野考古报告集中发布。

20 世纪 80 年代初，为制定麟德殿遗址保护方案，又对遗址进行局部复掘和续掘，核查了部分数据，也有了一些新的发现，如确认结邻楼（西）的登台坡道位于基台西端的北边，而非南边，与郁仪楼（东）的坡道对称相反。还发现了早期散水遗迹和两楼基台内拐角处的小阳角结构等，既是发掘资料的补充，也深化了对遗址的认识。

考古资料表明，麟德殿遗址的主体结构是一个坐北朝南的大型长方形夯土基台。实测基台通高 2.5 米，分为上下两层。下层台南北长 130.41 米，东西宽 77.55 米，高 1.4 米，占地面积达 10113 平方米，基台四面侧壁用条砖砌筑，砖壁下残存散水遗迹。需要说明的是，1981 年在西亭南边的殿基台散水下边 0.6 米层位发现有早期散水，似乎说明后期抬高了殿院的地平，反映了麟德殿修缮或被改建的情况。

上层大台南北长 101.75 米，东西宽 65.15 米，高 1.1 米，面积 6629

平方米，四面侧壁见包砖。上层台较下层台适量收小，南边收进 8 米，东西两边各收进 6.2 米，北边收进 20.66 米，形成一周宽展的阶台，阶面用 0.33 米见方的莲花方砖铺排，铺砖地面尚有成片残留。

上层台阶之上，即是殿堂地面，在 6629 平方米的平台上分布着 192 个石柱础（或础坑），排列成南北 17 排，东西 12 列。其中南起第三排仅有 6 柱，东边和西边各 3 柱，中间 6 柱位置不见柱础痕迹，应该是为了满足特定需要，提高室内空间的使用性能，在构造上采用减柱作法所致。最北边的三排则每排只有 10 柱，东西两边各少 1 柱。台基上的这些石柱础保存状况极差，绝大多仅存础坑或础石破裂后的碎石而已，只有第十六排西起第五个柱础保存基本完好，而且未曾扰动移位，尤显珍贵。此石础为方形，边长 1.2 米，惜础面破损，形制不清，唯中心有一榫洞，洞径 0.15 米，柱径则无法测定，推测当与含元殿内槽柱相仿，柱径接近 0.72 米，合唐尺 2 尺 4 寸。殿基台大量础石的遗失，怀疑在唐末或后世被移作他用。另外，在第一排础位的南边，还有一排与础位相对应的 12 个柱洞，据复原研究成果，设定为支撑殿前遮檐的立柱遗迹。

麟德殿柱础排列状况表明，麟德殿通面面阔 11 间，东边间的间阔为 5.5 米，西边间的间阔为 5.35 米，中间各间均为 5.3 米，因两边间为满间夯筑山墙，殿内实用 9 间。南北通进深 16 间，间深则各间不尽相同，南起第一、四、五、七、八、九间为 5 米，第二、三间为 4.25 米，第六、十间为 4.65 米，第十一间为 4.4 米，第十二间及以北各间均为 5.3 米。最北边的三间、即第十四、十五、十六间较为特别，两边无有山墙，东西通面阔为九间。

除柱础和础位痕迹之外，殿面上还分布着夯土构筑的东西山墙和室内隔墙的残墙遗迹，残墙保存最高处只有 0.6 米，部分墙根部残存的抹白灰墙面和紫红色地脚线依然清晰可见。这些残墙与柱础遗迹，对于殿堂布局和结构的复原研究，十分重要。地面铺砌用的砖材和石材也遗留较多，特别是一种 0.55 米见方、厚约 0.09 米的青蓝色磨光方砖，表面光洁，黑中透亮，质地精良，极为罕见，据说采用青辊工艺所造，而石铺地面则很可能是部分早期砖地面铺砌损坏以后才改用石材铺设。在西山墙北端处，还发现一个砖砌的盆形建筑遗迹，盆底径 1.8 米，口径 2.1 米，深 0.33 米，做工异常精致。在此砖盆西边的下层台阶上，发现有两眼水井，经鉴定为唐井无疑，似乎为此殿用水而凿置，或与此砖盆有关。南起第五间东西两端处，山墙断开一间，有殿堂侧门的遗迹，门外即是30余米长的坡道，坡道上残留有廊柱石础、铺地莲花方砖等遗迹。

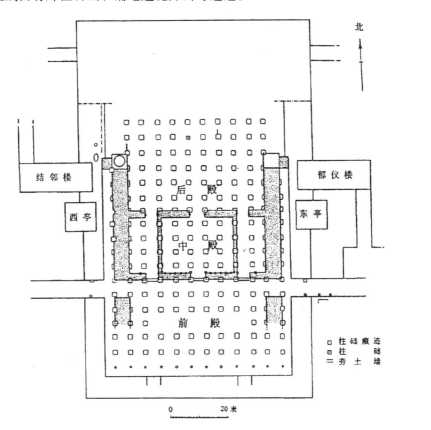

图 7 - 1　麟德殿遗址平面图

　　大台的东西两侧，还有一些附属建筑的基址。在南起第十三间的东边和西边对称位置、距上层台基 2.5 米开外，各有一个东西长 26.3 米、南北宽约 10 米的近似长方形的夯土基台，残存最高处约 5 米，这应当是史籍所记的"结邻楼"（西）和"郁仪楼"（东）的基台，结邻楼登楼的坡道在西端的北边，郁仪楼登楼的坡道则在东端的南边。在两楼基台南边相距 3.8 米处，又各有一个近乎方形的夯土基台，底部东西长 11.5 米，南北宽 10.15 米，各距大殿上层台基 2 米余，残存高度约 5 米，这应当是史籍所记的"东亭"和"西亭"的基台。令人惊喜的是，西亭基台和结邻楼基台之间的夹道中，砖壁、散水及地面铺砌保存较好，还出土了唯一一个完整的石螭首。另外，在麟德殿遗址周边还勘探发现多处建筑基址，因未能发掘，形制不清，也无法判断其与主体遗址之间的关系。

图 7-2　麟德殿遗址出土的象眼石

　　麟德殿遗址还出土了以砖瓦作件、石作件为主的多种类、大数量的建筑构件，有些仍保持原生状态，未曾被扰动，犹如揭开一座唐代建筑构件的标本库。砖作件类有条转、方砖之分，条砖用于砌墙，其中有许多一边厚一边薄的楔形砖，带有工匠姓名的印文砖和手印砖也并不少见。方砖多用于地面铺砌，一般而言，室内铺地用 0.55 米见方的素面（无纹饰）方砖，散水用 0.33 米见方的素面方砖，坡道和阶面用 0.33 米见方的印纹方砖。印纹方砖中莲花纹饰的较为多见，也有蔓草纹、方格纹等品种，推测初建时，统一用莲花方砖，后来维修时，其他纹饰的方砖被掺和使用。瓦作件类分为板瓦、筒瓦两种，其大小薄厚规格较多，板瓦全部破碎，筒瓦有完整的出土，瓦当全部用莲花纹饰。用于屋脊的鸱吻和兽面砖也有出土，可惜全部为碎片。石作件类除柱础、压阶石之外，尚有少见的螭首、垂石、象眼石等标本出土。另外，泡钉、铁钉也有发现。由于岁月久远，不易保存，木作件已完全无存。

　　麟德殿遗址是大明宫遗址范围内保存状况最好的一处殿堂遗址，遗迹结构关系基本清楚，出土建筑构件标本种类齐全，为唐代建筑学研究提供了珍贵的实物资料和丰富信息。

三、麟德殿的复原研究

麟德殿遗址考古成果发布后，在学界引起广泛注意，人们为这处罕见的唐代大型殿堂建筑遗址所倾倒。一些古建筑专家积极开展复原研究，较早有郭湖生《麟德殿遗址的意义和初步分析》（《考古》1961 第 11 期），刘致平、傅熹年《麟德殿复原的初步研究》（《考古》1963 第 7 期）等篇研究报告相继发表。至 20 世纪 80 年代初，杨鸿勋先生也亲临发掘现场，综合新、旧考古资料，深入研究，发表了《唐大明宫麟德殿复原研究阶段报告》（《建筑考古学论文集》，文物出版社，1987 年）。无论考古成果，还是复原研究成果都对揭示麟德殿的整体面貌和基本结构，具有重大学术意义。

麟德殿复原研究成果的要点如下：

第一，麟德殿坐落在大明宫右银台门内东北近处的龙首原北坡之上，东边直面太液池，西边近于西宫城，相距约 90 米，西南距右银台门 200 余米。此区位地形较为特别，龙首原北坡坡线在金銮坡附近拐向北行，在麟德殿东北百米开外再折向西行，因此，殿址的东畔和北畔都是自然形成的陡坡，从东面和北面的坡下仰望，更显得殿宇耸然卓立，气势非凡。可以想见，入殿登阁，环顾四周，坡下太液池的湖光波色，一览无余，整个宫区的大部分可尽收眼底。据相关史料所记，麟德殿周边不远处当有金銮殿、会庆亭、仙居殿、左藏库、少阳院等建置。又据《唐会要》卷五十七"翰林院"条记："翰林院者，本在银台门内。麟德殿西厢重廊之后。"由此可知翰林院位于麟德殿西边不远处，但"西厢重廊"的准确意思及二者的位置关系如何，目前还难详究竟。

第二，麟德殿继承了古代宫殿高台建筑的传统，将殿堂架构在两重平台之上，既显高敞崇重，又具有防潮、防雨水侵蚀和增强荷载，使建筑更具稳定性和抗震的作用。这种重台结构的建筑形式，在大明宫乃至同时代的宫殿建筑中被普遍采用。麟德殿的基台用黄土夯筑而成，基台四周砌筑砖壁，砖壁下用素面方砖铺设散水。下层台阶地面满铺莲花方砖，各层台阶的周边安置压阶石和螭首，再装配望柱和栏杆。完整的压阶石和螭首（包括拐角大螭首）构件标本都有出土，但未发现望柱和栏杆（栏板）类实物构件，推测当时采用木质望柱和栏杆，因此未能保存下来。这些工程营造法式显示了唐代宫殿建筑的时代风貌。

第三，麟德殿主体建筑进深十六间，以前殿、中殿、后殿三殿串联毗接的形式结合而成。按柱网配置和夯土墙的分布可知，前殿进深四间，中殿进深五间，后殿进深三间，均面阔十一间，两边间为满间夯土，实用九间。后殿北边的三间，面阔只有九间，其东、西、北三面无墙，但发现有木隔断痕迹，被认定为史籍所记之"障日阁"。前殿与中殿之间用一间东西过道相隔，过道两端设门，推测这一过道极可能就是史籍所记之"横廊"，按唐人小说《松窗杂录》所记，横廊侧壁曾长期悬挂当时著名画家程伯仪所绘巨轴《开元东封图》，此图"为时之宝"（朱景玄《唐朝名画录》），实为称誉当时的大作。横廊东西门外即是登台入殿的坡道，称"漫道"，长30余米，架构有廊庑，廊庑柱础尚有遗存，坡面铺排莲花方砖。三座殿堂前后毗联结构的建筑形式是麟德殿最显著的建筑特征，唐人因此而俗称之为"三殿"，这也是今天认定这处殿址名称的主要依据。

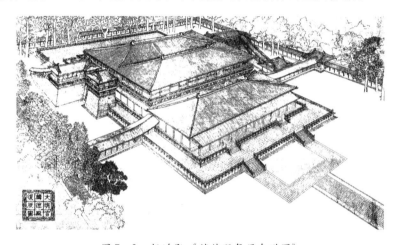

图 7-3　杨鸿勋《麟德殿复原鸟瞰图》

第四，麟德殿是一组巧妙配置、有机结构的建筑组群。除前、中、后三殿及障日阁之外，中殿、后殿之山墙为坚实的满间夯土墙结构，上部应当承载有楼阁建筑，可推断上层构筑的楼阁就是史籍中皇帝设宴的"景云阁"，中殿南隔墙内侧的一排小石础，被认定为登阁的梯道遗迹。景云阁扩大了麟德殿的使用空间，并使主体建筑形成高低错落有致的外观形象。皇帝和宾客登上景云阁，开启户牖，环顾四周，远近风光，尽收眼底，颇有今日旋转餐厅的情境，一边享宴，一边观景，最能激发诗兴，历代皇帝与臣下在麟德殿的应对诗篇，有些一直流传至今。此外，在主体建筑东西两侧，再对称配置郁仪楼和结邻楼、东亭和西亭，用飞桥将楼、亭、阁相互连接，使整个建筑组群浑然一体，对称有序、造型生动。两楼的名称，也有讲究，据宋人程大昌《雍录》考证，郁仪就是奔日的羲和，结邻就是奔月的嫦娥，皆上古神话中的人物。

在麟德殿中，无论是前殿、后殿、景云阁、障日阁，还是两楼、两亭，都可以作为独立的空间单独使用，其中的前殿、景云阁、后殿连同障日阁应当是组群的三个主体空间，成为适用各种活动的场所。景云阁下方之中殿，受多道隔墙和采光所限，实际上仅具有交通前殿与后殿的穿堂功能，从隔墙布局看，穿堂分为东、西、中三道，其中中道穿堂的南边和北边各设有闱门（殿室内门），门框和门枢下部之石作件皆保存完好，未曾移位。

傅熹年《麟德殿复原图》（正立面）

图7-4　傅熹年《麟德殿复原图》（侧立面）

"麟德殿"一名本来只是前殿的称谓，"三殿"才是整个建筑组群的名称，大约二者在使用中逐渐被混用。《玉海》引唐人韦述《两京新记》，说"此殿三面，故以三殿名"（《玉海》卷一百六十）。这句话虽然明确了"三殿"是麟德殿的别称，但这里的"三面"实际上说的是麟德殿（前殿），大约有两重意思：一是说前殿的背面（北面）与中殿相毗接，在周围是无法看到的，只有南、东、西三面亮明；二是前殿有东、西山墙和南檐墙（或隔断），而殿庭后面密近横廊或中殿南墙，无须再设置墙隔，是敞开的，实际只有三面墙隔，这已被考古资料所证明。因此"三面"和"三殿"是两回事，怀疑此条史料的前后句之间有脱句，以致后人长期难以揣透其本意，做出种种离奇的解释。

第五，麟德殿的建筑用材考究、装饰奢华。尽管今天无法看到殿堂上部的木作和装饰，但从遗迹和遗物也可窥知一斑。瓦作件和铺地砖采用青辊工艺制造，表面黑油发亮；大量使用莲花方砖铺设阶地和漫道，富丽华贵；柱础、螭首、象眼石、垂石等石作件雕刻打磨的异常精致；门窗、栏杆等木作必然华美轮奂；白灰粉刷的墙面绘有紫红色的地脚线；墙上张挂着当时的名家画作……，如此等等，不一而足。最令人惊叹的是，传说麟德殿所用木材中有大量的香柏木，木香可随风传扬数里之远。

至于麟德殿四周是否设置有围墙或廊墙，形成殿院，尚有疑点。杨鸿勋和傅熹年的研究，都在复原图上画有廊墙，似嫌依据不足。据考古资料显示，分布在殿址附近的一些零散遗迹，并不成形，难以判断为一周长墙。再说，从附近地形特征以及作为一处大型多功能场所、且殿前可举行马毬表演等多方面考量，推测麟德殿应该是四面敞开的，并无院墙封闭阻隔。

复原研究表明，麟德殿是一座规模宏伟气派、布局规整严谨、结构复杂独特、具有鲜明时代特征的大型殿宇，堪称唐代建筑的杰作，中国古代建筑史上的经典。

四、麟德殿的功用

大明宫中的几十处殿堂，按功用可分为朝殿和寝殿两类，麟德殿具有室内空间宽敞、大室小室配套、服务设施齐备的特点，可供举行各类型宫廷活动，应当属于朝殿性质，但相对含元、宣政、紫宸三大正殿而言，又属于便殿或偏殿。综合史籍中各代皇帝在麟德殿活动的诸多记载，可将其功用大体归纳为以下五个方面：

第一，举行宫廷宴会的场所。

从高宗至僖宗的二百余年间，凡朝寝大明宫的皇帝，都在麟德殿举行过宴会。

高宗建成大明宫后，时常行幸东都和九成宫，武则天长居洛阳，中宗和睿宗在太极宫朝寝，玄宗时多来往于大明、兴庆、华清三宫活动，而且前期宫廷宴场的场所又不大固定，丹凤门楼、含元殿、紫宸殿等场所都有设宴的记录，所以，玄宗及以前在麟德殿设宴的情况实际上并不是很多。大约从肃宗起，或者说在唐朝中、后期，宫内各场所的功用趋于专门化，麟德殿才成为大明宫内相对固定的宴会场所，特别是大型宴会非此莫属，直至唐末。这正好从一个侧面反映了唐代宫廷生活的各项制度日渐变革完备的过程。

如前所述，第一次在麟德殿举行的宴会，是乾封元年（666）四月八日高宗东封泰山回到长安的当天晚上，可以想见，受邀莅临的文武百官在步入这所殿堂，登上景云阁，感受皇帝恩渥的同时，必然会被这座富丽华贵、奇巧绝伦的崭新殿宇所震撼，油然而生万千感慨。在无数次的麟德殿宴会中，规模最大的一次，当数代宗大历三年（768）五月十五日，"宴剑南、陈、郑神策军将士三千五百人于三殿。"（《册府元龟》卷一百一十）可以想见，这些作战有功的神策军将士来到麟德殿，在殿内和殿外各处席地围坐，尽情享受皇帝的赐宴，是何等热烈的场面。大历十三年（778）二月的一次款待百官的麟德殿宴会，竟然"大合乐，凡三日而罢"（《旧唐书》卷十五），不知一次宴会连续在三个晚上进行，还是一场宴会延续三天不曾散席，真是匪夷所思。

宫廷宴会有例行和临时之分。如遇除夕、中和（二月一日）、寒食（清明前一、二日）、上巳（三月三日）、端午、重阳、天子诞日等节庆日，皇帝照例要赐宴臣下。临时设宴则取决于具体事由和皇帝的心绪。每逢麟德殿设宴，皇帝往往要和臣下赋诗酬唱，由此产生了大量诗篇，今天能见到的只是其中的一小部分。玄宗《端午三殿宴群臣探得神字》诗中有句："四时花竞巧，九子粽争新"（《全唐诗》卷三），反映了端午节麟德殿宴会上皇帝与皇子、群臣一起食用粽子的情景。杜审言《蓬莱三殿侍宴奉敕咏终南山应制》诗："北斗挂城边，南山倚殿前。云标金阙迥，树杪玉堂悬。半岭通佳气，中峰绕瑞烟。小臣持献寿，长此戴尧天。"（《全唐诗》卷六二）表明这是在麟德殿举行的一次庆贺皇帝诞日的宴会。

要说对麟德殿宴会精彩场面细致入微的描写，当以张籍的《寒食内宴二首》为最佳："朝光瑞气满宫楼，彩纛鱼龙四面稠。廊下御厨分冷食，殿前香骑逐飞毬。千官尽醉犹教坐，百戏皆呈未放休。共喜拜恩侵夜出，金吾不敢问行由。城阙沉沉向晓寒，恩当令节赐余欢。瑞烟入处开三殿，春雨微时引百官。宝树楼前分绣幕，彩花廊下印华栏。宫筵戏乐年年别，

已得三回对御看。"（《全唐诗》卷三八五）

可以看出，诗人已是第三次享用宫廷寒食宴了，这次赴宴麟德殿，不仅吃了"冷食"，喝了酒，还观看了马毬、百戏表演，当宴会结束，已是深夜时分，带着几分醉意，满怀欣喜步出宫门，在街道上遇见巡夜的金吾卫军士，竟也不放在眼里。

贞元十二年（796）二月的寒食节宴会，与往常稍有不同，德宗皇帝特意在殿内"施画屏风，图汉、魏名臣，仍纪其嘉言美行，题之于下"（《唐会要》卷二十九）。意在邀集宰臣享宴之时，还不忘开展官德教育。

大和六年（832）的寒食节，文宗皇帝照例在麟德殿举行宴会，款待群臣。席间，有艺人表演杂戏，其中有一出诙谐节目名《弄孔子》，文宗说"孔子，古今之师，安得侮渎"（《旧唐书》卷十七下）。遂即命人将这些杂戏人赶走。

麟德殿宴会有何种美味佳肴，今天已难知究竟，好在宋人陶谷《清异录》一书收录了中宗时宰相韦巨源抄写的一份《烧尾宴食单》，一直传留至今，尽管这不是专门记录宫廷宴会的食谱，但大致反映了唐代身居长安的高官、贵族，乃至宫廷的饮食风尚，极具史料价值。食谱中记录有馄饨、龙凤糕、长生粥、乳酿鱼、滑饼、葱醋鸡、生羊脍、含香粽子等五十余种菜名，值得注意的是在粽子后面注有"蜜淋"，即淋敷蜜汁，吃法与今天完全相同。此食单还附录洛阳阊阖门外大街"张手美家"食肆的"随需而供，每节则专卖一物"的节令食物名单，如元日的元阳脔、正月十五的油画明珠、寒食节的冬凌粥、端午的如意圆、中元节（七月十五）的盂兰饼馅等不一而足。

《唐六典》卷十一所记，殿中省下设有尚食局，"掌供天子之常膳，……凡天下诸州进甘滋珍异，皆辨其名数，而谨其储供。"可见这是专门负责皇帝及宫中饮食事务的机构。同书卷十二又记"宫官"设有尚食局，直接为皇帝的烹饪和酒饮服务。另外宫中有口味库，收纳储备各地进贡的珍稀食材，以备宫中取用或赏赐。大明宫西城垣一带出土的大量封泥（用于器皿封口或捆绑物品绳索打结处的白灰泥块），反映了地方进贡土特产品的情况，封泥上有地方官印的印痕和墨书，可辨识的文字有"蜜""酒""木瓜"等特产名称，由此可以想见宫廷宴会的丰盛程度。

第二，会见周边民族政权和外国使节的场所。

周边民族政权和外国使节来到都城长安朝觐和贡献方物，除参加元日、冬至朝贺仪式外，在抵达之初和返程之前，皇帝往往要亲自会见，并赐宴颁物，以示泱泱大国的富庶强盛和宽厚优容。文献中有关皇帝在麟德殿会见来使的记录，异常丰富。长安元年（701）十月至三年（703）十月，武则天由洛阳行幸长安期间，适有日本国"遣其大臣朝臣真人来朝，贡方物"，为此，武则天"宴之麟德殿，授司膳卿而还"。（《唐会要》卷一百）这是唐代中、日交往史上的重要事件，据说这次遣唐使对大明宫乃至长安城进行了全面考察，直接影响到日本七世纪初平城京的规划营造。贞元二十年（804）年底，德宗皇帝也曾在麟德殿接见日本第十七次遣唐使节，并赐宴颁物。

玄宗即位后，在迁居大明宫之前的开元元年（713）十二月，就曾在麟德殿会见吐蕃"求和"使者，并设宴款待。宪宗元和八年（813）四月，"回鹘请和亲，使伊难珠还蕃，宴于三殿，赐以银器缯帛"（《旧唐书》卷一百九十五）。穆宗长庆二年（822）全年在麟德殿会见、宴请各国使节的记录保存完整，共有五次，正月二十日是渤海国来使，六月八日是吐蕃使者，八月二十四日同样是吐蕃使者五十人，九月三十日是阴山府沙陀突厥兵马使朱邪执宜，闰十月二十五日是回纥使者。也有皇帝在麟德殿一次会见多国使节的情况，如武宗会昌六年（846）正月十七日，"南诏、契丹、室韦、渤海、牂柯、昆明等国遣使入朝，对于麟德殿"（《旧唐书》卷十八上）。一次会见了六国元日贺正的使节。

德宗时，回纥武义成功可汗请和亲，皇帝许以亲生第八女咸安公主出降和蕃。贞元三年（787）八月，德宗命公主于麟德殿面见回纥使者，并让使者将赐予可汗的公主画像奉回。次年十一月，包括两位回纥公主在内的庞大的迎亲使团到达长安，被安顿于鸿胪寺，改日，德宗先于宣政殿正式会见使节，然后又"召回纥公主及使，对于麟德殿，颁赐有差"（《唐会要》卷九十八）。遂以礼派遣使节陪送公主至于蕃地。

史籍中此类记载很多，表明麟德殿也是各代皇帝在宫内的一处重要外事活动场所。

第三，召对臣下的场所。

特别情况下，皇帝也在麟德殿召见宰臣商讨国家大事。外放朝官和朝觐外官，也往往会在这里辞行或谨见。宪宗时，赵昌"出为华州刺史，对麟德殿"（《新唐书》卷十七）。穆宗长庆二年（822）"三月戊申，裴度来朝，对于麟德殿"（《旧唐书》卷十六）。同年，出使吐蕃的刘元鼎返回长安后，在麟德殿向穆宗详细奏报出使详情以及沿途所见之山川人文。像这种小范围会见臣下的情况，有时会在殿旁的东亭或西亭进行，顺宗皇帝长期疾病在身，不能正常亲政，往往委由太子（宪宗）处理朝政，有一次，"皇太子于麟德殿西亭见奏事官"（《旧唐书》卷十四）。

元和九年（814）三月的一天，宪宗在麟德殿特别召见大理卿裴棠棣之子裴损和昭应县令杜式方之子杜悰，当面将陈留公主和岐阳公主分别许配给二人。元和十三年（818）二月的一天，宪宗临御麟德殿，召对张仲素、段文昌等数位翰林学士，奖赐他们在平定叛军过程中"奉书诏之勤"的功劳。

图7-5　麟德殿遗址保护工程（正面）

第四，乐舞表演和娱乐之场所。

麟德殿是大明宫内主要的娱乐场所，经常举行乐舞、百戏或体育表演，皇帝不仅是观赏者，也往往参与作乐。穆宗长庆元年（821）"二月丙子，上观杂伎乐于麟德殿，欢甚"（《旧唐书》卷十六）。敬宗宝历二年（826）六月"甲子，上御三殿，观两军、教坊、内园分朋驴鞠、角抵，戏酣，有碎首折臂者，至一更二更方罢"（《旧唐书》卷十七下）。有诗人记述了这次活动："马毬驴鞠两棚支，罨画轻衫漾晚飔。三殿灯光明似昼，归来已是夜深时。"（《全史宫词》卷十三）诗中所言"罨画轻衫"，据说是打毬的专用服装。麟德殿前场地宽敞，可以开展马毬和鞠毬运动，史籍中皇帝在此观看或参与这类娱乐的记载很多，如《唐语林》卷五记"玄宗尝三殿打毬，荣王堕马闷绝。"贞元四年（788）二月十九日，德宗在麟德殿举行鞠毬大会，由宰臣李晟、马燧亲自和其他军将作表演比赛。

麟德殿设宴，常有各种表演助兴。贞元四年（788）三月六日，德宗在麟德殿设宴款待百官，不仅设九部乐，还牵出驯养在宫中的舞马进行精彩表演。贞元十四年（798）二月七日，德宗"御麟德殿，宴文武百僚，初奏《破阵乐》，遍奏《九部乐》，及宫中歌舞妓十数人列于庭"（《旧唐书》卷十三），用音乐舞蹈为百官享宴助兴。曾经出席过德宗举行的麟德殿宴会的诗人卢纶有《奉和圣制麟德殿宴百僚》（《全唐诗》卷二七六）诗，其中"蛮夷陪作位，犀象舞成行"的诗句，记录了当时将南方蕃国进贡的犀牛和大象牵引到麟德殿进行精彩驯兽表演，令参宴的官员大开眼界。

麟德殿也是举行宫廷音乐演示的专门场所。太和九年（835）五月十三日，文宗皇帝在麟德殿"亲阅"了"云韶乐工三百八十八人"（《册府元龟》卷五百六十九）的演出，这显然是一次大型交响音乐会。异域进献的乐舞也多在麟德殿为皇帝献演，德宗贞元十六年（800）正月，"南诏献《奉圣乐舞曲》，上阅于麟德殿前"（《旧唐书》卷十三）。某些蕃国向大唐皇帝进献贡品之外，还会将舞女随贡，西域诸国有进献胡旋女的，而渤海国在大历十二年（777）遣使献日本舞女十一人，不知这些舞女是如何从日本到渤海国，再来到大唐国都的，想必她们也在麟德殿表演过具有异域风情的舞艺。

唐朝皇帝中通晓音律者，并非玄宗一人，肃宗也很在行。乾元元年（758）三月，"肃宗以太常旧钟磬，自隋以来，所传五声，或有差错，……每听乐声，或宫商不伦，或钟磬失度"，决定将太常寺的钟磬和乐工一并移集宫内，亲自参与考击调试，"审知差错，然后令再造及磨刻"，为此费去数日工夫，至"二十五日，一部先毕，召太常乐工，上临三殿亲观考击，皆合五音，送太常"。（《通典》卷一百四十三）皇帝亲自在麟德殿审定太常寺太乐署、鼓吹署乐器，应该是唐代礼乐制度建设方面的一次重要事件。

麟德殿往往还是珍稀异物、奇巧创造的展陈场所。据记载，麟德殿殿庭竟然摆放着一具五十尺长的"仙槎"（见程鸿诏《唐两京城坊考校补记》），这很可能是人类最早的木制飞船模型。元和十年（815），宪宗曾在麟德殿观看新制作的指南车和记里鼓车两件当时的高科技产品。

图 7 - 6　麟德殿遗址保护工程（漫道）

第五，设道场和三教讲论的场所。

唐朝皇帝大多尊崇佛教和道教，大明宫内除有固定的佛寺和道观外，还时常开设临时道场，举行祭祀、祈福、剃度、斋戒、饭僧、受箓、讲论等佛、道二教的仪式，麟德殿便是大明宫内设置临时道场的场所之一。据《册府元龟》卷五十四记，乾元二年（759）十一月，肃宗招道士在"大明宫三殿前设河图罗天大醮"道场，此时正值平定安史叛军时期，显然是祈求神灵护国克敌。宪宗礼遇高僧，曾诏召章敬寺僧怀晖"入麟德殿赐斋，推居上座"；诏兴善寺僧惟宽入宫，"问道于麟德殿"。武宗崇道抑佛，广招道士进宫，会昌元年（841）六月，道士赵归真等八十一人在麟德殿造"九天坛道场"，皇帝"驾幸三殿"，亲受符箓。

唐朝前期，遇皇帝诞降日，大多给百官放假或赐宴，以示庆贺。开元十七年（729）玄宗敕准将自己的诞日八月五日定为千秋节，至天宝七载（748）又改为天长节，始开将皇帝诞日设定为节庆日之先河。肃宗诞节曾于麟德殿设佛教道场，诵经祈福。代宗诞日则广度僧、道，也曾在麟德殿设三百五十人斋会。从德宗起，则诏儒、释、道三教大德到麟德殿讲学辩论，贞元十二年（796）四月庚辰，"帝以诞日，岁岁诏佛、老者大论麟德殿，并召（徐）岱及赵需、许孟容、韦渠牟讲说，始三家若矛楯然，卒而同归于善，帝大悦，赉予有差。"（《新唐书》卷一百六十一）这是儒学大家首次参与麟德殿诞节讲论活动。大和元年（827）十月十日，文宗诞日，白居易代表儒家参加了麟德殿举行的三教讲论。其实，唐代皇帝在宫中主持"三教论衡"活动，早在高祖、太宗时已有实行，但作为皇帝诞节的纪念活动，在麟德殿举行三教讲论，今人多认为始于德宗，以后各代唐皇多行此活动。

除上述五个方面主要功用之外，如命妇朝参、公主出降及其他典仪，也有在麟德殿举行的，可见，麟德殿是大明宫内一处名副其实的大型多功能活动场所。

五、麟德殿遗址的保护与利用

麟德殿遗址考古发掘结束后，只进行了简单的覆土回填保护。20世纪60年代初，西安市政府拨出款项，由文化局组织实施，征购麟德殿遗址本体和近围土地3.38公顷，作为遗址保护用地，同时在外围构筑了简易的夯土围墙，树立保护标志，当时的文物管理委员会还派出专人驻现场看管。1981年大明宫遗址保管所成立后，一直在麟德殿遗址旁边的几间平房里办公。20世纪80年代初，市政府又拨款将麟德殿遗址四周残破的土围墙更新为800余米的砖围墙，在遗址南边配置了300平方米的仿古式展厅，布置简单陈列，随后，西安市政府又新建成200余米专用道路，与城市道路相接。

图7-7 麟德殿遗址（第一期保护工程实施后）

1984年，为探索大遗址保护和利用的途径，国家文物局将麟德殿遗址作为土质遗址保护利用的试点，下拨专项资金，实施麟德殿遗址保护工程。当时按照专家意见，决定采用"遗址保护性复原"的方式，责成古建专家杨鸿勋主持制定保护方案和工程设计，由考古所马得志主持考古复掘和现场指导，并由大明宫遗址保管所组织实施。经过1984年至1986年期间的施工，完成了前殿部分的保护工程（第一期工程），并对近围环境进行初步整理，基本具备开放条件，开始接待国内外观众参观。

2005年，随着含元殿遗址保护工程的完工，国家文物局又审核批准了西安市文物局关于全面完成麟德殿遗址保护工程的报告，再次下拨专项资金，全面实施麟德殿遗址保护的后续工程。这项工程的施工设计和工程监理由陕西省古建设计研究所承担，大明宫遗址保管所负责现场施工的组织管理，中社科院考古研究所唐城工作队承担现场清理、定点放线、提供相关发掘资料，西安市古建公司承担土建施工作业。从2005年4月开始现场施工，至2006年11月按计划实现全面竣工，共费时20个月。

所谓"遗址保护性复原"的方式，是将遗址封闭保护在仿唐砖石砌体内实现有效保护，既隔绝人为和自然力的影响，又复原出遗址的整体布局和结构，并通过展示窗揭露展示柱础、唐地面铺设等局部遗迹，使参观者能够深入了解遗址面貌及其文物内涵，再配置室内展陈，使社会教育作用得到充分发挥。这种保护方式的有效性、可行性、完全可逆性对同类型遗址具有广泛适用和示范意义，可以说，这是大明宫遗址范围内最成功的一项单体遗址保护工程。

2005年，西安市政府决定实施大明宫环境整治项目，再次征购麟德殿遗址外围土地约10公顷，清除附近常年堆积的大量垃圾，进行大范围绿化，使周边环境风貌得到明显改善。2010年10月1日，全面建成大明宫考古遗址公园，实施保护工程的麟德殿遗址又成为公园中一处重要景观，每天都有大量参观者前来观览这处盛唐建筑遗址的风采。

麟德殿作为唐时代的著名建筑，其遗址又能较为完整的保存至今，再加上古建筑专家的复原研究成果，引发了某些人重建麟德殿的期望。为此，考古和文物界的专家提出了明确的意见：1.麟德殿遗址本体只能作遗址保护，不宜实施其他任何与保护无关的附加建设工程；2.不反对复原麟德殿，但可采取易地重建的方式，使遗址与复原的建筑两相对照，满足观众的观览愿望；3.如果在大明宫遗址范围内，用传统材料、传统技术、传统工艺复原麟德殿，那绝不是一个简单平常的古建工程，而是一项严肃的学术研究课题，应当谨慎对待。如果在大明宫之外用现代材料建设所谓的麟德殿，只能是一个实用的现代仿古建筑，与麟德殿遗址无关。

第八章

太液池与龙首支渠遗址

宫连太液见苍波，暑气微清秋意多。

一夜轻风蘋未起，露珠翻尽满池荷。

王涯《秋思》

（《全唐诗》卷二三）

大明宫的太液池和龙首支渠，史籍有明确记载。20世纪初相继对这两大水体遗址进行勘探和局部发掘，查清了范围、布局、遗址结构及保存状况，填补了大明宫遗址的考古空白，也为中国古代宫室水系制度的学术研究提供了极其重要的最新实物资料。大明宫太液池继承西汉建章宫太液池"一池三岛"的形制，成为后世宫池建设的范本。大明宫"南渠北池"的水系布局制度，对后世宫室水系规划产生了深远影响。

一、太液池的浚成时间

大明宫的太液池，既有史籍明确记载，又有考古资料证实，其真实性毋庸置疑，只是浚成时间尚有疑点。今人的著述，大多认为太液池浚成于高宗龙朔年间，但缺少有力证据，实为推测。如本书所述，大明宫先后经过贞观九年（635）、贞观二十年（646）、龙朔二年（662）三次大规模建设，方才实现全面竣工，那么，太液池到底浚成于哪个时期，有必要探究清楚。

太宗贞观九年（635）初创大明宫之时，作为太上皇的养老之所，山池胜景必然已在规划之中，只因太上皇当年五月患病辞世，建设工程只进行四五个月便遽然中止，因此，太液池在此期间浚成的可能性极小。太宗贞观二十年（646）第二次营造大明宫，时称北阙，并于十月迁入居住，此后一两年间，又在宫内多有营造。据《玉海》卷一百五十九引《太宗实录》的记载，此期间曾在都城建造飞霜殿和开浚洁渌池，虽然二者的具体地点并未交代明白，但肯定在城北禁苑之中，后来又下落不明，或许就是北阙中的建置。当然，此时的洁渌池与后来的太液池有无关系，目前还不能妄断，只是提出一个线索罢了。

宋人程大昌《雍录》卷三说：高宗"就修大明宫，改名蓬莱宫，取殿后蓬莱池为名也"。此说不知源自何处，细揣其文意，无非是说蓬莱池在高宗龙朔二年（662）四月更改宫名之前早已存在，显然，程大昌认为蓬莱池开浚于此前的太宗时期，而非高宗时期。

高宗龙朔二年（662）四月将大明宫改称蓬莱宫，迁入居住，以宫内刚落成的含凉殿作为武皇后的寝居之所，当时武氏已有数月身孕，一个多月之后的六月一日，便在含凉殿生下皇子旭轮（睿宗李旦）。按各书所记，含凉殿就坐落在太液池畔（北岸或南岸），这又从另一侧面证明龙朔二年

（662）建造含凉殿乃至大规模续造大明宫时，太液池确实早已存在。

分析大明宫营造过程的种种迹象，可推定太液池浚成于太宗晚年，即第二次营造大明宫时期，此种推定无疑是可信的结论。

太液池的名称，也是一个问题。太宗晚年浚造此池时，其名称如何，目前未能查检到更多史料，难以作出认定，暂且存疑。高宗时期及以后，史籍往往将"蓬莱"和"太液"两名混用，对此，似有澄清的必要。神龙三年（707）正月七日，中宗皇帝从太极宫来到大明宫，与重臣欢宴清晖阁，有应制诗流传至今，其中宗楚客诗章有佳句"太液天为水，蓬莱雪作山"（《全唐诗》卷四六）。诗句把池沼称为"太液"，把岛山称为"蓬莱"，这应当是一个标准的表述。再说，大明宫继承西汉建章宫之宫池体例，名称也应当沿用"太液"之称。此外，将蓬莱岛上的亭子命名为"太液亭"，也是取自池名。不排除许多史料或诗文作品往往将二者不加区分或混称混用，如郑嵎《津阳门诗》"蓬莱池上望秋月，无云万里悬清晖"（《全唐诗》卷五六七）。至于程大昌所言的高宗改大明宫为蓬莱宫，"取殿后蓬莱池为名"的说法，也未必可信，按《册府元龟》卷五十二"太宗皇帝先置毗沙门神及功德在蓬莱殿"的记载，宫中早已有蓬莱殿，改名也可能取自殿名，查诸历代宫室，将宫名与主殿名一体化的例子并不鲜见。

太液池的湮废时间同样难以说清，推测天祐迁都（904）之后，驻守长安城的佑国军节度使兼京兆尹韩建缩建旧城，将原皇城改造为新城，旧城大部包括大明宫被废弃郊野，有用的材料也被拆卸，移作他用，此后不久，太液池的渠道和水面逐渐填掩壅塞，不及疏浚，久之而荒废，唯留池岸及岛山等遗迹。由此，初步推定大明宫的水体湮废于唐朝末年以至五代时期。

二、太液池遗址的考古发掘

大明宫遗址范围内有孙家湾村（民国地图为"孙家凸村"），村区以南至龙首原北坡之间东西近千米的田地即是太液池遗址。这里的地形，明显呈现低洼状，池岸走向清晰可辨，只因岁月弥久，沧桑更替，池水早已干涸，复垦为农田，种植庄稼和果木。20 世纪 80 年代以来，随着孙家湾村人口的逐渐增加和村区的不断扩展，再加上太华路西畔土地的无序开发，形成建材市场，池址的东边部分已逐渐被现代村民住宅和商业建筑占压，使地形地貌发生明显变化，地层关系受到较大扰动。

图 8-1　1908 年的太液池蓬莱岛遗址（足立喜六摄）

　　孙家湾村区南边不远处有一座香火旺盛的小庙，民间称为"药王庙"，庙院正殿内连通一个称为"药王洞"的土窑洞，洞内供奉孙思邈塑像，逢每月初一、十五，远近信众多来上香祈药，每年还定期举办多场庙会。相传孙思邈为初唐时期的著名医药学家，行世 100 余岁，颇受唐太宗推崇，曾为唐高宗和武则天疗疾，因此广受民间祀奉。此处所谓的药王洞，实际上是利用太液池中的蓬莱岛夯土基台凿掘而成。清人王森文于嘉庆十一年（1806）冬踏察大明宫遗址时，就见到"池东小丘名药王洞，有碑云是太液池旧亭。"（《唐长安大明宫》考古报告集附录《汉唐都城图》）日本人足立喜六 1908 年 7 月 11 日考察大明宫遗址时拍摄有此庙照片，并亲眼看见庙前立有乾隆四十二年（1777）十月所刻立的"重修药王洞观音大士殿记"旧碑，碑文称："余乡之药王洞观音大士殿，自康熙十年岁次辛亥创修治，其地基盖人唐蓬莱殿后太液池畔台榭旧址也。"（足立喜六《长安史迹研究》第八章，三秦出版社，2021 年）查康熙十年即是公元 1671 年，可见这所小庙由来已久，迄今已有近 350 年历史。可惜这一碑石现今已不知所在，或已损坏销毁。大约在 20 世纪 50 年代，此庙被废除，一度改作村办小学校使用，在夯土基台旁边新建数间平房作校舍。20 世纪 90 年代村民又逐渐恢复庙宇，洞内重塑药王孙思邈坐像及二侍童立像，还延请道士驻庙，使香火延续不绝。2009 年全面建设大明宫遗址公园之际，孙家湾村已被整体搬迁，村区建筑连同药王庙的院墙、房舍等现代建筑物也因建设太液池景观被全部拆除，夯土岛山遗迹在采取堆土掩埋、构筑防水隔离层后，在加高的土台上构筑了一个现代亭式建筑，显示是唐代太液亭景观。

太液池遗址的勘探发掘是整个大明宫遗址考古调查的重要组成部分。从20世纪50年代开始，迄今已先后开展三次集中考古调查。

第一次是在20世纪50年代后期进行的，当时只作了大范围普遍勘探，未予发掘。勘探资料揭示了这处宫池的范围、池岸走向、蓬莱岛的坐落位置、总体布局及遗址保存状况。这次调查成果在1959年出版的《唐长安大明宫》中国田野考古报告集中作简要发布。

图8－2　1957年的太液池蓬莱岛遗址

第二次集中考古调查是在1998～2005年期间进行的。这是一个经国务院特别许可、国家文物局批准的国际合作的考古调查项目。中国社会科学院考古研究所与日本奈良国立文化财研究所出于共同学术意向，以"大明宫太液池遗址研究"为合作课题，组成联合考古队，开展为期五年（2001～2005）的田野工作。在中方领队安家瑶、日方领队金子裕之（先）和岗村道雄（后）主持下，先后在池西岸、东南岸、西北岸、岛岸等处开展了六次发掘，发掘面积总共达18800平方米。考古成果随着发掘进程在《考古》杂志上连续发布。这次发掘成果丰硕而重要，除揭示出池岸和岛岸的结构、出土大量文物标本外，还获取了诸多新发现，解决了多项学术问题，引起学界的广泛关注。另见何岁利《唐长安城池苑建设的成就——谈皇家宫廷池苑大明宫太液池》（西安市城乡建设委员会，西安历史文化名城研究会编《论唐代城市建设》）一文对太液池考古成果亦有不同角度的专门介绍。

2008至2010年期间，为配合大明宫遗址公园建设项目之太液池景观区蓄水工程的实施，又对太液池遗址进行局部发掘，主要是复查了东、西两池之间水渠遗址的线位和结构，重新勘定了东池遗址的范围和布局，并随工清理了池岸上发现的诸多水渠段落、渗井及其他一些零散遗迹，同样取得重要成果。此期间的田野工作可视为太液池遗址的第三次集中考古调查。

考古资料表明，太液池遗址保存较为完整，遗迹遗物埋藏异常丰富，是隋唐时代宫池制度研究的最具代表性实物资料，具有重要的历史、文化、文物和科学价值。由于太液池遗址现已按照遗址公园规划，在采取一定的保护措施后，重新蓄水，成为大明宫遗址公园内的一处大型水体景观，因此，后续的考古工作如何开展，也是一个需要探讨的问题。

图8-3　已被拆除的孙家湾村药王庙（2008）

三、太液池的范围和布局

太液池位于大明宫后寝区，这一位置关系，包括名称在内，都是对汉代建章宫开创的中国古代宫池制度体系的沿袭。由于大明宫利用了龙首原高地这一地形特点，造成宫区地形起伏较大，太液池所在的后宫中部偏东位置，属于龙首原北坡下之平地，以周边地形而论，此池完全属于人工开掘而成，并非自然形成之陂泽，当然，不排除对低隰地形的利用，以避免产生更大土方开掘和搬运的工程量。

考古查明，太液池的布局不同寻常，并非是单一水面，而是分为西池和东池两部分，西池面积较大，应属主体水面。较早的史籍对这一情况并无详细记述，直至清代才见诸载记，雍正《陕西通志》、毕沅《关中胜迹图志》的《东内图》都将太液池池体标识为相邻的两个水池，不知依据所出，也许是按照现场踏察成果所绘。

太液池的范围，仅见元骆天骧《类编长安志》卷三引《宫殿仪》说："周十数顷"。考古实测，西池东西最长485米，南北最宽约310米，平面近似椭圆形，面积约14万平方米，池底最深处低于池岸约5米，推测平均水深约3米。东池南北长约220米，东西宽约150米，面积仅有约3.3万平方米。合计两池的水面为17.3万平方米，约仅占宫区总面积的5.8%，约占后寝区面积的11%。由于20世纪90年代后期太华路西畔土地的无序开发，使东池遗址遭到严重破坏，未能获取更多、更为详尽的田野资料。

第三次的考古成果表明，东池与西池相距约110米，其间分布有多条沟通两池的水渠遗迹，似乎两池之间不止一条水渠，或者水渠曾多次改变线路。其中有一条水渠遗址较为规整，渠宽约3米，渠壁砌砖，渠道上还发现了跨渠的过桥遗迹，说明此处有南北道路经过，这应当是宫区东畔的一条南北干道。

太液池东池与西池是否同时浚成？东池的名称为何？目前未见有人讨论。值得注意的是，《旧唐书》卷十七上记载，宝历二年（826）正月，敬宗"以诸军、丁夫二万，入内穿池修殿"，六月二十五日，敬宗"幸凝碧池，令兵士千余人，于池中取大鱼长大者送入新池"。说明敬宗时曾用半年时间，动用两万人工开掘浚成了一个"新池"。这里提到的凝碧池，肯定是长安宫禁中的一处池沼，具体位置，说法不一，有认为在禁苑的西部，也有认为在东内苑附近，但见唐人李庚（懿宗时人）《两都赋》说："龙道双回，凤门五开，烟笼凝碧，风静蓬莱"（《全唐文》卷七四〇）。文中的"龙道"指含元殿的龙尾道，"凤门"指丹凤门，"蓬莱"指蓬莱池，"凝碧"无疑就是凝碧池，既然前三者都是大明宫的建置，因此推测凝碧池也应当在大明宫内或东内苑中。但见王森文《汉唐都城图》将其标记在东内苑中，并将龙首池、凝碧池、太液池三者直接用水渠连通，这无疑是作者的主观臆断。至于敬宗时掘成的这处"新池"究竟在哪里，是否在大明宫内？名称为何？目前也难以考察清楚。假若东池就是"新池"的话，其应当开掘于晚唐敬宗时期。当然，也不排除东池就是凝碧池的可能，对此，有待查检更多史料和考古资料来证实，不可妄断，目前暂且称"太液东池"为宜。

史载安禄山叛军掳掠梨园乐工，大会凝碧池，乐工雷海清不肯为叛军演奏，将乐器掷于地，被叛军肢解，当时被迫出任伪职的王维听闻此事，作诗"万户伤心生野烟，百僚何日再朝天。秋槐叶落空宫里，凝碧池头奏管弦。"（《全唐诗》卷一二八）唐军收复洛阳后，王维又被唐军俘虏，后因这首诗作而受到肃宗的宽免。各书对这件事的记述颇有不同，多记作"洛阳凝碧池"，但从王谠《唐语林》卷二的录文看，似乎发生在长安，而非洛阳。

中国古代神话中有关东海蓬莱仙境的传说早已有之，据说蓬莱岛上出产长生不老之药，这正好迎合了皇帝追求长生久视的愿望，《史记·秦始皇本纪》载："齐人徐市等上书，言海中有三神山，名曰蓬莱、方丈、瀛洲，仙人居之"。于是才有了秦始皇派人渡海寻求仙人、仙药之举。《三秦记》又说秦始皇在咸阳兰池宫中创建长池，在池中"筑土为蓬莱山，刻石为鲸鱼"（唐徐坚《初学记》卷七）。至汉武帝时，将象征东海仙境的山池布置在建章宫内，开创了以道家学说主导宫室规划和命名的先例。《三辅黄图》卷四引《汉书》说：建章宫太液池"中起三山，以象瀛洲、蓬莱、方丈"。及至唐人李绅《忆春日太液池亭候对》诗，也提到大明宫太液池的三岛："宫莺报晓瑞烟开，三岛灵禽拂水回。桥转彩虹当绮殿，舰浮花鹢近蓬莱。"（《全唐诗》卷四六〇）据此可以断定，唐代太液池与汉代太液池一样，池中也建置有"三岛"，即蓬莱、瀛洲、方丈三座岛山，只是现今太液池遗址范围只能看到一座突兀地上的夯土基台，都认为这就是蓬莱山（岛）遗址，另外两处岛山遗址长期不知所在，直到1998年，才在西池的西北部发现了一处岛形遗址，2009年又在西池东岸近处发现了另一处疑似岛山遗址。这些考古资料说明，大明宫太液池同样布置有三座岛山，布局形制与西汉建章宫太液池之"一池三岛"一脉相承。

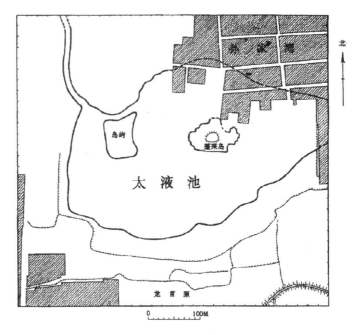

图 8-4 太液池西池遗址平面图

蓬莱岛位于太液池西池中部稍偏东处，岛址底部形状不甚规整，实测东西最长近 100 米，南北最宽 50 余米，面积将近 3000 平方米，岛岸四周堆积有大量石块或卵石铺筑的漫滩。据《旧唐书》卷十七上的记载，蓬莱山上建构有太液亭，太和二年（828）五月，文宗曾亲自收集撰写《尚书》中君臣事迹，命画工图画于太液亭，"朝夕观览"，可见此亭体量较大。庆幸的是太液亭夯土基台至今依然存在，经勘探可知其底部呈方形，边长约30 米，上部则损失较多，残存高度约 8 米，已看不出形制，所以，亭子的建筑情况已无法知晓。20 世纪 90 年代初，村民在岛台上重建亭子，发现夯土台上部残存有砖作铺砌地面，当时未能确定时代。

后来发现的池西北另一处岛山遗址，距池北岸约 10 多米，东西长约70 米，南北宽 50 多米，范围约 3500 平方米，初步推测这处岛山当是瀛洲岛的基址，只是基址残存高度与池岸大致相同，上部遗迹全部损失。分析池岸和岛岸的关系，可知此岛起初与池岸相连，是一个半岛，后来才将二者之间挖断，形成约 70 米长、13 米宽的沟道，后来又在沟道内立柱，架构杆栏式建筑，以使岛、岸相连。沟道中分布着大量柱洞，遗留大量石础，柱洞每两排一组，共16组，把整个70米长的沟道分成15个开间，可见这里曾是一座大型水上建筑。今见杨鸿勋《大明宫》一书对这一水上建筑遗址有复原研究。

2009年，在蓬莱岛与西池东岸之间勘探到一处小型岛屿，因基址十分残破，未能发掘，这是否就是所谓的方丈岛山，目前无法确认。

太液池池岸的结构，大体有两种形式，西池的西岸和北岸，因岸上地形平缓，池岸采用斜坡结构，可称为坡岸；南岸则因岸上坡地较陡，更多采用木桩固岸或用砖石砌筑池岸的方式，或可称之为陡岸，这种陡岸往往又可以设置栈岸或水上码头，以便停靠船只。2005年发掘的西池东南岸的一段池岸遗迹，就发现许多护岸木桩柱洞和木栈道（或码头）结构遗迹。

图8-5　太液池蓬莱岛发掘现场

太液池的水源以及进水和出水的渠道问题，长期为学界所关注。据考古资料，从太液池西池西北角，至于西宫城九仙门以北之间，有一条蜿蜒而行的水渠，长约700米，延伸出城外，达于禁苑之中。另外，在东池的东北岸也发现一处水渠遗迹，延伸至东城垣之外。查诸史籍，虽然对太液池记载较多，但对进水和出水的渠道却鲜有记述，仅有《类编长安志》卷六说：龙首渠"经长乐坡西北，灌凝碧、积翠，西北入大明宫后，灌太液池"。后来的《陕西通志·东内图》、王森文《汉唐都城图》、毕沅的《关中胜迹图志·东内图》都沿用此说，将东内苑中的龙首池与太液池直接用水渠勾连起来。而今人的著述则各持己见，有的认为龙首渠向东北延伸，绕过龙首原东端，再向西南流入太液池。（马正林）也有认为龙首渠流经含元殿前，再向西在大明宫西宫城外附近折向北流，经右银台门外北流，在九仙门附近再折向东，注入太液池。不过，这些认识都属没有考古依据的推测而已。

马得志先生在《唐代长安宫廷史话》中说："从这一带的地势来看，龙首原高出平地十余米，若从龙首渠引水到太液池似不可能。考古工作者在龙首原的南、北两边都进行了勘察，未发现曾有过水渠的痕迹。钻探、发掘的结果表明，太液池的水源来自永安渠。"这里所说的永安渠是指位于禁苑西部的一条由郭城流出，向北经过禁苑汉故城东边，流向渭河的渠道。显然，马先生认为太液池水来自禁苑西部的某水系，而不是直接源自东边的龙首渠水系。当然，龙首渠向西最终与永安等渠汇流后，经过龙首原低缓处（今西安市西北红庙坡以西一带）再北流，经禁苑入渭。

2002年，经过对太液池西池西北处的渠道遗址的不同段落进行发掘和勘测，查明此渠渠底西高东低，确认为进水渠。2009年又对东池东北处的水渠进行勘测，认定为泄水渠。至此，太液池池水的进、出及流向终于查清，确认水流通过西边的水渠注入西池，再经水渠流进东池，最终由东边的排水渠流出东城垣。至于进水渠和出水渠在大明宫之外的来路和去向，尚待继续调查。

四、池岸上的建筑

太液池东、西两池的池岸总长3000余米，四周池岸的地形差异明显，池西岸和池南岸与龙首原北坡坡底相接，池东岸接近东城垣，池北岸至于北城垣间，地形较为平展。据相关史料，太液池池岸上分布有殿堂、廊道、高台、道路等建筑，有的已被考古资料所证实。当然，这些建筑并不是同时或一次建成的，而是各代皇帝在不同时期所添置的。

太液池附近有含凉殿，对其位置，史籍记载不一，有说位于北岸上，也有说位于南岸。据 2003 年太液池考古发掘报告，在西池东南岸阶地上发现了一处殿堂遗址，实测东西长 32 米、南北宽 23 米，按《长安志》"蓬莱（殿）后有含凉殿，殿后有太液池"的记叙，推测为含凉殿遗址。但见《雍录·阁本大明宫图》将此殿标识在太液池北岸。因此，含凉殿的确切位置，还有待进一步查考清楚，不可轻易下结论。（参见第二章）

《开元天宝遗事》卷下记："玄宗八月十五日夜，与贵妃临太液池，凭栏望月不尽，帝意不快，遂敕令左右，于池西岸别筑百尺高台，与吾妃子来年望月。后经禄山之乱，不复置焉，惟有基址而已。"从时间推断，这处望月高台应当建造于天宝十四载（755），其基址虽说位于池西岸，但究竟位于池西岸的何处，距池岸多远，目前还不清楚，至少在已发掘的范围内未曾发现这样的高台基址，或许此台基早在唐时已被拆除。（补记：2018 年出版的何岁利《唐长安城考古笔记》记"1998 年太液池考古钻探时，在太液池西岸偏南处发现一处方形的夯土台基，可能就是望月台遗址。"）

《旧唐书》卷十五和《唐会要》卷三十都记：元和十二年（817）闰五月，宪宗"作蓬莱池周廊四百间"。2001～2002 年对太液池西岸及岸上一定范围进行发掘，发现有残存的廊道遗迹，已知的一段长 82 米，略呈西南—东北走向，与池岸大体平行，相距约 60 米。分析廊道遗迹的夯土墙、础位，可推定这段廊道为单廊，东面筑夯土墙，西面透空，宽仅一间，间深约 4 米，各间阔 3.7 米。若依此数据为准计算，四百间长廊的总长可达 1480 米，是今北京颐和园清代长廊（长约 700 米）的两倍还多。此外，还发现一些不同时期的廊道或房舍遗迹，至于宪宗所做的"周廊"究竟是哪一期遗迹，目前无法认定。

前面所引宗楚客和郑愔的诗句表明，太液池南岸上不远处当有叫作"清晖阁"的建筑，因为这是观赏太液池水景的最佳场所，皇帝和臣卜往往登阁赋诗唱和。《唐两京城坊考》说此阁位于太液池南岸龙首原北坡上的蓬莱殿附近，但迄今为止未能认定对应的遗址。

据史料所记，太液池西岸以西、麟德殿东边坡下当有一条南北向的大路，以便利后寝区西半部的南北交通，从光顺门内一带北行，经金銮坡，再往北达于玄武门，可前往内苑以至禁苑。宪宗时，有一次"欲近畋猎，行至蓬莱池西，谓左右曰：'李绛常谏我畋猎，云亏损政事，今虽不远，近出苑中，必有章疏上陈，不如且休。'遂却，罢归"（《唐人轶事汇编》卷三引《李相国论事集》）。显然，宪宗是从龙首原上的寝殿出发，前往禁苑畋猎，走得正是这条大路。2002 年，经勘探和发掘，在西池西岸上发现多处道路遗迹，有大路，也有环池小路，这些道路遗迹还有早、晚期之分，留有许多车辙印痕。同样，在东、西池之间的渠道上发现有过桥遗迹，似乎表明桥南和桥北也有一条贯通的大路，以便利后寝区东畔的南北交通。

五、太液池的功用

太液池水面并不算很大，但因地处宫中，属宫池性质，通常称"御池"或"御水"，具有天生的特别禀赋。同时，太液池因按照道家学说命名和规划布置，所以，又披上了一层传统文化色彩。此外，太液池也具有多重实用性功能，与宫廷生活有着密不可分的关系，这应该是它最本质的存在意义。

首先，太液池是大明宫内一处功能齐备的水体景观。由于太液池地处宫禁之中，外人难得一见，流传至今的相关记述并不多，其美景只能从一些唐人的诗作中略知大概。如前所述，太液池水面开阔，碧波荡漾，浩渺之中，岛山突立水面，山上的太液亭被绿树遮掩，清静幽深，仿若仙境，池中有萍草、白莲等水生植物，鱼翔浅底，鸭凫绿水，岸上柳树和竹丛成荫，天际中时有鸟禽掠过，岸边停靠着鹢首船（船头树立着木雕鹢鸟头的船只），随时侍候皇帝大驾登临。

风光无限的太液池是皇帝在宫中的主要休闲场所。可以想见，朝政之余，皇帝会到池岸边散步、乘船游荡，乃至乘船到太液亭休闲赏景，或读书，或与臣下吟诗唱和。《开元天宝遗事》卷下记："明皇秋八月，太液池有千叶白莲，数枝盛开，帝与贵戚宴赏焉，左右皆叹羡。"同书卷下又记："太液池岸有竹数十丛，牙笋未尝相离，密密如栽也。帝因与诸王步于竹间……，帝呼为'竹义'。"这些记载反映了玄宗与亲族在太液池休闲游宴的情景。《旧唐书》卷十六记，元和十五年（820）三月的一天，即位不久的穆宗驾临太液亭，召来翰林侍讲学士韦处厚和路随，给自己讲解《毛诗·关雎》和《尚书·洪范》典籍，讲学结束，赐予二人绯鱼袋。

有时皇帝还在太液亭会见并宴飨臣下，以示恩宠。《唐摭言》卷十五记述了一个故事："韦澳、孙宏，大中时同在翰林。盛暑，上（宣宗）在太液池中，宣二学士。既赴召，中贵人颇以绨绤为讶，初殊未悟，及就座，但觉寒气逼人，熟视有龙皮在侧。寻宣赐银饼馅，食之甚美，既而醉以醇酎，二公因兹苦河鱼者数夕。上窃知笑曰：'卿不禁事，朕日进数十，未尝一损。'银饼馅皆乳酪膏腴所制也。"这次宴乐的地点不甚清楚，或在蓬莱岛上，或在游船上，座席旁挂着的"龙皮"，可能是鱼蟒之皮，所食的"银饼"和醇酒自然是人间极品。大中九年（855）七月，以门下侍郎崔铉晋封为魏国公、淮南节度使，宣宗特意在太液亭设宴饯行，并于席间赐诗"七载秉钧调四序，一方狱市获来苏。"（《全唐诗》卷四）称赞崔铉执政之劳，一时传为美谈。

太液池西池遗址北岸上不远处的地块，农民耕地时多有破碎瓷器、兽骨、封泥出土，推测是一处御厨所在，皇帝在太液池游宴，所用食物极可能由这所御厨供给。《全唐诗》卷七九八收录的花蕊夫人《宫词》，其中有言及太液池者，其一："太液波清水殿凉，画船惊起宿鸳鸯。翠眉不及池边柳，取次飞花入建章。"其二："厨船进食簇时新，侍宴无非列近臣。日午殿头宣索鲙，隔花催唤打鱼人。"可见池中船来船往，并有"厨船"专门为皇帝进食，而且鲜鱼直接从太液池中打捞出水。

其次，太液池兼具蓄水排涝的功能，是宫中的一项大型水利设施。考古发现，无论在太液池南岸的龙首原各阶地上，还是西岸、北岸附近，都分布着一些不同时期的排水沟渠和管道，与水池连通，说明大明宫北半部的雨水全部被排入池中。考虑宫区四周有城垣封闭，雨水不可能自然流出，只能用管渠导入太液池中，再集中排出，南半部的雨水则导入龙首渠排出。可见，宫内的雨水全部实行有计划排放。至于宫中生活废水的排放，推测绝大部分被导入渗井，宫内各处殿堂旁侧，大多都有渗井发现，深浅不一。

再次，太液池为宫廷提供了必要的生活用水。一方面是满足宫内树木花草的浇灌和牲畜饮水，另一方面可以满足宫人洗涤等生活用水，王建《宫词》记述了这一情况："御池水色春来好，处处分流白玉渠。密奏君王知入月，唤人相伴洗裙裾。"（《全唐诗》卷三〇二）至于宫廷的饮用水，推测应取自地下水，宫区内发现的许多深井，大多是渗井，不排除其中有汲取饮水的深井。《类编长安志》卷七引《长安志》："善和坊有井，水甘美，以供内厨。开元中，日以骆驼驮、马、犬入内，以供六宫，谓之御井。"（今本《长安志》阙佚"善和坊"）可证宫中部分饮食用水是从他处运来的优质井水。

此外，太液池养殖的鱼、鸭，以及生长的莲藕，也可以食用，唐人韦巨源抄录的《烧尾宴食单》中就有"生进鸭花汤饼""交加鸭脂""乳酿鱼"等菜品，可以想见，宫中食用的同类佳肴，所用鱼、鸭、菜蔬，至少有一部分是自给的，直接取自宫禁中的池沼和园圃。

六、太液池遗址的保护与展示

太液池遗址如何保护、如何展示，这是制定大明宫遗址保护利用规划时必须面对的一大课题。为此，专家提出多种方案，有主张恢复水面，以展现唐代太液池的规模、形制，再现历史景观的；也有出于全面保护池址的考虑，提出对遗址进行整理，复原部分池岸、岛岸，但只显示池体的范围、形制，而不注水，实际上是复原一个旱池；还有介于这两个方案之间的折中方案，建议在遗址的回填土层上面恢复部分浅水水面，将水深控制在 1 米左右，既展现池形，也展现水景，又便于管理。

2004 年，西安市政府主持编制的《大明宫遗址保护总体规划》，提出在有效保护太液池遗址的条件下，恢复水面，展现太液池景观。2008～2010 年全面建设大明宫遗址公园期间，依据总体规划制定了细化的太液池景区实施方案，其要点：一是恢复太液池水面，作为遗址公园的一处水体景观；二是以唐代池岸线为准内收 5 米，作为景观水体的池岸，并在新旧池岸之间敷设防渗层，使池岸遗址不因注水而遭到损毁；三是抬高新堤岸和水面的高度，保留原池底一定厚度的淤积层，并敷设防渗层；四是蓬莱岛及太液亭遗址，采用覆土保护措施，被掩埋在堆土之中，上部建置仿古的亭式现代建筑；五是池水来自城市供水系统，并在公园内实现小循环，也可考虑使用城市中水系统供水，或者利用园区内原有农用机井供水。

经过三年的搬迁（孙家湾村民）、拆除（村民住宅和商业建筑）、遗址保护（池岸、岛山、岸上建筑等遗迹）、池体建设和注水等施工环节，到2010 年，太液池水体景观建设工程实现全面竣工，并于 2010 年 10 月 1 日随同大明宫遗址公园正式对公众开放。

图 8 - 6　恢复水面的太液池遗址（由北向南，2011）

七、龙首支渠的发现与保护展示

　　龙首支渠是大明宫内太液池之外的另一水体系统，位于前朝区含元殿以南约 130 米处。2005 年对含元殿遗址以南至丹凤门遗址之间（或可称御道）开展大范围考古勘探时发现了这条横亘东西的水渠遗址。目前只发掘了水渠遗址不足 200 米长的段落，加上勘探确认的段落，已知长度有 400 多米，对其向东和向西的延伸情况、与其他渠道的关系等问题，还有待继续勘察。（龚国强、何岁利、李春林《西安市唐大明宫含元殿遗址以南的考古新发现》，《考古》2007 第 9 期）

图 8 - 7　大明宫南水渠遗址（2005）

经发掘测定，这一渠址在含元殿正前方的一段大致呈东西走向，渠道宽约4米，渠深约1.6米（唐地面以下），渠道两壁陡直，残存砖砌护壁痕迹。经对渠道淤泥的解剖，确认渠底呈东高西低走势，说明渠水流向为自东向西。在水渠相对含元殿的正中部位、相对东朝堂和西朝堂的部位，各发现一处跨渠木桥遗迹。实测中桥东西宽约17米，南北长4.3米，为木梁架结构，桥下由南北七排木柱支撑。西边一桥相距中桥128米，结构与中桥相同，规制则远逊于中桥，桥宽仅6.85米，南北长4.65米，桥下除柱洞外，还残存四个与砖壁一体构筑的砖墩，南北各二，东西邻距5.5米，保存较好，由此推测中桥和东桥也有相同构造。在西桥以南和以北还发现了残存的砖铺路面，砖道宽约1.2米，显然，木桥连接着通往西朝堂的南北向砖铺甬道。东边一桥距中桥129米，因当时现场条件所限，未能全面发掘，据已有资料判断，其结构和规制，应当与西桥对称相同。

图8-8 南水渠遗址发掘现场（2006）

史籍对这条水渠也有记载，据《册府元龟》卷九百三十五，"甘露之变"发生当日，文宗"由含元殿东阶升殿，宰相、供奉官分列于副阶之上，南班官两列于殿下渠北"。这里所谓"殿下渠北"，就是指含元殿前大台之下水渠的北畔。吕大防《大明宫图（残）》中，在建福门以北标识有一处木桥，说明吕氏踏察遗址时，看到了这条废弃的水渠乃至桥址。《雍录·阁本大明宫图》在建福门和昭庆门（此图光范门与昭庆门的相互位置标记有错）之间标记有"下马桥"。王森文《汉唐都城图》也在含元殿前标识有这条水渠和三座木桥。从大明宫的布局看，在这条水渠的向东和向西的延伸段，应当还有两座跨渠木桥，从建福门向北通往光范门的路上，也要跨渠过桥，东畔望仙门与昭训门之间亦然。由此，这条水渠在通过大明宫区域应当有五座跨渠木桥，另两座尚有待进一步勘定。

关于这条水渠的名称，未见史料记载，或可暂且称之为南水渠或龙首渠支渠，也有人借用北京故宫午门内的内"金水河"比称，不过，二者在宫室布局制度上或有沿袭关系，但名称未必相承。此外，这条水渠与20世纪50年代发现并标识在大明宫遗址图上的所谓龙首渠（望仙门以北）的关系，以及与东内苑龙首池的关系，都有待进一步查清。

龙首支渠的发现，还涉及宫内三道隔墙的位置问题。最初，依据勘探发现的大量砖构堆积，把这条水渠遗址判断为宫内的第一道隔墙遗迹，依次推定含元殿东西一线的隔墙为第二道宫墙，紫宸门东西一线的隔墙为第三道宫墙。甚至还有人推测此处隔墙中部可能建置有阙式建筑。此类判断与《唐六典》、吕大防《唐长安城图》及其他史料相悖。水渠的发掘和确认，完全可以依据史料重新推定三道隔墙的位置，即第一道隔墙位于含元殿东西一线，第二道位于宣政门东西一线，第三道位于紫宸门东西一线。

考察大明宫所在区域的地形，可以肯定，太液池与南水渠因龙首原的阻隔，两者各自独立，互不沟通。龙首渠水来自浐河，早在隋朝时就在都城东郊马头崆（今称马腾空）一带筑堰引浐水至东郭城外，再分流向北导入禁苑，经龙首池（隋时已有此池及名）、西内苑，再向西与永安渠（或漕渠）相汇（参见史念海《汉唐长安城与生态环境》，《中国历史地理论丛》1998年第1期）。唐朝建成大明宫后，或对此渠进行一番整治改造，作为宫内水体。太液池水则引自禁苑中的漕渠（或皂河支流），从禁苑西边导流入太液池，由东边流出宫城，向北流经鱼藻宫之鱼藻池（和九曲宫之九曲池），出禁苑汇入漕渠或灞河。今人所绘的某些大明宫复原图，因为不重视考古资料、未考察自然地形或妄自推测而出现错误，将大明宫南北水系在大明宫以东或西城垣外附近随意连通而铸成大错，误导读者。

此外，在宫区内还发现大量明渠和暗涵遗迹，除前述北城垣的水道外，还发现有含元殿以东约百米处穿过第一道隔墙下的砖砌水道（此水道遗址在 2005 年已实施揭露展示工程）、东朝堂以南的地下陶管水道、太液池四周岸上的多条水道，以及光顺门外大街旁侧的明渠，等等。综考这些遗迹，分析大明宫中间高、南北低的地形，再考虑到宫内的殿院、道路、隔墙、宫城的阻隔封闭，雨水必然要实行有组织排放，即各处殿院将雨水导入水窦，经暗管汇入主渠，再分别排入太液池和龙首渠中，最终排出宫外。这些水渠和管道的结构不一，呈现多样性。明渠有土渠，也有用砖、石材料铺砌而成的渠道。暗渠则有砖砌拱洞式、不同规格的陶管连通式，也有用石槽上下扣合而成的石管式，涵管筑成后，掩埋于地面之下。现遗址公园内有多处水道遗迹被揭露展示。

这条龙首支渠遗址的发现与发掘，填补了大明宫遗址考古的一项空白，对大明宫水系布局乃至中国古代宫室水系制度的研究，提供了最新的实物资料。为保护这条水渠遗址，在发掘并获取考古资料后，已全部回填保护，并在地面有所标识。现大明宫遗址公园含元殿遗址前展现的东西向水渠，是在原水渠遗址以南 10 米处另行模拟复原的一条现代水渠，并注入活水，装置人工喷泉和水幕设施，还在对应位置设置三座具有旅游设施性能的仿古木桥，展示出宫区的水系格局，成为遗址公园内太液池之外的另一处水体景观。

八、大明宫的水系制度

追溯中国古代宫室营造史，在宫城内开浚池沼，穿渠引水，将山水胜景纳入宫室建置体系，进而把水渠和池沼的设置当作一项制度固定下来，经历了漫长的演进过程。据考古资料，在夏商时代的都城、宫城遗址中，已发现有人工掘构的池沼和渠道的遗迹。至秦代，咸阳有兰池宫，宫内有兰池（或称长池）。西汉都城的未央宫有沧池。到汉武帝创制建章宫，在宫内北部浚成太液池，对后世宫城的水系建置产生了深远影响。隋朝创建大兴城，同样开浚多处水池于太极宫内里，称"海池"。唐朝创建大明宫，在后宫区域置太液池，在含元殿前建置龙首支渠，两者既是实用性的功能水体，也是对前代宫室水体建置的沿袭和发展。

图 8-9 太液池遗址出土的石刻双面菩萨像

单就宫池而言，大明宫在后寝区建置大型池沼，并取用太液池一称，还在池中堆积蓬莱、瀛洲、方丈三座岛山，显然是对西汉建章宫太液池的效仿，因此，可以说建章宫开创和奠定了"一池三岛"的新宫池体例，大明宫太液池使这一体例确立为制度，二者是古代宫池制度发展的两个里程碑，为后世宫室池沼的规划建置提供了范式。唐人杜宝《大业杂记》载，隋炀帝时在洛阳西苑中"造山为海，周十余里，水深数丈，其中有方丈、蓬莱、瀛洲诸山"。此池也属建章宫太液池体例，且早于大明宫太液池，但是，因此池地处苑中，当属苑池，而非正宫之宫池，宫池与苑池在宫室制度层面是不同性质的建置，不可混淆。

与后寝区建置太液池相对应，大明宫前朝正殿含元殿之南开掘的东西向水渠（龙首支渠），既有实用性，也是一大制度性建置，尽管目前尚未掌握隋朝开掘龙首渠的具体线路和走向，但作为后来大明宫的宫渠，显然具有制度层面的意义。其实宫渠建置早有先例，西汉引潏水（或皂河）成渠，穿过未央宫，曹魏邺城引漳水从宫内的殿前穿过，唐太宗在九成宫南宫城与仁寿殿之间开通醴泉渠，这些都对宫室前朝区置渠制度的形成，具有推动意义。现存北京故宫午门与太和门之间的内金水河，实际上就是对大明宫龙首支渠的效仿和制度性继承。

总考大明宫的水体布局，不外南北两大系统，即北部的太液池和南部的龙首支渠，对此可从制度层面概括为"南渠北池"或"前渠后池"。从古代宫室制度发展进程看，大明宫的水体布局不单是对前代宫室水体建置的简单沿袭，更重要的是一个总结，并形成制度，标志着宫室布局制度中水系制度的确立。"前渠后池"的水系制度，与前朝后寝、三朝、五重、中轴线对称等项制度共同构成中国古代宫室之制度体系。后世如北宋东京的宫城将金水河从北边引进后宫，注入宫池，直到明、清紫禁城，在宫城、皇城内穿渠浚池，一脉相承，只因客观条件限制，位置、形制、名称各有差异而已。

目前对古代宫室水系制度的研究，虽有著述涉及，但不尽深入，有把宫室与苑囿牵扯在一起，把宫池与苑池混为一谈，以"池苑制度"做概括，似嫌含义不够准确，也有虽罗列出了历代宫池的名目，但对其源流及发展关系缺乏深入讨论。因此，大明宫遗址的太液池与龙首支渠遗址的考古成果，或将推动这一学术研究的深化。

第九章

大明宫遗址考古纪略

何事天时祸未回，生灵愁悴苦寒灰。

岂知万顷繁华地，强半今为瓦砾堆。

子　兰　《悲长安》

（《全唐诗》卷八二四）

唐末天祐元年（904）正月发生的"天祐迁都"事件，使大明宫乃至长安城在遭到多次战乱的动荡蹂躏之后，最终沦为一片废墟。稍后韩建的缩城之举（保留皇城，拆除郭城和宫城），又使大明宫遗址长期暴露郊野，至今已有1100余年。岁月弥久，不仅未能抹去大明宫在世人心中的历史记忆，反而更加引发后世人们对它的探寻热情。五代以降，不时有文史地志学者亲临大明宫故地，凭吊历史，踏看遗迹，搜集史料，考其究竟，留下诸多著述。其中宋人吕大防、元人李好文和骆天骧、清人王森文和毕沅等人堪称大成者。他们将踏察所见之古迹现状做出记录，并结合史籍记载深入考证，绘刻成图，流传后世，为今天大明宫的科学研究留下了珍贵的第一手资料。20世纪初叶，日本学者足立喜六和桑原骘藏深入大明宫遗址考察，绘制地形图样，拍摄照片，做出文字记录，其中含元殿、蓬莱岛等处遗址的数幅照片，是大明宫遗址最早的影像资料（见足立喜六《长安史迹研究》、桑原骘藏《考史游记》），直至今天，仍不失重要科研价值，被学人所珍视。当然，对大明宫遗址开展真正意义的现代考古学研究，那是新中国成立以后的事。

肇始于20世纪50年代的大明宫遗址考古调查事业，迄今已走过60余年的历程，依据各时期开展考古调查的不同学术旨意和工作重点，大致可划分为三个阶段。

一、大明宫遗址考古进程的第一阶段（1957～1980）

1950年代，陕西省文物管理委员会为应对西安市城市基本建设大扩展形势的需要，出于保护和抢救隋唐都城遗址、获取基本田野资料的目的，组成考古工作组，率先于1957年对包括大明宫遗址在内的唐长安城遗址开展田野考古调查活动。经过五个月卓有成效的工作，对重点区域开展集中勘探，取得了重大成果，并及时发布了调查报告。尽管其中涉及大明宫遗址的内容并不是很多，勘测数据也未必精准，甚至可能对遗址做出某些误判误解，但作为大明宫遗址有史以来第一份田野考古调查报告，极具学术价值与开创意义。

与此同时，中国科学院考古研究所也确立了唐长安城遗址考古工作计划，于1957年3月组成并派出以马得志先生为队长的考古队（通常称

"唐城工作队"），以大明宫遗址作为唐城考古的重点和起点，开展全面考古调查。这一阶段初期的田野工作围绕普遍勘探和重点发掘两大内容展开。经过两年多时间的勘探和发掘，截至1959年5月，已取得阶段性重大成果。由马得志先生编写的中国田野考古报告集《唐长安大明宫》在当年年底出版，将已获取的成果及时汇总，正式发布，工作效率之高，令人感念。此后，田野工作继续进行，截至1960年底的后续成果，在《1959～1960年唐大明宫发掘简报》中发布。20世纪60年代和70年代，则因工作重点的转移和政治运动的干扰，大明宫遗址田野考古工作基本处于停顿状态。

图9-1 马得志（左三）、杨鸿勋（左二）、刘庆柱（左四）
与作者（左五）等在含元殿遗址合影（1995）

这一阶段的考古工作，实际开展田野作业的时间只有短短四年，但获取的考古成果却异常丰厚。经普遍勘探，基本查清了大明宫遗址和东内苑遗址的范围、遗存构成、地形地层关系、埋藏和保存状况。同时，在普遍勘探的基础上还重点发掘了麟德殿、含元殿（局部）、玄武门、重玄门、右银台门、银汉门（目前未能确认），以及宫城外侧的含光殿遗址等具有代表性的单体建筑遗址。汇集和反映这一阶段考古成果的考古报告集《唐长安大明宫》连同依据实测数据绘制的第一幅《大明宫遗址平面图》的发布，既揭示了大明宫的整体布局，也补充了许多不见于史料记载的重要内容，此前人们只能从传世的几幅旧图了解大明宫的大致面貌，至此，才对其整体布局状况有了较为深入、全面、科学的认识。

这一时期的考古成果，充分证明大明宫遗址是一处具有历史、文化艺术、科学等多重价值的重要历史文化遗产，在中国历史发展的文物序列上占有不可或缺的地位，也为大明宫遗址的保护乃至国家制定文物保护的法律法规、实施各项文物保护举措提供了科学依据和案例。之后的1961年3月，国务院将大明宫遗址列入第一批全国重点文物保护单位名单予以公布。

大明宫遗址考古报告的发布，轰动了学术界，各学科凭借考古资料并结合文献记载对这处中古时代著名大型宫室积极开展广泛深入研究，掀起热潮，在历史学、考古学、古建学、文物和文物保护学等方面都相继有诸多研究成果面世，特别是像含元殿、麟德殿、玄武门和重玄门等单体建筑的复原研究乃至宫区总体布局的复原研究等方面，尤显突出。直至今天，当时兴起的对大明宫的研究热潮仍在延续，不断有新著述、新成果面世。

二、大明宫遗址考古进程的第二阶段（1980～1994）

伴随着国家改革开放的进程，大明宫遗址田野考古调查在时隔约20年后得以继续开展。这一阶段的考古工作，主要是为解决学术问题进行的主动发掘，也可以看作是第一阶段考古工作的延续。在马得志先生的主持下，用数年时间，先后对清思殿、三清殿、东朝堂、翰林院、含耀门等五处单体建筑遗址开展考古发掘，并对麟德殿遗址进行局部复掘。此外，还在大明宫遗址保护范围的南部和周边地带配合城市改造和基本建设工程开展小范围勘探和随工清理作业。

清思殿、三清殿、东朝堂、翰林院、含耀门等五处建筑，都是大明宫内在功能和类型方面具有代表性的单体建筑，又因为这些建筑基址保存较为完整而成为这一阶段考古发掘计划的列项。清思殿是宫内的一处寝殿，其建筑规模、布局、结构与含元殿、麟德殿之类超大型殿宇有明显差异，属于次一级的殿堂，通过全面发掘清思殿遗址，对于了解此类建筑及其遗址的基本情况，具有普遍意义。三清殿是一处夯土基台高达 14 米以上的大型高台殿堂式建筑，在平地上夯筑如此高的基台，在大明宫内具有唯一性，对这处遗址的发掘，为唐代宫室高台建筑的研究扩展了视野。东朝堂遗址的考古成果，对深化隋唐时代朝堂制度和大明宫前朝区布局的研究，提供了重要实物资料。翰林院遗址的发掘，揭示了西宫城外侧附属院落（考古报告称西夹城）内房舍分布的情况，对于翰林院的位置认定和布局，提供第一手考古资料。含耀门遗址（实际应为昭训门遗址）是宫内三道隔墙六座墙门遗址之一，经发掘查明，此门系两门道制式，是长安城门阙遗址考古的首例，由此可以推断其他五座宫墙门阙的建筑形制，具有重大学术意义。1983 年，为满足麟德殿遗址保护规划方案设计的需要，通过对遗址进行局部复掘，确认和修正了部分考古数据，同时也发现了一些新的遗迹结构和资料，补充了早先报告的遗漏和误差。

1988 年，《陕西唐大明宫含耀门遗址发掘记》发表，文中发布了第二幅《大明宫遗址平面实测图》。此图补充了最新成果，较最初发布的总平面图更为详尽充实，因而为学界所重视，被长期广泛引用。需要说明的是，近年来某些著述以此图为基础，按照各自的研究意向、理解或想象，率意改变图形和增减标识，其中往往出现错误，也产生了不必要的歧义，应当引起注意。

在此期间，还配合城市建设，对宫城以西分布在龙首原上的战国至汉代的墓葬进行随工清理作业。同期对太华路以东的东内苑范围开展随工勘探和发掘，特别是对龙首池及龙首渠遗址的局部清理值得重视；90 年代初，还在位于含元路北畔的西安市丝绸厂院内发现大量堆积的唐代建筑材料，包括石料、砖瓦作件，有些瓦片上印有"左策"字样，推测是左神策军存放建筑材料的一处料场，可惜因现代建筑叠压而未能实施科学发掘。

总之，这一阶段田野工作的成果，填补了多项考古空白，使大明宫遗址的考古资料更加丰富、充实，对深化各相关学科的研究和遗址保护极具助推意义。

三、大明宫遗址考古进程的第三阶段（1995～2010）

从 1995 年起，随着国家文物工作重点向大遗址保护的倾斜、各项重大文保举措的出台，以及多项文物保护工程的实施，大明宫遗址的考古工作也相应进入一个新的发展时期。此时的唐城工作队由安家瑶（1991 年继任）和龚国强（2005 年继任）先后担任队长。这一阶段田野考古工作的主体任务和特点表现在三个方面，一是为配合文物保护工程的实施，开展考古工作；二是首次开展国际合作的大明宫遗址考古；三是配合大明宫考古遗址公园建设的进程，开展随工勘探和清理作业。

在这一阶段的约 16 年间，国家对大明宫遗址安排多项单体遗址的保护工程，为配合这些项目的实施，先后完成了含元殿遗址的第二次大规模发掘、丹凤门遗址的发掘、御道范围的普探和南水渠的发掘，以及其他小范围的随工清理作业。其中由安家瑶主持的含元殿遗址第二次考古项目，一次发掘面积为 27000 余平方米，为考古史上所罕见，并取得诸多重要新发现；2005 年由龚国强主持的丹凤门遗址发掘项目，查清丹凤门为五门道制式，解决了重大学术课题；御道范围的调查同样重要，首次发现南水渠遗址，填补了大明宫遗址考古的一大空白。

图 9-2　中、日联合考古队人员在太液池遗址考古现场（2002）

2001 年至 2005 年，经国务院批准，中国社会科学院考古研究所与日本奈良国立文化财研究所组成联合考古队，对大明宫太液池遗址开展为期

5 年的田野调查。这一国际合作考古项目的完成，具有多重意义。首先，这是首次对太液池遗址进行考古发掘，具有填补大明宫遗址考古空白的意义；其次，考古成果丰硕，廓清了有关太液池的水源和流向、三岛建置、东西两池连通关系等多项学术疑点，对唐代乃至中国古代宫室池沼制度的研究具有推进意义；再次，将大明宫遗址的考古学研究直接展现在国际考古学的高端平台，产生了更大、更广泛的积极影响。

2007 年，西安市政府决定启动大明宫考古遗址公园的建设项目，为此，中国社会科学院考古研究所、西安曲江管理委员会社协同组织编辑的《唐大明宫遗址考古发现与研究》一书正式出版，书中汇总收录此前发表的所有大明宫遗址考古报告，以及建筑复原研究报告和其他相关重要研究文论。

从 2008 年至 2010 年的 3 年间，大明宫遗址考古调查以配合遗址公园建设为中心展开，其基本工作内容为：1. 普遍勘探，进一步查清各类遗址的分布和保存状况（包括遗址在几十年间的破坏损失情况），为遗址公园的规划和建设提供更加翔实的考古学依据；2. 发掘和局部复掘，进一步查清各重要单体遗址的范围，并测定坐标和高程数据，建立数据系统，为各项遗址保护工程的实施提供必备考古资料；3. 随工清理，对遗址保护工程和其他配套工程施工过程中发现的零星和小型遗迹进行清理，收取资料，提出保护建议，同时还清理了唐代以前的大量墓葬；4. 田野采集，组织专业人员深入遗址范围各施工工地，及时将发现的各种唐代遗物收集到专门机构保管；5. 组织开展出土遗物和考古资料的整理和研究工作，完成大明宫遗址公园各展馆（博物馆、丹凤门遗址展厅、考古探索中心）的文物修复、陈列布展。到 2010 年 10 月 1 日大明宫遗址公园全面建成，配合遗址公园建设的各项田野考古工作基本结束。

这阶段的大约 16 年间，接踵而至的大明宫遗址考古成果引起国内外学术界的高度关注，最新的考古资料已被许多著述利用，当然，学界对这些考古成果还有一个思考、理解、消化的认识过程。同时，也有一些问题值得注意，据最新的勘探资料（中国社会科学院考古研究所陕西第一工作队《西安市唐大明宫遗址考古新收获》，《考古》2012 年第 11 期），早先发现的一些建筑基址可能已经消失了，特别是遗址区东畔，因 20 世纪 90 年代兴起的太华路沿线土地违法无序开发、大建建材市场，导致部分东城垣段落和门址、某些殿址、太液池东池及其他遗迹被破坏或完全损毁，造成无法补救的损失。

回顾和总结五十余年间（1957～2010 年）大明宫遗址考古进程，可谓收获丰硕，大业有成。首先，大明宫遗址位置和范围的勘定，使唐代大明宫与外郭城、禁苑、东内苑、宫城、西内苑等都城各建筑单元相对坐落关系和都城整体布局关系，得到考古学层面的认定，大明宫遗址也成为今天西安市城市发展过程的历史坐标之一。其次，大明宫遗址及东内苑范围内各类建筑基址的勘定与发掘，揭示了宫区的总体布局以及"前朝后寝""三朝""五重""中轴线对称""南池北渠"等项布局制度，为构建中国古代宫室制度发展史提供了唐代实例，也使唐朝某些重大政治事件的历史地理稽考和解读成为可能。再次，随着考古发掘的进展，大明宫遗址考古资料更加丰厚，更加系统，文化内涵得到深入揭示，为唐代政治、经济、社会、文化、建筑诸方面的科学研究，提供了珍贵的实物资料。此外，大明宫遗址保存状况和地形、地层关系的测定，区域考古坐标体系的建立，为遗址区整体保护规划的制定、各项保护工程的实施、合理利用的可行性研究，提供了考古学依据。

历年来，在大明宫遗址范围内，除夯土构造体（城墙及城门、殿室、池渠等基址）之外，还出土了大量文物标本，除金银器、铜铁器、陶瓷器、佛教造像、封泥之外，最多的是砖、瓦、石等建筑构件，其中不乏纪年砖、线刻或浮雕石构件等珍品，且种类齐全，品样丰富，堪称唐代建筑材料的标本库、唐代建筑技术标准化的数据库，为唐代建筑乃至中国古建史的研究提供了珍贵实物资料。中国社会科学院考古研究所、西安博物院、大明宫遗址保管所（现改制为"西安市隋唐长安城遗址保护中心"）、大明宫遗址公园博物馆、陕西历史博物馆和国家博物馆等多家文博单位都收藏有大明宫遗址发掘出土、采集和征集的文物标本，有些正在对公众展出，有些还多次到国外展出。目前，大明宫遗址公园的中心博物馆、丹凤门遗址展厅、考古探索中心都布置有文物展陈和辅助陈列，展出大量历年出土的部分珍贵文物标本。此外，为展现大明宫遗址所代表的唐文化历史背景，遗址博物馆还展出多种其他文博单位收藏的唐代珍贵文物。

　　大明宫研究，随着田野考古的介入，由传统的史料征引考据，进入到史料与考古资料互补互证的阶段。随着田野考古成果的持续发布，大明宫已经成为一大学术热点，在历史、都城及宫室制度、建筑文化、考古和出土文物、大遗址保护利用等研究领域，乃至历史文化的普及方面，催生了众多新成果、新著述的面世。

图9-3　安家瑶、龚国强等在丹凤门遗址发掘现场

　　对特定历史文化遗产的认识和价值评估往往有一个不断深化、定位和调整的过程。所谓文化遗产的价值，无非是指其文化意义、珍稀程度、保存状况、影响和作用的测定与评估，实际上表现为一个多重价值体系，可划分为原生价值和衍生价值。大明宫遗址的价值评估，就中国文物保护单位分级管理体制而言，体现在国家层面的重要历史、艺术、科学的共性价值和唐代、宫殿建筑、考古遗址的个性价值。其原生价值就是有形的真实物质遗存（遗址）和无形的历史记忆（史料）共生的独具唐文化内涵的与生俱来的价值。大明宫遗址及其文化价值都是历史的禀赋，

具有唯一性和不可再生性。衍生价值则是历史遗存作为一种有形或无形的文化资源对当代社会生活产生的积极影响与利用可能。2014 年，大明宫遗址列入世界文化遗产名录，表明其遗产价值应当提升到人类社会发展的世界层面作出评估。

第一，大明宫是唐朝首都长安城的一所正宫，因皇帝的长时期朝寝而成为唐朝 200 余年间的统治中心和国家象征，因而也是唐代诸多著名人物的活动地和重大历史事件的发生地，与当时的历史进程密切相关。这是大明宫遗址历史价值评估和定位的基本依据和内容。

第二，在隋唐时期众多宫室中，大明宫制度完备、规模最大，堪称代表，进而言之，唐长安城包括太极宫是隋朝营建，唯大明宫属唐代创造，标志着唐代建筑技术与艺术所达到的高度成就，因而在中国古代建筑史上享有盛誉。大明宫遗址保存较为完整，埋藏丰厚，是唐代建筑文化的代表，为中国古建筑学提供了实物断代标准。这是其文化和科学价值的集中体现。

第三，唐长安城遗址被今西安市城区所叠压，唯大明宫遗址作为一个相对独立的单元完整保存至今，在中国历史发展的文物序列上占据不可或缺的地位，成为代表中国历史发展进程的主体考古遗址之一，也是西安市城市发展进程的一个重要历史地理坐标，具有独特的文物价值。

第四，大明宫遗址作为全国重点文物保护单位、世界文化遗产地，是一项宝贵的历史人文资源。已建成的大明宫考古遗址公园不单是文物保护区，更是以物质文化遗产为基本内容、扩展到唐文化的一个完整的展示系统，具有科学普及和研究、文化传播和交流、社会教育、观赏游览和公众休憩、城市绿化和生态建设等多重社会公益功能，也是区域旅游经济的一个实体，西安市的一张文化名片。这是历史文化遗产在现代社会实现"合理利用"的具有普遍价值取向的一次成功实践。

第五，汉、唐时期的长安城，是世界公认的丝绸之路东方起点和终点的标识。大明宫是唐时代都城的主要宫殿区，每逢元旦和冬至，唐朝的皇帝通常在含元殿举行大朝贺仪式，接受各国使节的朝觐和贡献，皇帝还经常在麟德殿等场所会见各国来使，并赐宴赐物。这些历史记录表明，大明宫是唐代国际交往和文化交流的最高端场所。因此，大明宫遗址又是唐代丝绸之路国际交往、商贸、文化交流的主要实物证明和人类社会发展进程的一处重要文化纪念地。

唐朝以降，历代学人对大明宫的探寻和讨论，迄今已有深厚的学术积累，近几十年来随着考古成果的陆续发布，学界的研究也在日渐深化，不断有专题著述发表。当然，大明宫学术研究仍有广阔前景，一定会有更多学人不吝心血，推出力作。

2010年大明宫考古遗址公园建成并开放，在这一大背景下，大明宫遗址的考古工作面临或将实现又一次转折。

首先，为解决学术课题的主动发掘，应当持续开展，许多学术课题的结论，还有待于新的考古资料提供论据。2010年之后的考古作业主要安排在宣政殿院以西至光顺门街以东的范围开展。此范围南北长约300米，东西广约200米，地层关系未曾扰动，是遗址公园总体规划预留出的一方考古发掘区。据史籍记载，这一带是中书省、御史台、史馆（后期）等衙署所在地，也是考古发掘的空白区，因此极具学术意义，目前尚未有考古成果发布。其他区域已经作为遗址公园的开放区，实施了大面积的绿化或旅游道路等设施，要开展发掘作业，需要协调各有关部门，作出特别安排。

其次，积极配合遗址公园的开放，开展公众考古和科研普及活动，使参观者不仅借助陈列、解说、影像、出版物和印刷品等多样化媒介了解考古成果，还可观看或直接参与田野发掘、文物修复过程，分享和获取考古资料。遗址公园连续数年举办"小小考古学家"活动，邀请西安各中学组队参加，积极推广文物考古的社会实践，让青少年走进古遗址，走进博物馆。对此类社会教育活动的推行，仍有极大的拓展空间。

再次，大明宫的研究已经成为一大学术热点，几十年来已有大量论著面世，成果积累异常丰厚。但不可否认，这方面的学术研究仍有广阔的空间，考古、历史、古建、文物、遗产保护等学科和相关机构应建立协作机制，通过考古说明会、学术讨论会、课题协作研究等多种途径，将科学研究推向深入。

大明宫遗址考古工作进程及成果表

时间	调查内容	主持人	报告或简报
1957 年	局部勘探	陕西省文管会	《唐长安城地基初步探测》,《考古学报》1958 年第 3 期
1957 年 3 月～1959 年 5 月	普遍勘探与重点发掘含光殿、麟德殿、玄武门、重玄门等遗址	马得志	《唐长安大明宫》,科学出版社,1959 年
1959 年冬～1960 年夏	含元殿遗址右银台门遗址	马得志	《1959～1960 年唐大明宫发掘简报》,《考古》1961 年第 7 期
1980 年	清思殿遗址	马得志	《唐长安城发掘新收获》,《考古》1987 年第 4 期
1981 年～1982 年	三清殿遗址	马得志	《唐长安城发掘新收获》,《考古》1987 年第 4 期
1982 年秋	东朝堂遗址	马得志	《唐长安城发掘新收获》,《考古》1987 年第 4 期
1983 年 1 月～1984 年 10 月	翰林院遗址	马得志	《唐长安城发掘新收获》,《考古》1987 年第 4 期
1987 年	含耀门遗址	马得志	《陕西唐大明宫含耀门遗址发掘记》,《考古》1988 年第 11 期
1995 年～1996 年	含元殿遗址	安家瑶	《唐大明宫含元殿遗址 1995—1996 年发掘报告》,《考古学报》1997 年第 3 期
2001 年～2005 年	太液池遗址	安家瑶金子裕之(前)冈村道雄(后)	《唐长安城大明宫太液池遗址考古新收获》《唐长安城大明宫太液池遗址发掘简报》,《考古》2003 年第 11 期;《西安唐大明宫太液池南岸遗址发现大型廊院建筑遗存》,《考古》2004 年第 9 期;《西安市唐长安城大明宫太液池遗址》,《考古》2005 年第 7 期;《西安唐长安城大明宫太液池遗址的新发现》,《考古》2005 年第 12 期

时间	调查内容	主持人	报告或简报
2005 年 9 月 ~ 2006 年 1 月	丹凤门遗址	龚国强	《西安市唐长安城大明宫丹凤门遗址的发掘》,《考古》2006 年第 7 期
2006 年	御道遗址	龚国强	《唐大明宫含元殿遗址以南的考古新发现》,《考古》2007 年第 9 期
2008 年 ~ 2010 年 9 月	配合遗址公园建设开展考古调查	龚国强	《西安市唐大明宫遗址考古新收获》,《考古》2012 年第 11 期; 《西安市唐长安城大明宫兴安门遗址》,《考古》2014 年第 11 期

第十章

大明宫遗址的保护利用之路

人事有代谢，往来成古今。

江山留胜迹，我辈复登临。

水落鱼梁浅，天寒梦泽深。

羊公碑字在，读罢泪沾襟。

孟浩然 《与诸子登岘山》

（《全唐诗》卷一六〇）

20 世纪 90 年代初，中国文物界根据文物保护单位的类别关系及其特征、保护难易程度和当时文物工作形势，提出了"大遗址"的概念，用以专指古代聚落、都城和宫城、陵园等占地面积较大，遗迹密集，历史信息厚重，文物价值突出，具有特定景观效应的大型考古遗址。中国历史悠久，文化传承延续不断，大量古遗址得以保存至今，并不时有重要考古遗址被发现，目前仅国家认定公布的高级别的代表各历史时期的重要大遗址就有约 600 处，大明宫遗址即是其中具有历史代表性和考古学价值的大型古文化遗址之一。

大明宫遗址位于今西安市市区的东北部，南临自强东路，北近玄武路，西抵建强路南北一线，东迄太华路东畔 300 米南北一线，地处东经 108°57′05″ ～ 108°58′20″、北纬 34°16′57″ ～ 34°18′20″ 区域，占地总面积（包括宫城、东侧和北侧的内苑、夹城、西夹道等遗址）约 3.7 平方千米。

中华人民共和国成立以后，随着文物保护事业的发展和田野考古调查的进展，大明宫遗址的保护问题引起社会各界的广泛关注，也成为各级政府的议事日程。从 1957 年陕西省人民委员会将大明宫遗址列入并公布为省级重点文物保护单位算起，到 2010 年大明宫遗址公园的建成和此后的数年运营，迄今已走过 60 余年不平凡的保护利用之路，这既是反映中国大遗址保护进程的一个缩影，也提供了一个典型的案例。

20 世纪 80 年代开始，在改革开放和经济飞速发展的大形势下，西安市市区快速扩展，大明宫遗址区周边环境发生了巨大变化，至 20 世纪 90 年代中期，四周已被城市建成区完全包围，遗址区形似市区中的一个孤岛。遗址本体范围的文物保护形势也日趋严峻，主要存在三个方面的问题，首先，遗址范围内南部纵深约 700 多米的区域，从 20 世纪 30 年代起，就因居住人口的增加，渐趋市区化，形成二马路、栖凤路（原无名，20 世纪 80 年代定名）、革新街（中华民国时称翔鸾路，1966 年改名革新街）、崇明路（1953 年命名劳动东路，80 年代改名）、建强路等街道，二十世纪五六十年代建成铁东村、铁西村、铁三村（黄家窑）、铁四村等铁路职工住宅区，另有西安煤矿仪表厂、工农面粉厂、大华纱厂、黄河棉织厂、医药仓库、五金仓库、石油仓库、三十八中学、二十九中学、铁三中学等企事业单位坐落其间。这些社会单位及其现代建筑持续不断地侵占文物保护用地和蚕食地表以下的历史遗迹。其次，遗址范围内的自强村（原名五门村）、联志村、含元殿村、孙家湾村、炕底寨村等五个自然村庄，大约从明代形成村落以后，随着人口的生息繁衍，村民住宅用地也大幅度扩展，土地趋向深度开发，耕地逐年减少，严重威胁到遗址的生存状态。再次，20世纪90年代起，太华路南北形成西安市颇具规模的建材市场群，土地的违法无序开发和违章建筑逐年增加，不断向纵深扩张，大面积侵蚀遗址保护范围的土地，大有不可遏止之势，对遗址本体及其环境风貌造成严重破坏，尽管政府曾组织过制止违章建设的行动，但因种种原因，并未能从根本上解决问题。截至2005年，整个大明宫遗址范围的土地，大约仅有一半仍然保持农田状态，种植蔬菜或果木，其余已变成街区或被现代建筑所占压。更有甚者，单位或个人竟将大量生活和建筑垃圾倾倒在遗址区，先后形成四处较大的垃圾场，长期得不到有效管控。依此而论，大明宫遗址实际上已处于人为造成的危险状态，整体保护的目标面临严峻挑战，导致有人提出"以点带面式保护"（即放弃整体保护计划，只保护数处主要单体建筑遗址）的消极意见。这些现象的出现和存在，其根本原因就在于历史形成的土地所有权、使用权与土地的文物保护功能相互割裂所致。遗址区土地既是社会生产和生活资料，也是历史文化遗产的载体，要从根本上解决大遗址保护问题，必须转变土地使用功能，通过变更土地所有关系，将生活、生产用地转变为单一文物保护用地。不过，在特定历史时期，要实现这一转变，确实是一个高难度的课题。应该看到，大明宫遗址面临的严重形势，不是个例，而是世纪之交中国许多大遗址的共同境遇，这一现象反映了特定时期经济快速增长、城市快速扩张过程中经济、社会发展的不平衡，以及各级地方政府对文物保护事业表现出的认识偏差、管理缺位、保护的无力和无奈。

回顾和总结大明宫遗址保护事业的发展进程，不难看出，在1995年前后，遗址保护工作的内容和重心有了明显变化，实现了一个重大转折。此前的四十多年间，保护工作的基本内容是划定保护范围、树立保护标志、建立遗址工作档案、建立健全管护机构和制度、宣传文物保护的法律法规、开展遗址巡查和制止违法建设工程等事项，其中采用行政手段制止人为破坏遗址是这一时期的工作重心。概括而言，这时期的工作成就主要有两点，一是逐步建立起遗址的常规管理机制；二是通过行政手段，克服"农业学大寨"、工业化、城市扩张的消极影响，使遗址得到相对完整的保存，免遭毁灭性破坏。所以，可将这一时期的基本工作方式概括为"看护式"保管。由于保护范围面积较大，地处城乡接合部（后处于城市建成区中），三分之一范围已经街区化，又随着城市的不断扩张，导致违法建设一度处于失控状态，遗址的整体安全面临严峻挑战，常规的保护方式遇到严峻挑战，越来越不适应客观需要，因此，大明宫遗址保护问题成为社会、媒体、各级文物行政部门乃至当地政府必须直面的热点问题。

图 10-1　国际古迹遗址理事会专家考察大明宫麟德殿遗址（2005）

大约从 1995 年开始，各级政府和文物管理部门转换思路，以创新和科学发展理念为指导，在常态管理的基础上，积极寻求大明宫遗址保护和利用的新途径，保管工作的重心逐渐有所调整转变，在短短十几年间，取得四个方面的重大突破：一是全面贯彻"抢救第一、保护为主、合理利用、加强管理"的新时期文物保护总方针，制定遗址保护利用规划，按照"保护遗址、利用遗址、发展遗址"的总体思路，明确了整体保护大明宫遗址、创建历史文化公园的目标；二是国家加大资金投入，安排多项遗址保护工程项目，积极实施重要单体遗址的保护和环境整治，大力促进和推动整体保护的进程；三是积极寻求国际合作渠道，推动遗址的保护和利用，取得重大成就和广泛影响；四是适时启动大明宫遗址公园建设项目，最终实现真实、有效、完整保护和合理利用的宏大目标。因此，有人将这十几年时间的遗址保管工作概括为"发展式"保护（也有人概括为"开发式"保护）。其实，无论"看护式"还是"发展式"，本质上没有不同，不过是不同时期保护工作的内容和侧重点有所不同、逐步调整提升而已。

从"看护式"保管，到"发展式"保护，最终实现大明宫考古遗址公园的全面建成，这是大明宫遗址保护利用事业走过的一条创新发展之路，在中国大遗址保护和利用事业的全局层面具有一定的示范意义。

下面将60年间大明宫遗址保护利用事业的发展过程和重要事件记述如下。

一、"四有"工作

长期以来，文物界将文物保护单位的设置保管机构（人员）、划定保护范围、树立保护标志、建立工作记录档案等四项工作内容简称为"四有"工作。实际上这四个方面只是文物保护单位保护管理工作的基础性工作和基本要求，并不反映全部工作内容。大明宫遗址被公布为全国重点文物保护单位以后，地方政府在划定保护范围、树立保护标志、征购保护用地、建立记录档案、设立保管机构和完善保管工作制度、制定专门保护法规和保护规划、对外合作和交流、发挥社会教育作用、完善保护设施、实施各类保护工程等方面，采取了诸多积极有效措施，取得了重大成就。

保护单位的公布和保护范围的划定　按照中国文物保护相关法律的规定，对文物保护单位实行国家、省、市、县分级公布管理的制度。1961年，国务院首批公布包括大明宫遗址在内的 180 处文物保护单位为全国重点文物保护单位。此前，陕西省人民委员会于 1957 年 8 月 31 日将大明宫遗址列入陕西省第二批文物保护单位予以公布，同时划定保护范围，包括大明宫、东内苑、西内苑遗址区在内，总共约 7 平方千米。1992 年，陕西省人民政府陕政发〔1992〕35 号文件，对原公布的保护范围、重点保护范围、建设控制地带作出调整，重新公布的大明宫遗址保护范围约为 7.3 平方千米，其中重点保护范围约 2.8 平方千米（含 500 米长的西内苑北苑城遗址），重点保护范围之外为建设控制地带。这次调整把宫城范围的东南和西南已经没入市区的部分不再作为重点保护范围，这也许是当时政府和文物行政部门对完整保护大明宫遗址失去信心的反映。

图 10 - 2　唐大明宫遗址保护标志（1963 年立）

树立保护标志　1961 年，大明宫遗址被公布为全国重点文物保护单位之后，地方政府于 1962 年、1963 年、1985 年、1995 年先后 4 次在大明宫遗址重点保护区周边和重要单体遗址旁边树立不同形式、不同质地的固定保护标志 30 多个，标志碑背面附有简短的说明文字。这些保护标志多半已经损毁，有些已被更新。2005 年，陕西省政府按照国家文物局制定的最新统一标准（原为竖式，改为横式），重新撰写碑文，制作石质保护标志 15 个，其中总标志 10 个、分标志 5 个，树立在遗址保护范围的显要位置。在遗址公园建成之前，这些标志碑发挥着重要的警示作用，也往往成为人们探寻遗址的指示标志。此外，特别情况下，还设置了一些不同形式的土地界桩、说明标牌等设施。

设立保管机构　大明宫遗址在 1961 年被公布为全国重点文物保护单位之后，较长时期内没有设置专门保管机构，通常由西安市文化局（设文物管理委员会）工作人员不定期前往巡视检查，同时又委托当地相关组织或农村村民文物管理员协助巡查看护。1979 年西安市政府设立文物局，当年，文物局派出朱望杰等八名人员负责筹建大明宫遗址的保管机构，至1981年，西安市政府正式批准设立"西安市大明宫遗址保管所"，作为西安市文物局直属的文博机构，专门负责大明宫遗址区的日常巡查管理和制止破坏遗址的行为和活动、实施各项遗址保护工程、采集收藏出土文物、参与考古调查、开展科学研究和社会教育等项业务。大约到1990年前后，此机构已发展成为一个内部组织健全、工作机制规范、对社会开放的文博单位。2006年，西安市编制委员会将大明宫遗址保管所编制为处级机构，定员30人。2018年，市政府鉴于"大明宫遗址考古公园"的全面建成，已有独立管理运营机构的实际情况，将原"大明宫遗址保管所"撤销，并以此机构为基础改制为"西安市隋唐长安城遗址保护中心"，责成承担整个唐长安城遗址的保护监管业务。40年间，在朱望杰、高本宪、张元中等各任所长的领导下，这一保管机构为大明宫遗址的保护利用事业作出了瞩目的成绩。

征购遗址保护用地　土地是遗址的载体，土地问题是大遗址保护的根本问题，只有通过征购或划拨土地，作为专门的文物保护用地，才能真正实现大遗址的有效保护和合理利用。1963年，西安市文化局首次征购麟德殿遗址保护用地33866平方米、重玄门遗址保护用地4666平方米，使这两处遗址实现有效保护，消除了人为破坏的可能。1985年，国家文物局下达专项资金，征购含元殿遗址近围保护用地42666平方米，加上原有遗址本体占地26666平方米，含元殿遗址保护用地共达69333平方米。同年还接收了铁道部门移交的两处院落土地3466平方米。1993年，为栽植标志林带，征购土地23999平方米。2005年，西安市政府实施大明宫遗址环境整治项目，征用两宗土地共136666平方米。同年，还实施了御道拆迁项目，共拆除现代建筑22万平方米，搬迁人口12000多人，将238866平方米城市土地划转为文物保护用地。截至2006年底，大明宫遗址范围内专门用于遗址保护的土地约0.51平方千米。至2010年大明宫遗址公园的全面建成，保护范围约3.5平方千米的土地，全部实现功能转换，成为遗址保护用地。

西安解放四十周年纪念林　1989年5月20日是西安解放四十周年纪念日，市政府决定在大明宫含元殿遗址前建设一片纪念林地，作为系列纪念活动之一。林地占地约3000平方米，规划成四大方块，标志"四十"

之数，栽植市树石榴和冬青等。活动当日由数百位市民到现场参与植树。后来为解决林地浇水，还配套钻掘一眼机井。数年后，随着含元殿遗址保护项目的实施，纪念林被撤销。

标志林带 1993年初春，时任西安市委书记的程安东同志，召集未央、新城、文物园林、团市委等部门负责同志，在未央区政府主持召开了专题会议，决定实施"保护大明宫遗址青年绿化工程"，计划在大明宫遗址重点保护范围外围和重要单体遗址周围栽植标志林带。经规划部署，3月12日植树节当天，团市委组织全市共青团员、省市机关和各界群众共同开展这次大规模的遗址绿化活动。这项绿化工程共征用土地23999平方米，栽植刺柏、柳、水杉等树木4971株，形成林带总长5386米的林带。这种建设遗址保护标志林带的方式是大遗址保护的一种创新形式，特别是在大遗址保护最困难的时期，无疑具有坚定信心、昭示社会的重要作用，因此受到社会的普遍肯定。但因当时客观条件的制约，这些标志林带的养护管理难以为继，未能长期发挥作用。

制定专门保护法规 1995年6月，西安市政府依据《中华人民共和国文物保护法》，制定《西安市周丰镐、秦阿房宫、汉长安城和唐大明宫遗址保护管理条例》（简称"四大遗址保护条例"），经市人大审核通过、省人大批准后颁布实施。这是在国家、省有关文物保护的普适性法律法规之外，由地方政府为单一文物保护单位制定的一部专门法规。2009年，国家文物局颁布《国家考古遗址公园管理办法》。此后，按照申报世界文化遗产的要求，西安市政府于2013年7月又颁布了《西安市大明宫遗址保护管理办法》。至此，大明宫遗址的保护和大明宫遗址公园的运营就有了完备的、成熟的适用法律、法规体系。

保护规划的编制与公布 保护规划的编制是文物保护单位的一项基础性工作。大明宫遗址保护规划的制订，最早可以追溯到20世纪40年代，当时的国民政府西京筹备委员会编制的《西京市分区计划说明》书中，提到"城北有唐代之含元殿，其南一里有丹凤门……，是当妥为保存，以留古迹，并栽植树木，以增厚游览兴趣。"并明确将大明宫遗址南部划定为"文化古迹区"（西安市档案局编《筹建西京陪都档案史料选辑》）。

20世纪90年代初，大明宫遗址保管所向上级文物行政管理部门提交

《大明宫遗址总体保护纲要》，西安市文物局以此为基础，经进一步深化、细化，将此纲要在国家文物局内刊《文物工作》上发表，标志着大明宫遗址保护规划工作的起步，也说明国家对大遗址保护问题的深度思考。

1998年，在实施含元殿遗址保护项目期间，西安市文物局应联合国教科文组织相关机构的要求，将进一步修订后的《大明宫遗址总体保护规划（初稿）》提交给该组织有关部门。

1998年，按照西安市委、市政府的部署，西安市文物局和规划局组成课题组，专门开展大明宫遗址保护利用规划的修编工作。经过反复调研、论证、修订，直至2004年底，将最终成果《大明宫遗址总体保护规划》正式上报国家文物局，经审核批准，2005年7月4日，再经陕西省政府第17次会议审议通过，于当月16日正式公布施行。至此，大明宫遗址有了法定的保护、利用和发展规划。这一规划以完整保护大明宫遗址、建成历史文化遗址公园为目标，明确规定全部迁出重点保护范围的居住人口和工商企事业单位，拆除全部非文物功能的现代建筑，实现园区土地向单一文物保护功能的转化，有效保护遗址、自然地形地貌、环境风貌，将遗址融入西安市城市建设发展进程，建设成为与市民生活、生产密切相关的特别功能区。

申报世界文化遗产 20世纪90年代初，大明宫遗址被国家文物局列入中国申报《世界文化遗产名录》的后备名单。1994年9月10日至13日，西安市人民政府与中国联合国教科文组织全国委员会共同主办"关于将西安市汉长安城遗址、唐大明宫遗址、明西安城墙列入《世界文化遗产名录》"国际研讨会，积极推动申遗工作。2005年10月，国际古迹遗址理事会第十五届年会在西安举行，会议形成并发布《西安宣言》，提出深入认识和保护古迹遗址周边环境的问题，与会的近百个国家的1000多名代表，亲临丹凤门遗址考古工地和完成保护工程的含元殿遗址考察。21世纪初，因申遗规则的改变，国家文物局对应提出"丝绸之路跨国申遗"的行动计划，拟将包括大明宫遗址在内的丝绸之路沿线多个国家的多项重要历史文化遗产，通过一次申请，同时入列《世界文化遗产名录》。为此，先后举行多次国际协调会，其中，2007年6月的第二次国际丝路申遗协调会在西安举行。2009年11月，有十五个国家代表参加的"丝绸之路跨国申遗协调会"再次在西安举行。至2013年，经反复协商，最终确定由哈萨克斯坦、中国、吉尔吉斯斯坦三国共同以"丝绸之路"项目开展跨国申遗。

2014年6月22日，在卡塔尔首都多哈召开的联合国教科文组织第38届世界遗产委员会年会上，"丝绸之路：长安—天山廊道的路网"项目获得通过，大明宫遗址作为项目的33处遗产地之一，被正式列入世界文化遗产名录。至此，西安市已成为拥有秦始皇陵及其兵马俑（1987入遗）、唐代大雁塔、唐代小雁塔、唐长安城大明宫遗址、汉长安城未央宫遗址、兴教寺塔等6处世界文化遗产的历史文化名城。

图 10－3　含元殿遗址陈列馆内景（2005）

开展社会教育　大明宫遗址保管所1981年成立以后，以社会教育为基本职责之一，积极推动遗址的开放。20世纪80年代初，在麟德殿遗址南边建成一幢约300平方米的仿古式展厅，布置简易展陈，与实施初步保护工程之后的麟德殿遗址一起对社会开放，每天接待大量国内外游客参观。

2004年，实施保护工程后的含元殿遗址连同新建成的陈列馆正式对社会开放，成为西安市一处新的旅游景点。2010年10月1日，全面建成大明宫遗址公园并正式开园，使大明宫遗址社会教育功能得到全面提升，园内既有含元殿、三清殿等唐代建筑基址的展示，也有注水后的太液池水景、缩微大明宫模型，更有中心博物馆、丹凤门遗址展馆、考古探索中心等展陈。现在，大明宫遗址考古公园已经成为西安市的主体景区之一。

从20世纪80年代起，文物管理部门及其他机构先后组织编撰数种宣教品和出版物向社会发行，主要有以下数种：

1. 王文、袁万里编著：《大明宫唐诗趣话》，1989 年，三秦出版社。

2. 马得志、马洪路：《唐代长安宫廷史话》，1994 年，新华出版社。

3. 联合国教科文组织北京代表处编：《大明宫含元殿》，1997 年。

4. 西安市大明宫遗址保管所编：《大明宫遗址》，2001 年，文物出版社。

5. 杨玉贵、张元中编著：《大明宫》，2002 年，陕西人民出版社。

6. 联合国教科文组织北京代表处编：《大明宫含元殿遗址保护工程》，2003 年。

7. 中国社会科学院考古研究所、西安曲江大明宫遗址区保护改造办公室编：《唐大明宫遗址考古发现与研究》，文物出版社，2007 年。

8. 周冰：《大明宫：灼热的大遗址》，2009 年，人民出版社。

9. 何建超、吴广怀编：《大明宫唐诗辑注》，2010 年，人民出版社。

10. 杨希义、孙福喜、张璠：《大明宫史话》，2011 年，陕西人民出版社。

11. 高本宪：《大明宫遗址》，2011 年，陕西人民出版社。

12. 吴春、韩海梅、高本宪主编：《唐大明宫史料汇编》，2012 年，文物出版社。

13. 吴春：《唐长安城大明宫遗址》，2013 年，陕西旅游出版社。

14. 大明宫保护改造办公室主办：《人明宫研究（内刊)》，截至 2019 年已发行 28 期。

二、实施遗址保护工程

人类文化遗产保护，尤其是大遗址的保护，无论在管理方面还是技术方面，都是一个世界性的难题，也是当代社会必须面对的一项重要课题。大约从 20 世纪 80 年代起，随着经济社会的快速发展，中国大遗址保护问题日益突出，成为各级政府不可回避的议题。对于拥有周（丰镐遗址）、秦（阿房宫遗址）、汉（西汉长安城遗址）、唐（隋唐长安城及唐大明宫遗址）四大古遗址和诸多大型帝王陵园的西安地区来说，这些文化遗产既是一种资源，也要承担相应的保护责任，如何有效保护和合理利用这些遗址，使其同步纳入城乡社会发展进程，成为当地政府难以突破的困局。随着形势发展，中央和地方政府对大遗址保护事业也日渐重视，在探索保护和利用途径的同时，逐渐加大保护资金的投入，用于某些特定项目。直至2005年，国家设立大遗址保护专项经费，国家文物局编制《"十一五"大遗址保护总体规划》，我国大遗址保护事业进入快速、健康发展时期。从20世纪80年代起，中央和地方政府先后在大明宫遗址安排了多个单体遗址保护和环境整治项目。

麟德殿遗址保护工程　1984年，国家文物局决定以麟德殿遗址作为大遗址保护利用的试点，实施遗址保护工程。经过两年施工，第一期工程（前殿部分）完工。2005年，应西安市文物局申请，经国家文物局批准并再次拨出专项资金，继续实施麟德殿遗址保护第二期工程，经过两个施工年度，至2006年底，实现全面竣工。（详见第七章）

大福殿遗址的保护　唐朝灭亡以后，大明宫遗址一直暴露郊野，大约从明代（有认为从元代）开始，西安城北一带逐渐有人垦荒居住，他们往往利用城墙、殿基台或龙首原断壁开凿窑洞居住，久而久之便形成一些村落，丹凤门附近有午门村（今自强村），含元殿遗址东北处有含元殿村，太液池遗址东北岸有孙家湾（凹）村，大福殿遗址旁边有炕底寨村。早先的炕底寨村民把大福殿夯土基台看作是一个大坑，他们在夯土基台断壁开掘窑洞，作为居所，好似住在大坑的下边，因此才有此村名。

大福殿位于大明宫西北部，残存的夯土台基占地约5000平方米，高约5米。因村民在基台四周挖窑洞和取土，造成遗址基台日渐残破。2003年，按照国家文物局审定的保护计划，实施大福殿遗址抢救保护工程。重点是对村民不再居住的废旧窑洞进行填实封堵，对危崖断壁采用砌筑挡土护墙支撑，防止继续垮塌。在炕底寨村村委会和村民的大力支持和配合下，共填堵废弃窑洞22个，填充土砖2063立方米，砌筑挡土墙53立方米，使这处大型建筑遗址得到初步保护。

2010年，炕底寨村实现整村搬迁，在将拆除的建筑垃圾全部清理后，经大范围勘探和局部发掘，查清了大福殿遗址的基本结构，及其与西北城垣的关系，均有了新的重要发现。随后对遗址的近围环境进行整治，现大福殿遗址已成为遗址公园内一处主体景观。

此后，紧接着又对重玄门、东北城垣角台、望仙台等处遗址实施环境整治，并设置防护性铁围栏，警示和阻断人为破坏。

环境整治和御道拆迁项目 2005 年，西安市政府决定实施大明宫遗址环境整治和御道拆迁两大项目。环境整治项目的实施，将常年堆积在麟德殿遗址周边的约 5 万立方米垃圾全部清除，同时拆除流浪拾荒人口搭建的大量窝棚和违章建筑，并新征购 0.136 平方千米土地，大大扩展了绿地面积，使麟德殿遗址和含元殿遗址的环境面貌得到显著改善。

所谓御道拆迁项目，是指将含元殿遗址以南至自强东路之间 600 米 × 400 米，约 0.29 平方千米范围内的居住人口全部搬迁，现代建筑全部拆除，以恢复唐时代大明宫外朝格局的一项城市拆迁改造项目。在市政府的强力领导和新城区政府的有效协助下，项目顺利实施，总计拆除各类现代建筑 22 万多平方米，搬迁工厂、学校、医院、商企和居民共 3010 家（户）、约 1.2 万人口，共投入资金约 6 亿元。这一举措对整体保护大明宫遗址、全面建成大明宫遗址公园具有极为重要的推动意义，更是西安大遗址保护方面空前的大手笔示范项目，表明西安市政府保护历史文化遗产的坚定决心和所取得的实质性进展，受到全社会的高度评价。

三、国际合作项目

20 世纪 50 年代至 21 世纪初期，大明宫遗址先后有三个国际合作项目签约立项，经相关各方共同努力，都顺利实现结项，取得明显成效，产生了广泛社会影响。

含元殿遗址保护工程 1985 年，中国正式加入联合国教科文组织。1992 年，中国国家文物局向联合国教科文组织提交了包括唐朝大明宫遗址在内的中国亟待抢救保护的数十处重要历史文化遗产清单，积极寻求通过国际合作途径保护中国文化遗产。1993 年，在联合国教科文组织北京代表处的主持下，由中国、日本专家组成考察团，对中国多处大遗址展开考察，拟选定一处作为国际合作的文化遗产保护项目。经充分讨论协商，最终达成如下共识：

鉴于唐代大明宫的含元殿在中外文化交流史上的重要地位，鉴于含元殿遗址的重要历史、科学和文物价值，中国、日本、联合国教科文组织同意利用保护世界文化遗产日本信托基金会提供的资金，通过国际合作的途径，共同保护含元殿遗址。

1994 年 3 月，日本首相细川护熙访华时，在北京发布日本政府将协助中国保护含元殿遗址的消息。1995 年 7 月 24 日，中国国家文物局局长张德勤与联合国教科文组织驻北京代表处代表武井士魂在北京饭店签署《保护唐朝大明宫含元殿遗址行动计划书》，正式确立这一项目，日本国驻华大使佐藤嘉恭、陕西省文物局和西安市文物局代表出席协议签署仪式。为此，经协商组成三方工作委员会和中日专家委员会，负责项目的组织实施和技术指导。教科文组织方面委托日本文化财保存计划协会作为项目监理机构。陕西省文物局承担项目管理责任，西安市文物局作为项目的接地机构，由局长罗汉斌、李天顺（后任）担任项目经理，并专门设立以向德为主任、高本宪和张正杰为副主任的"含元殿遗址保护工程办公室"，承担现场施工管理及相关各项具体工作事务。

按照项目实施计划，在 1995 年至 1996 年间，中国社会科学院考古研究所指派安家瑶主持对含元殿遗址进行全面考古发掘，同时确定由杨鸿勋主持保护方案的编制。考古研究所提交的保护方案经中、日专家会议反复讨论、修订，最终获得中国国家文物局审核批准。以此方案为基础，陕西省古建设计研究所侯卫东主持的方案扩初设计和施工设计图，也获国家文物局批准。

现场施工开工前，联合国教科文组织北京代表处野口升代表（继任）在西安主持召开工程招标会，确定由西安市古代建筑工程公司和西安市文物园林工程公司承担土建工程施工，并由含元殿遗址保护工程办公室与两家公司分别签订施工承包合同。1998 年 5 月 7 日，含元殿遗址保护工程开工典礼在西安唐华宾馆隆重举行（原定现场举行，因降雨改变地点），三方有关人员和中日专家、西安各界人士共 400 多人出席。

含元殿遗址保护工程采用"遗址保护性复原"的方式，即在真实、有效保护遗址的前提下，有限度地复原遗址结构和布局，展现其文化内涵。项目的实施过程分为三步，第一步先将历史时期形成的沟壕（包括民国时的战壕、断壁窑洞）和塌毁的部分全部用夯筑黄土填补修复至唐代地面，全面恢复地形和三层大台的原始状态；第二步再用纯净黄土将全部遗迹（考古工作面）覆盖回填，恢复遗址的原有生存状态，根绝人为和自然因素的侵扰；最后在回填土上面依据考古数据复原展现出殿堂、阁楼、廊道、大台、龙尾道、朝堂的基址结构和整体布局。殿基台复原体的正负零比唐地面抬高至少50厘米，复原砌体全部使用仿唐砖和青石等传统建筑材料，材料加工尽量采用传统工艺，施工采用传统技术，完整展现含元殿遗址的结构和布局，使参观者能够体验到唐代含元殿的建筑规模和大体面貌。这种保护方式不干扰遗址本体，不破坏地层关系，不切断文化层的外延关系，保护结构体完全可逆，是目前土质遗址保护最可行的方式。

经过66个月的持续施工，至2003年3月底，项目实现全面竣工。据竣工报告，此项目共利用日本国提供的资金235万美元，其中第一期100万美元，第二期135万美元，分别用于考古发掘、方案编制和施工设计、遗址本体保护展示，以及部分工作费用的支出。中国方面提供配套资金760万元人民币，用于施工现场整理、供水和供电设施、道路和厕所等公共服务设施建设，其中不包括早先征购土地和中方管理费用。土建工程的主要工程量有：清理外运现场长期堆积的废弃杂土8591立方米；回填夯实黄土和三合土共113954立方米；构筑砖石砌体5041立方米；铺砌仿唐砖地面10893平方米。

2003年12月，联合国教科文组织、中国、日本三方会议和中、日专家会议在西安举行，与会人员通过视察工程现场和审阅工程技术资料，对含元殿遗址保护工程进行评估和验收。会议认为：本项目在联合国教科文组织的主持下，利用保护世界文化遗产日本信托基金，通过国际合作的形式实施，意义重大，影响深远；工程符合设计要求，工程质量达到优良，整个工程的实施是成功的，为中国古遗址保护提供了一个范例。会议一致同意通过验收。

直接参与此项工程的组织管理和实施的机构有：联合国教科文组织北京代表处、日本国外务省、日本驻中国大使馆、中国国家文物局、陕西省文物局、西安市文物局、中国社会科学院考古研究所、日本文化财保存计划协会、陕西省古建设计研究所、西安市大明宫遗址保管所、西安市古代建筑工程公司、西安市园林工程处等。全程参与项目实施的三方专家有罗哲文、马得志、安家瑶、杨鸿勋、侯卫东、韩保全、王伟、町田章、饭岛武次、田中淡、矢野和之、木卡拉等人。

通过国际合作的途径实施含元殿遗址保护项目，充分宣示了国际社会保护重要人类文化遗产的决心和信心。含元殿遗址保护工程的成功实施，达到了有效保护遗址、发挥社会教育作用的主旨，有力推动了整个大明宫遗址保护事业的进程，为大型土质遗址的保护和利用积累了宝贵经验，也为唐代中、日两国友好交往和文化交流树立起一座纪念碑。社会各界对这一项目成功实施给予高度评价，城市规划专家韩骥先生说："西安在文化遗产保护方面，无论是指导思想还是文物保护水平，一直处于全国领先地位，大明宫含元殿遗址的保护，可以代表国际遗址保护的最高水平，对全国都有示范意义"（《陕西日报》2006 年 10 月 1 日）。

日本政府无偿文化援助项目　日本政府无偿文化援助是日本政府为促进发展中国家的经济、社会进步而于 2000 年设立的一种不带偿还义务的文化事业开发性资金援助。无偿援助项目由日本国际协力机构（JICA）经管。在含元殿遗址保护工程即将竣工之际，中、日专家提出重要建议：实施保护工程后的含元殿遗址，应当配套建设一处展览馆，将含元殿遗址出土的文物标本连同遗址本体，一同向参观者展出，充分发挥社会教育作用。为此，西安市文物局接受中、日专家的建议，于 2001 年 6 月编制完成《日本政府无偿援助文化遗产资金申请书》，并报经国家文物局审核批准，送达日本驻中国大使馆，正式向日本政府提出"大明宫含元殿遗址展馆、砖窑址保护厅及环境整治无偿文化援助项目"的申请。

2002 年 11 月 21 日，日本驻华大使阿南惟茂就"为了协助中华人民共和国政府实施'大明宫含元殿遗址保存环境整治计划'项目，日本国政府将提供 2.8 亿日元为限额的无偿援助"一事照会中国政府。同日，中华人民共和国对外贸易经济合作部龙永图副部长签署复照，同意确立两国政府间这一项目的合作协议。换文确立项目之后，经双方相关部门进一步协商，认定的项目实施内容为：1. 建设 1005 平方米的小型展览馆；2. 建设 374 平方米的砖窑址保护展示厅；3. 展览馆及砖窑址保护厅周围 7670 平方米的环境整治；4. 器材援助及其他。

日本国际协力机构（JICA）委托日本航业株式会社负责项目管理和工程监理。陕西古建设计研究所与日本航业株式会社合作，参与工程管理。陕西省文物局作为项目的受援方主持项目的实施，责成西安市文物局组成专门机构（即"含元殿遗址保护工程办公室"）负责工程施工现场和日常事务管理。按照协议规定，中方派员前往日本招标，确定由中标的日本藤田株式会社承建两国换文规定的建设工程。

2003 年 5 月 19 日现场施工正式开始。在各有关方面的共同努力下，克服了"非典（SARS）"和当年超常降雨等非预见情况的影响，到 2004 年 3 月 15 日如期实现全面竣工，施工总工期为 296 天。3 月 30 日，由陕西省文物局组织项目验收会议，经工程验收专家组审查评估，展览馆等工程项目正式通过验收。3 月 31 日，日本方面将援建的展馆等建筑以及器材正式移交西安市大明宫遗址保管所管理使用。

中方在展览馆内布置展陈，共陈列大明宫遗址出土的文物 200 多件（组），并通过图板、模型等辅助陈列，系统全面介绍了大明宫的历史、考古成果、遗址保护成果。2004 年 5 月 1 日，实施保护工程后的含元殿遗址连同展览馆、砖窑址一并向游人开放。2005 年 9 月 14 日，在含元殿遗址保护工程现场，隆重举行含元殿遗址保护工程和无偿文化援助项目竣工庆祝仪式，联合国教科文组织北京代表处、日本大使馆、日本国际协力机构（JICA）北京事务所、中国国家文物局、陕西省和西安市政府派员出席。

中、日联合太液池遗址考古调查项目　2001 至 2005 年期间，经中国政府批准，中国和日本两国的考古机构组成联合考古队，共同对太液池遗址开展考古调查，取得重要成果。（详见太液池遗址章）

四、建成大明宫遗址公园

"盛典西安"演出活动　2006 年 10 月 20 日、21 日两天，由北京奥组委、陕西省人民政府主办，西安市人民政府承办的以"人文奥运、魅力西安、和谐世界"为主题的"2006·盛典西安"大型文艺演出活动在大明宫含元殿遗址举行，两晚共有约 4 万人出席观看演出。据说这次活动的规模打破了在人类文化遗产地现场举行文艺演出的世界纪录，引起广泛关注，据说有一位前来西安参加文化遗产保护国际研讨会的外籍代表在现场用手机将演出盛况传发给远在巴黎的同事。

这次演出以著名的含元殿遗址为场景，在现场搭建出模拟的含元殿建筑组群布景，远远望去，彩灯照耀，美轮美奂，仿佛唐代的含元殿再现世间，一时成为西安街头巷尾的美谈。这组布景在保留一年以后被全部拆除，但这一壮观场景却长久的留驻在西安市民的记忆里。

图 10-4 西安市人民政府 2006 年 10 月 20 日在大明宫含元殿遗址举行
"人文奥运、魅力西安、和谐世界"为主题的大型演出活动时搭建的布景

建设大明宫遗址公园 2007 年，西安市政府按照《中华人民共和国文物保护法》的规定，积极贯彻"抢救第一，保护为主，合理利用，加强管理"的文物工作总方针，按照财政部、国家文物局 2005 年编制的《"十一五"期间大遗址保护总体规划》，作出重大决策，决定全面启动大明宫遗址公园建设项目。为此，制定并发布《大明宫遗址区保护改造实施方案》，专门设立大明宫遗址区保护改造办公室（简称"大明宫保护办"），同时责成西安曲江新区管委会作为方案的实施机构，承担 19.16 平方千米的城市改造任务，其中包括建设约 3.5 平方千米的大明宫遗址公园项目。大明宫遗址公园建设期间，先后由段先念、周冰主持办公室全面工作。

大明宫遗址公园建设项目，包括搬迁安置社会单位和居住人口、征购农村土地和重新调配国有土地、拆除全部非文物功能的现代建筑、园区环境整治和基础设施建设、实施遗址保护工程和博物馆建置、景观和服务配套设施建设、园区绿化、管理设施等事项。计划安排投入 120 亿元资金。

2008 年进入项目的实质性实施阶段。经过整整三年的建设工期，大明宫遗址公园按照预定计划实现全面竣工。2010 年 9 月 30 日在大明宫含元殿殿前广场举行盛大竣工和开园庆典，时任全国人大副委员长蒋正华、省委书记赵乐际、国家文物局局长单霁翔、联合国助理秘书长沃伦·萨奇以及国家有关部门、省、市领导和西安各界代表出席。10 月 1 日，大明宫遗址公园对公众正式全面开放。同年 10 月 9 日，国家文物局公布首批 12 处国家考古遗址公园名单，大明宫考古遗址公园名列其中，11 月 18 日举行授牌仪式。目前，大明宫遗址公园由专设的"西安曲江大明宫国家遗址公园管理有限公司"负责管理运营，文物行政管理部门行使遗址保护监管职责。

图 10-5　国家文物局单霁翔局长

在大明宫遗址公园竣工暨开园仪式上讲话（2010 年 9 月 30 日）

据粗略统计，整个遗址公园建设项目共搬迁企事业单位 90 多家，迁出并安置常居人口 2.5 万户、约 102700 人（含早先实施的御道拆迁项目），拆除现代建筑约 350 多万平方米，通过征购（农村集体土地）、拆迁（国有土地），使遗址区 3.5 平方千米土地全部实现使用功能的转换，由社会生产生活用地转变为单一功能的文物保护用地。还同步实施望仙台、三清殿、大福殿、东北城角台、北宫城、西宫城北段等多项单体遗址的本体保护展示工程，配置了主题博物馆和丹凤门遗址保护展示大厅等大型现代建筑设施，太液池遗址实现保护性复原，并重新注水，园区得到全面绿化。据相关资料，实际用于拆迁安置和土地的费用 80 多亿元，用于公园规划设计、考古、文物保护、园区绿化、博物馆等配套和基础设施建设以及管理费用 30 多亿元。

段先念先生曾说："我们建设了大唐芙蓉园，那是'三国演义'，现在我们建设的大明宫遗址公园，是'三国志'，二者有本质的区别。"大明宫遗址公园的全面建成，既是一个总结，也是一个开始，对于探索中国大型古文化遗址保护课题，具有重大理论和现实意义。首先，大明宫遗址采用考古遗址公园的形式实现完整、真实、有效保护和科学管理，是中国大遗址保护的一个创先和创新的范例；其次，大明宫遗址公园不是一个单一功能的文物保护区，而是在有效保护遗址的基础上，实现合理利用，是一个以物质文化遗产为基本内容、扩展到历史文化的一个具有独特内涵的展示系统，使科学普及、教学实践、文化传播和国内外文化交流等社会教育作用得到充分发挥，大明宫遗址的多重价值得到充分展现；第三，大明宫遗址公园的建成，将这处历史文化遗产融入现代城市体系，使潜在的文化资源转变为现实社会效益，对城市品质提升、生态环境修复、文化建设、旅游业发展、民生改善和市民生活品质提高等方面产生了多重叠加效益；第四，对像如西安这样历史文化积淀丰厚、拥有众多高端文物古迹的城市而言，大明宫遗址公园的建成，是一个具有历史与现实意义的探索，可以说找到一条"以城市改造带动遗址保护，以遗址保护助推城市发展"的特色道路，极具示范意义。

大明宫遗址公园建成开放以来的数年间，管理公司严格执行《中华人民共和国文物保护法》和《国家考古遗址公园管理办法（试行）》的规定，坚持社会公益性质和文物安全规范，积极创新管理，提升园区软、硬件标准，建成 AAAA 景区，2020 年已入列国家 AAAAA 景区行列，成为西安市的名片和公众向往的旅游目的地，每年接待国内外游人近千万人，其中购门票进入核心景区参观的超过 60 万人。此外，公园每年举行几十场社会文化活动，为市民提供公共文化盛宴。

总而言之，大明宫考古遗址公园的全面建成，使这处人类文化遗产实现了完美转身，后续的考古发掘和科学研究、保护和利用、管理工作进入一个全新时期。

大明宫年表（简）

武德元年（618）　五月二十日，隋恭帝退位，李渊受皇帝玺绶。去都城"大兴"之名，常称京师；去正宫"大兴"之名，称大内；改大兴殿为太极殿。二十日，高祖李渊即皇帝位于太极殿，告南郊，大赦天下，改元武德，唐朝开国。

武德五年（622）　七月五日，高祖为秦王李世民造宏义宫于禁苑。宫成，秦王由太极宫承乾殿徙居宏义宫。

武德九年（626）　六月四日，秦王李世民策动"玄武门之变"，谋杀太子李建成和齐王李元吉。八日，秦王被高祖立为太子，遂由宏义宫迁居东宫。八月八日，高祖退位，仍居大内。太子李世民在东宫显德殿即帝位。

贞观三年（629）　四月十日，改宏义宫为大安宫，太上皇由大内徙居大安宫，二十三日，太宗由东宫徙居大内朝寝。

贞观八年（634）　三月，太宗前往九成宫（今麟游县）避暑。十月，缮造麟游县隋朝旧永安宫，以备太上皇避暑。

贞观九年（635）　正月，太宗为太上皇在京师禁苑中创造人明宫。五月，太上皇病死，大明宫停建。

贞观二十年（646）　太宗再次营造大明宫，时称"北阙"。十月，北阙完工，成为太宗晚年在长安的朝寝之所。

贞观二十二年（648）　十月，北阙之紫微殿、显道门及观、弘法院建成。二十二日，太宗宴五品以上官员于紫微殿，庆贺平定龟兹。闰十二月四日，太宗御北阙方兰殿，宴回纥、仆骨等十二部族酋长。

贞观二十三年（649） 三月十七日，太宗御北阙显道门向都城百姓宣布大赦。二十三日，敕皇太子李治于北阙金液门听政。五月二十六日，太宗崩于南山翠微宫含风殿。六月一日，高宗李治在太极殿行枢前即位之礼。

永徽五年（654） 高宗敕修京师外郭城，九门各施门观，命名京师为"长安"。

龙朔二年（662） 高宗再度兴造大明宫。四月二十二日，大明宫修葺工程完成，改称"蓬莱宫"，高宗由太极宫迁入蓬莱宫寝居。六月一日，皇后武则天生李旦（睿宗）于蓬莱宫含凉殿。十七日，重新统一命名蓬莱宫各门、殿、亭等名称。

龙朔三年（663） 继续蓬莱宫营造工程。四月二十三日，高宗视察新落成的含元殿。

二十五日，首次在大明宫紫宸殿举行朝会，百僚恭贺新宫全面建成。十二月，含元殿前、右银台门内两处"麟迹"显现，改来年为麟德元年。

麟德元年（664）、**二年**（665） 造麟德殿。

乾封元年（666） 四月八日，高宗从洛阳回到长安，当晚首次在麟德殿之景云阁欢宴百僚。

总章元年（668） 十二月七日，高宗御含元殿，李勣及部将献高丽俘虏于殿前。

咸亨元年（670） 三月四日，改蓬莱宫为含元宫。

上元元年（674） 九月五日，设宴麟德殿之景云阁，百官俱新服上礼。

仪凤三年（678） 正月四日，皇后武则天御光顺门接受"百官及蛮夷酋长"朝贺。

长安元年（701） 十月，武则天由洛阳行幸长安，居含元宫。十一月，改含元宫为大明宫。十二月，改含元殿为大明殿。

长安二年（702） 九月十九日，武则天御麟德殿，宴吐蕃使节论弥萨。

长安三年（703） 十月，武则天御麟德殿，宴日本遣唐使粟田真人。武则天由长安返还洛阳。

神龙元年（705） 正月二十二日，洛阳发生"神龙政变"。二十五日，中宗李显即位于洛阳通天宫。二月，改大明宫大明殿为含元殿。

神龙二年（706） 十月，中宗返还长安，居大内。

景龙三年（709） 正月人日（七日），中宗到大明宫清晖阁观赏雪景，赐宴群臣，唱诗应和。

景龙四年、景云元年（710） 正月五日，中宗御大明宫含元殿会见吐蕃使节，观马术表演。七日，再御含元殿设宴、观打毬。六月二日，中宗被韦皇后、安乐公主鸩杀于大内神龙殿，七日，少帝于太极殿枢前即位。二十四日，少帝逊位，睿宗于太极殿枢前即位，御承天门宣赦。十月二十一日，命名大内为太极宫。

先天元年（712） 八月，玄宗即位，开始修缮增建大明宫。

开元元年（713） 十二月八日，玄宗御麟德殿，宴吐蕃使节。

开元二年（714） 六月，大明宫修缮工程完工，制《大明宫成放免囚徒》，九日，玄宗由太极宫正式迁徙大明宫朝寝。七月，玄宗以兴庆里旧邸为兴庆宫。

开元七年（719） 元日，玄宗御含元殿受朝贺。二十一日，紫宸殿朝会。三月二十三日，玄宗御丹凤楼宴九姓同罗及契丹。

开元九年（721） 三月十二日，玄宗御丹凤楼，宴王晙等有功边将。四月二十八日，策试应制举人于含元殿。九月十八日，玄宗宴突厥首领于丹凤楼。

开元十年（722） 正月三日，玄宗御含元殿宴群臣。

开元十二年（724） 三月十一日，玄宗御紫宸殿宴朝集使。

开元十五年（727） 十一月二日，玄宗御含元殿宴群臣。

开元十六年（728） 正月三日，玄宗首次在兴庆宫听政，开始以兴庆宫作为都城的另一处朝寝之所。五月六日，同昌公主出降，于光顺门外行礼。十一月十二日冬至，含元殿受朝贺，十四日，玄宗御含元殿宴群臣。

开元十八年（730） 元日，含元殿受朝贺。二月十一日，雷击内苑左飞龙厩，引发火灾。十一月，玄宗御丹凤楼宴突骑施和突厥使节，发生两使节位次之争。

开元二十年（732）、二十一年（733）、二十二年（734）　元日，含元殿受朝贺。

开元二十五年（737）　元日，含元殿受朝贺。三月，史馆由门下省南移往中书省北的原尚药局内药院。

开元二十六年（738）　元日，含元殿受朝贺。四月一日，宣政殿读时令，百官列坐而听。

开元二十八年（740）　元日，含元殿受朝贺。

开元二十九年（741）　元日，含元殿受朝贺。本年大修含元殿（或因失火，天宝元年的元日朝贺在兴庆宫举行）。七月，和亲吐蕃之金城公主薨，有司发哀于光顺门。

天宝二年（743）、天宝三载（744）、四载（745）、五载（746）、六载（747）、七载（748）、八载（749）、十载（751）　元日，含元殿受朝贺。

天宝十二载（753）　元日，含元殿受朝贺，日本、新罗、吐蕃、大食等国使节来朝，日本与新罗使节发生位次之争，事后，日本使节参观大明宫。

天宝十四载（755）　元日，含元殿受朝贺。

天宝十五载（756）　元日，宣政殿受朝贺。六月十三日晨，玄宗离开大明宫，经禁苑延秋门出行，数日后，安史叛军占领长安。

至德二载（757）　九月二十八日，官军收复长安。十月二十三日，肃宗返回长安，入居大明宫。受叛军官爵者赤脚立于含元殿前顿首请罪。十二月三日，太上皇回到长安，肃宗乘马前导，自开远门至丹凤门，进大明宫，御含元殿见百僚，礼毕，前往兴庆宫寝居。十五日，肃宗御丹凤门宣布大赦。二十一日，太上皇御宣政殿，将上传国玺授予肃宗。

乾元元年（758）　元日，含元殿受朝贺。五日，太上皇御宣政殿，册肃宗尊号。十七日，肃宗御含元殿庭，大阅诸军。二月，改丹凤门为明凤门，五日，肃宗御明凤门宣赦。四月十四日，肃宗御明凤门宣赦。五月一日，回纥与黑衣大食使节在宣政殿院为入阁次序发生争执，肃宗诏各从左、右上阁门入阁。五月十九日，肃宗御宣政殿册立太子。

乾元二年（759）　元日，肃宗御含元殿受朝贺，受册尊号。三月十八日，肃宗宴回纥王子于紫宸殿。五月二十二日，宣政殿策试应制举人。九月三日，肃宗诞降日，宴百官于宣政殿。十二月十六日，肃宗宴蕃胡拓翔于麟德殿。

上元元年（760） 元日，含元殿受朝贺。三日，百官到崇明门通贺皇太子。四日，外命妇朝皇后于光顺门内殿。闰四月九日，肃宗御明凤门宣赦。五月至七月，迎请法门寺佛骨到大明宫供奉。

上元二年（761） 元日，含元殿受朝贺。十一月一日冬至，含元殿受朝贺。

宝应元年（762） 四月十六日，李辅国等迎护太子李豫至大明宫内苑飞龙厩，捕杀张皇后、越王係等人于麟德殿。十八日，肃宗崩于大明宫长生殿。太子九仙门见群臣，行监国之礼。二十日，代宗在太极殿枢前即位。五月，改明凤门为丹凤门，十九日，代宗御丹凤门宣赦。九月二日，代宗宴郭子仪等诸将于延英殿。二十日，代宗宴回纥使于延英殿。

广德元年（763） 七月七日，代宗御含元殿受册尊号。十一日，御宣政殿宣制，改元广德，大赦天下。十月，吐蕃犯京畿，七日，代宗出行陕州，九日，吐蕃入京师，伪立广武王李承宏为帝，二十一日，郭子仪收复京城，十二月二十六日，代宗返回京城。

广德二年（764） 元日，含元殿受朝贺。二月二十日，丹凤门宣赦。六月一日，宣政殿朝会。十二月二十一日冬至，含元殿受朝贺，礼毕，百官到崇明门谒皇太子。

永泰元年（765） 元日，含元殿受朝贺，宣赦。礼毕，百官到崇明门谒太子。十一月二日冬至，含元殿受朝贺，礼毕，百官到崇明门谒太子。

永泰二年（766） 元日，含元殿受朝会，礼毕，百官到崇明门谒太子。十一月十二日冬至，含元殿受朝贺，大赦，改元大历，礼毕，百官到崇明门谒太子。

大历二年（767） 元日，含元殿受朝会，礼毕，百官到崇明门谒太子。十月二十六日，紫宸殿策试应制举人。十一月二十三日冬至，含元殿受朝贺，礼毕，百官到崇明门谒太子。

大历三年（768） 元日，含元殿受朝贺，礼毕，百官到崇明门谒太子。五月十五日，宴剑南、陈、郑神策将士三千五百人于三殿。十一月四日冬至，含元殿朝会，礼毕，百官到崇明门谒太子。

大历六年（771） 四月一日，宣政殿策试应制举人。

大历八年（773）、**九年**（774）、**十年**（775）、**十一年**（776）、**十三年**（778） 元日，含元殿受朝贺，礼毕，百官到崇明门谒太子。冬至，含元殿受朝贺，礼毕，百官到崇明门谒太子。

大历十四年（779） 元日，含元殿受朝贺，礼毕，百官到崇明门谒太子。五月二十一日，代宗崩于紫宸内殿。二十三日，德宗李适太极殿枢前即位。六月一日，德宗御丹凤楼宣赦。七月，撤销右银台门之内客省。

建中元年（780） 元日，含元殿受朝贺。五日，丹凤门宣赦。十一月一日，宣政殿见朝集使及贡使。十七日冬至，含元殿朝会。

建中二年（781） 元日，含元殿受朝贺，恢复陈列各国各地贡品于殿庭的制度。

建中三年（782） 元日，含元殿受朝贺。

建中四年（783） 元日，含元殿受朝贺。十月三日，路过长安的泾原军发生哗变，德宗出行，乱兵侵掠大明宫，拥奉朱泚入宫。八日，朱泚在宣政殿即位，自称大秦皇帝。

兴元元年（784） 五月，唐军收复长安。七月十三日，德宗返回京师。二十二日，御丹凤门宣赦。

贞元元年（785） 元日，含元殿受朝贺，宣赦。八月二十八日，延英殿视朝。十月十一日冬至，御丹凤门宣赦。

贞元三年（787） 四月十六日，演试马燧进献《定难乐曲》于麟德殿。十二月，作玄英门及观于大明宫北垣。

贞元四年（788） 元日，含元殿受朝贺，丹凤门宣赦。京师地震，含元殿前阶基栏槛坏损三十余间，压死卫士十余人。二月十日，新都长公主出降，于光顺门行册礼，再行五礼。十九日，德宗御麟德殿观看宰臣李晟、马燧等军将鞠球大会。三月六日，宴百官于麟德殿，设九部乐，并出宫廷舞马表演。四月，赐宴六军及神策、神威军将于玄英观。五月一日，含元殿受朝贺，丹凤门宣赦。十一月，德宗御麟德殿，以咸安公主和蕃，会见回纥迎亲使团。

贞元五年（789）　元日，含元殿受朝贺。

贞元六年（790）　春，迎请法门寺佛骨到大明宫供奉。二月八日，将佛骨送还本寺。五月一日，紫宸殿朝会。十一月八日冬至，丹凤楼宣赦。

贞元七年（791）　五月一日，按照新礼式举行宣政殿朝会。

贞元八年（792）　元日，含元殿受朝贺。正月，修玄武门，新作门楼及虎会、踘场。二月二日，许州人李狗儿持杖入含元殿，击栏槛，被诛。五月一日，宣政殿朝会。

贞元九年（793）　元日，含元殿（《唐会要》卷二十四记作"紫宸殿"）受朝贺。十月三日，召对马燧于延英殿。十一月十日冬至，丹凤门宣赦。

贞元十年（794）　十月三日，宣政殿策试应制举人。

贞元十一年（795）　元日，含元殿受朝贺。五月一日，宣政殿朝会。

贞元十二年（796）　元日，含元殿受朝贺。四月十九日，德宗诞日，命佛、道、儒三教讲论于麟德殿，近年逢诞日，常会沙门、道士于麟德殿，此次兼召儒官。八月六日，敕修望仙门楼。十二月，敕造麟德殿前会庆亭。

贞元十三年（797）　元日，含元殿受朝贺。三月二日，麟德殿前造会庆亭成。十月二十五日，德宗召对徐泗节度使张剑封于延英殿。

贞元十四年（798）　元日，含元殿受朝贺。二月七日，麟德殿宴文武百僚。五月一日，宣政殿朝会。七月，延英召对右金吾将军吴凑，授京兆尹。

贞元十五年（799）、十六年（800）、十七年（801）　元日，含元殿受朝贺。

贞元十九年（803）　元日，含元殿受朝贺。二月六日，修含元殿。

贞元二十年（804）　元日，含元殿受朝贺。

贞元二十一年（805）　元日，含元殿受朝贺。二十三日，德宗御宣政殿会群臣，宣遗诏。太子李诵着紫衣麻鞋出九仙门，召见诸军使。二十四日德宗崩于大明宫会宁殿，太子着缞服见百僚于紫宸门。二十六日，顺宗李诵太极殿枢前即位。二月二十四日，丹凤门宣赦。三月一日，九仙门放出掖庭、教坊女乐六百人，召亲族领回。四月六日，顺宗御宣政殿册立太子。七月二十八日，太子李纯见百僚于朝堂。二十九日，太子在麟德殿西亭见奏事官。八月九日，宪宗李纯即位于宣政殿，十一日，宪宗御紫宸殿听政。

元和元年（806）　正月二日，含元殿受朝贺，丹凤门宣赦。十月二十九日，叛将刘辟被押至兴安门下，宪宗御楼受俘。

元和二年（807）　正月三日，丹凤楼宣赦。二月十九日寒食节，宪宗赐宴群臣于麟德殿。六月一日，大明宫建福门外置百官待漏院，二十日，左神策军新筑大明宫夹城，置玄化门晨辉楼，宪宗御楼与左右六军、内外教坊大合乐。十一月一日，械押叛将、浙西节度使李锜至兴安门下，宪宗御楼受俘。

元和三年（808）　元日，百官赴延英门奉贺。十一日，宪宗御宣政殿受册尊号，丹凤门宣赦。三月二十三日，宣政殿策试应制举人。四月二十日，大风毁含元殿栏槛二十七间。

元和四年（809）、**元和八年**（813）　元日，含元殿受朝贺。

元和九年（814）　元日，含元殿受朝贺，百官到崇明门谒皇太子。三月十九日，宪宗御麟德殿见裴损、杜悰，许嫁公主与二人。八月，岐阳公主出降杜悰，于光范门行礼。

元和十年（815）　元日，含元殿受朝贺，百官到崇明门谒皇太子。三月一日，御延英殿召对群臣。

元和十一年（816）　三月四日，皇太后崩于兴庆宫咸宁殿，移灵太极宫两仪殿，八日，宪宗见群臣于紫宸门外庑下。

元和十二年（817）　五月二十六日，新造蓬莱池周廊四百间。六月二十七日，大雨，含元殿一柱倾斜。十月二十五日，宣政殿朝会。十一月一日，押叛将吴元济至兴安门下，宪宗御楼受俘。

元和十三年（818）　元日，含元殿受朝贺，丹凤门宣赦。二月，修麟德殿东廊（有记为右廊），又浚龙首池，起承晖殿。二十一日，麟德殿宴群臣，三日而罢。

元和十四年（819）　正月，迎请法门寺佛骨到光顺门内殿供奉三日。二月十六日，御宣政殿，百官贺斩李师道。二十一日，兴安门受俘。三月十九日，宴群臣于麟德殿。七月五日，御宣政殿受册尊号，丹凤门宣赦。八月，宴田弘正与大将、判官二百人于麟德殿。

元和十五年（820）　正月二十五日，宪宗御麟德殿，见义成军节度使刘悟。二十七日夜，宪宗被宦官谋杀于中和殿。闰正月三日，穆宗李恒太极殿枢前即位。当日召对段文昌等于思政殿。四日，见宰臣于紫宸门外。二十五日，宣政殿朝会。二月一日，穆宗御丹凤门宣赦，礼毕，丹凤门内观俳优百戏。本月，诏于西廊内开便门，以通宰臣自阁中赴延英路。三月十日，召韦处厚、路随于太液亭讲《毛诗·关雎》《尚书·洪范》。七月六日，穆宗降诞日，百官紫宸殿称贺，再诣光顺门内奉贺皇太后。新作永安殿及保庆殿。修日华门、通乾门、并朝堂廊舍。八月，在门下省东少阳院前筑墙及造楼观。九月九日重阳节，穆宗宴郭钊兄弟、贵戚、主婿于宣和殿。

长庆元年（821）　一月四日，丹凤门宣赦。二月九日，穆宗御麟德殿观杂伎乐。二十四日寒食节，麟德殿宴群臣。五月十六日，大明宫内造百尺楼。七月六日，穆宗降诞日，百官先到紫宸殿称贺，再诣光顺门内奉贺皇太后。十八日，穆宗御宣政殿受群臣册尊号，礼毕，丹凤门宣赦。十一月二十五日，宣政殿策试应制举人。

长庆二年（822）　三月十七日，穆宗对河东节度使裴度于麟德殿。七月六日，穆宗降诞日，百官紫宸殿称贺，再诣光顺门内奉贺皇太后。十一月二十四日，穆宗与内官禁中击鞠，突患风眩症，足不能履地。十二月五日，御紫宸殿坐绳床见百官。二十日，穆宗御紫宸殿册立皇太子。

长庆三年（823）　二月，为门下省南边的宏文馆添修屋宇，并造书楼。

长庆四年（824）　元日，含元殿受朝贺。二十二日，穆宗崩于大明宫清思殿。二十六日，敬宗李湛太极殿枢前即位。二月一日，敬宗缞服见群臣于紫宸门外西廊。二十一日，紫宸殿朝会，退朝，到飞龙院，厚赐内官。二十五日，敬宗率百僚诣光顺门册皇太后。二十七日，敬宗御中和殿击毬。三月三日，丹凤楼宣赦。五日，延英殿对宰臣。十九日，群臣入阁紫宸殿，皇帝坐朝迟晚。四月十七日，染坊工匠张韶领百余役夫，冲入右银台门，进至清思殿坐食，敬宗幸左军避乱，十八日，还宫。

宝历元年（825）　　元月七日，丹凤门宣赦。三月八日，三殿宴群臣。二十七日，宣政殿试制举人二百九十一人。四月二十日，敬宗御宣政殿受册尊号，礼毕，御丹凤门宣赦。闰七月十三日，诏度支进铜三千斤、金箔十万番，充修清思院新殿。

　　宝历二年（826）　　元日，含元殿受朝贺。二月十九日寒食节，敬宗御三殿，宴群臣。五月一日，敬宗御宣和殿对内人亲属一千二百人，并于教坊赐食。六月九日，敬宗降诞日，麟德殿三教讲论。二十八日，敬宗御三殿，观两军、教坊、内园分朋驴鞠、角抵，至一更二更方罢。十二月八日，敬宗夜猎还宫，又与中官打毬、饮酒，被刘克明等谋害于寝殿。十二日，文宗李昂宣政殿即位。

　　大和元年（827）　　二月十三日，文宗御丹凤门大赦。四月十七日，敕毁望仙门侧敬宗时所造看楼十间。十月十日，文宗降诞日，麟德殿三教讲论。十一月二十六日冬至，百官及命妇诣光顺门奉贺皇太后。

　　大和二年（828）　　元日，百官及命妇诣光顺门奉贺皇太后。三月二十五日，宣政殿试应制举人。五月，文宗命画工于太液亭图自撰集《尚书》中君臣事迹。九月，造昭庆门里西墙至集贤院门南廊舍三十九间。十月十日，文宗降诞日，麟德殿三教讲论。十一月七日，百官及命妇诣光顺门奉贺皇太后。二十二日，宣政殿以东昭德寺失火，延及宫女所居野狐落，烧死宫女数百人。

　　大和三年（829）　　五月七日，宣政殿朝会。九日，文宗御兴安门，受沧州俘。十月八日，丹凤门宣赦。

　　大和六年（832）　　二月二十六日寒食节，文宗御麟德殿宴群臣。

　　大和七年（833）　　元日，含元殿朝会。二月二十一日，文宗御麟德殿，对吐蕃、渤海、牂柯、昆明等来使。八月一日，宣政殿册皇太子。十月十日，文宗降诞日，麟德殿三教讲论。

　　大和八年（834）　　正月五日，文宗见内臣于太和殿。十二日，紫宸殿朝会。九月二十二日，文宗召对郑注于浴堂门。十月十日，文宗降诞日，麟德殿三教讲论。十月十五日，文宗召对国子四门助教李仲言于思政殿。十七日，皇太子见太师路随于崇明门。二十三日，召对郑注于太和殿。本年玄武门外内苑之骧德殿火灾。

大和九年（835） 四月二十六日，大风，含元殿四鸱吻并皆落，坏金吾仗舍，废楼观、内外城门四十余所。七月，拆右银台门，起修三门楼。五日，填东内苑龙首池为鞠场。八月四日，文宗幸左军龙首殿（东内苑）。九月，幸右银台门工地。十月三日，左军中尉仇士良以百戏于银台门，迎内出曲江新造紫云楼彩霞亭额。十日，文宗降诞日，延英殿受百官奉贺。十一月二十一日，大明宫发生"甘露之变"，宦官率禁军杀戮朝官数百人。

开成元年（836） 元日，文宗御宣政殿受朝贺，宣诏大赦、改元。五日，紫宸殿朝会。三月二十一日，文宗幸龙首池，观内人赛雨。五月十七日，紫宸殿朝会。十日，文宗降诞日，延英殿受百官奉贺。

开成二年（837） 正月二十九日，文宗宴南诏、渤海贺正使于麟德殿。三月八日，放归宣徽院法曲乐官。十一月三日，狂病人刘德广突入含元殿，付京兆府杖杀。

开成四年（839） 一月十四日，文宗观灯作乐于咸泰殿，三宫太后诸公主等与会。十二月二十七日，宰臣入太和殿谒皇帝。

开成五年（840） 一月二日，文宗暴疾。两军中尉仇士良、鱼弘志矫诏迎颖王李炎赴少阳院，见百官于东宫思贤殿。四日，文宗崩于大明宫太和殿。武宗李炎太极殿枢前即位。九月，武宗召道士赵归真等八十一人入大明宫，修麟德殿金箓道场，亲受法箓于九天坛。

会昌元年（841） 一月九日，丹凤楼宣赦、改元。三月，在东内苑造灵符应圣院。

会昌二年（842） 元日，含元殿朝会。四月二十三日，武宗御宣政殿受册尊号、宣赦。八月，御麟德殿，见室韦首领督热论等十五人。

会昌三年（843） 二月，御宣政殿，百僚贺大破回鹘，迎得太和公主。三月二十五日，太和公主至京，到光顺门变服请罪。五月，筑望仙观于大明宫。七月一日，开延英殿论事。

会昌四年（844） 二月八日，兴安门受太原俘。十月，敕左、右神策军在大明宫内筑仙台。

会昌五年（845） 三月三日，营造仙台完工。六月，神策军修望仙门楼及宫内廊舍五百三十九间完工。

会昌六年（846）　一月十七日，武宗御麟德殿，对南诏、契丹、室韦、渤海、牂柯、昆明等国来使。三月二十三日，武宗崩于大明宫。二十六日，宣宗李忱太极殿枢前即位。

大中元年（847）　元月十一日，丹凤门宣赦，改元。

大中二年（848）　元日，宣宗御宣政殿受册尊号。本月敕神策军修左银台门楼屋宇及南面城墙，至睿武楼。

大中三年（849）　十二月，宣宗御宣政殿，追册顺宗、宪宗谥号。

大中四年（850）　元日，文宗御正殿，大赦天下。

大中九年（855）　八月，宣宗御太液亭，为淮南节度使崔铉饯行。

大中十一年（857）、大中十二年（858）　元日，含元殿受朝贺。

大中十三年（859）　八月七日，宣宗崩于大明宫宣化殿。十三日，懿宗行太极殿枢前即位之礼。

咸通元年（860）　正月，懿宗御紫宸殿受朝，对室韦来使。十一月二日冬至，御丹凤门，大赦，改元。

咸通四年（863）　一月七日，丹凤门大赦。

咸通七年（866）　十一月十日，懿宗御宣政殿，以收复安南大赦。

咸通十二年（871）　元日，懿宗御含元殿朝会，受册尊号，大赦。

咸通十四年（873）　四月八日，迎凤翔法门寺佛骨至大明宫内道场供奉，三日后，出于京城诸寺供奉。七月十九日，懿宗崩于大明宫咸宁殿，二十日，僖宗太极殿枢前即位。

乾符元年（874）　十一月五日冬至，僖宗御丹凤门，大赦，改元。

广明元年（880）　元日，僖宗御宣政殿受朝贺。十二月五日，僖宗御延英殿听政，退朝即离开大明宫出行。当日下午，黄巢率军进入长安。十二日，黄巢入居大明宫，十三日，在含元殿举行即位大典，又登临丹凤门，宣布国号"大齐"，年号"金统"，大赦。

中和三年（883）　四月九日晚，黄巢收拾残部突围，出禁苑光泰门，由蓝田道撤离长安。十日，官军收复长安。大明宫遭到严重破坏，由王徽主持修复。

光启元年（885）　三月十二日，僖宗返回长安。十四日，御宣政殿，大赦。五月，御宣政殿，受册尊号，大赦。十二月，禁军在沙苑为沙陀军所败，神策军溃散入京师肆掠，沙陀军又进逼京师，僖宗出奔凤翔。

光启二年（886） 五月二日，朱玫挟宗室襄王李煴在大明宫伪立。十二月，长安发生战乱，大明宫遭到毁灭性破坏。

文德元年（888） 二月二十一日，僖宗回至京师，居太极宫，三月六日崩于武德殿（《资治通鉴》记崩于东内苑灵符殿）。八日，昭宗太极殿枢前即位。

乾宁三年（896） 七月，昭宗行幸华州。二十八日，任命韩建为修复宫阙使。十月十一日，李茂贞上表请罪，愿献钱十五万，助修宫阙。

光化元年（898） 一月，诸道贡修宫阙钱，命京兆尹韩建入京计度。八月二十二日，昭宗返回长安，入居修复的大明宫。

光化三年（900） 十一月六日，左军中尉刘季述率军士进大明宫，经思政殿，至乞巧楼，逼迫昭宗退位，遂将昭宗与皇后送往东宫少阳院幽禁。十日，皇太子李裕即位。十二月二十九日夜，护军盐州都将孙德昭等率兵攻擒刘季述，救迎昭宗反正。

天复元年（901） 元日，昭宗登太极宫长乐门楼受朝贺，刘季述在楼前被乱棒打死。四月二十二日，李茂贞来朝，赐宴大明宫寿春殿。十一月四日，昭宗出幸凤翔。

天复三年（903） 一月二十七日，昭宗返回长安。二月十二日，寿春殿宴朱全忠。

天祐元年（904） 一月十三日，朱全忠遣牙将寇彦卿逼迫昭宗迁都洛阳，令长安居民按籍迁居，拆屋木，自渭河浮河而下。二十一日，昭宗由京师出发，闰四月十日，至洛阳。八月十一日，朱全忠遣人杀昭宗于洛阳宫。八月十五日，哀帝李柷即位。

天祐四年（907） 四月十八日，哀帝逊位，唐朝灭亡。

附录二

征引与参阅书目

主要征引书目

〔唐〕李林甫：《唐六典》，中华书局，1992 年。

〔唐〕杜佑：《通典》，中华书局，1988 年。

〔唐〕李吉甫：《元和郡县图志》，中华书局，1983 年。

〔唐〕徐坚：《初学记》，中华书局，2004 年。

〔唐〕魏徵等：《隋书》，中华书局，2000 年。

〔唐〕道宣撰：《广弘明集》，上海古籍出版社，1991 年。

〔唐〕慧立、彦悰：《大慈恩寺三藏法师传》，中华书局，2000 年。

〔唐〕道宣撰：《续高僧传》，中华书局，2014 年。

〔唐〕赞宁：《大宋僧史略》，中华书局，2015 年。

〔唐〕杜光庭：《历代崇道记》，中华书局，2015 年。

〔唐〕刘肃：《大唐新语》，中华书局，1084 年。

〔唐〕段成式：《酉阳杂俎》，中华书局，1981 年。

〔唐〕裴庭裕：《东观奏记》、〔唐〕郑处海《明皇杂录》，中华书局，1994 年。

〔后晋〕刘昫等撰：《旧唐书》，中华书局，1975 年。

〔五代〕王仁裕等：《开元天宝遗事十种》，上海古籍出版社，1985 年。

〔五代〕王定保撰：《唐摭言》，三秦出版社，2011 年。

〔宋〕王溥：《唐会要》，上海古籍出版社，2006 年。

〔宋〕欧阳修、宋祁：《新唐书》，中华书局，2003 年。

〔宋〕薛居正等：《旧五代史》，中华书局，1976 年。

〔宋〕王钦若等：《册府元龟》，中华书局，1960 年。

〔宋〕司马光：《资治通鉴》，中华书局，1995 年。

〔宋〕李昉：《太平御览》，河北教育出版社，1994 年。

〔宋〕李昉:《太平广记》,中华书局,1961 年。

〔宋〕宋敏求:《长安志》,载〔后魏〕杨衒之撰,《洛阳伽蓝记(外七种)》,上海古籍出版社,1993 年。

〔宋〕李好文:《长安志图》,载〔后魏〕杨衒之撰,《洛阳伽蓝记(外七种)》,上海古籍出版社,1993 年。

〔宋〕宋敏求编:《唐大诏令集》,中华书局,2008 年。

〔宋〕王应麟:《玉海》,江苏古籍出版社、上海书店,1988 年。

〔宋〕程大昌:《雍录》,中华书局,2002 年。

〔宋〕志磐:《佛祖统纪》,中华书局,2012 年。

〔宋〕赞宁撰:《宋高僧传》,中华书局,1987 年。

〔宋〕赞宁:《大宋僧史略》,中华书局,2015 年。

〔宋〕孙光宪:《北梦琐言》,中华书局,2002 年。

〔宋〕钱易:《南部新书》,中华书局,2002 年。

〔宋〕赵彦卫:《云麓漫钞》,中华书局,1996 年。

〔宋〕叶梦得撰:《石林燕语》,三秦出版社,2004 年。

〔宋〕王谠:《唐语林》,中华书局,1987 年。

〔元〕骆天骧:《类编长安志》,中华书局,1990 年。

〔清〕徐松:《唐两京城坊考》,中华书局,1985 年。

〔清〕徐松辑:《河南志》,中华书局,2012 年。

〔清〕董诰编:《全唐文》,中华书局,1983 年。

〔清〕彭定求编:《全唐诗》,中华书局,1960 年。

刘俊文笺解:《唐律疏议笺解》),中华书局,1996 年。

王汝涛编校:《全唐小说》,山东文艺出版社,1993 年。

刘悚:《隋唐嘉话》、张鹥:《朝野佥载》,中华书局,1979 年。

张文才:《太平阴经新说》,解放军出版社,2008 年。

傅璇琮、施纯德编《翰学三书》,辽宁教育出版社,2003 年。

周绍良、赵超主编:《唐代墓志汇编》、上海古籍出版社,1991 年。

周绍良、赵超主编:《唐代墓志汇编续集》,上海古籍出版社,2001 年。

中国社会科学院考古研究所编著:《唐长安大明宫》,科学出版社,1959 年。

中国社会科学院考古研究所编著:《隋仁寿宫·唐九成宫——考古发掘报告》,科学出版社,2008 年。

〔日〕圆仁：《入唐求法巡礼行记》，上海古籍出版社，1986年。

〔日〕平冈武夫主编：《唐代的长安与洛阳（地图)》，上海古籍出版社，1991年。

〔日〕足立喜六：《长安史迹研究》，陕西人民出版社，2003年。

〔日〕桑原骘藏：《考史游记》，中华书局，2007年。

马得志、马洪路：《唐代长安宫廷史话》，新华出版社，1994年。

傅熹年：《傅熹年建筑史论文集》，文物出版社，1998年。

杨鸿勋：《杨鸿勋建筑考古学论文集》，清华大学出版社，2008年。

杨鸿勋：《大明宫》，科学出版社，2013年。

中国社会科学院考古研究所、西安市大明宫遗址区改造保护领导小组编：《唐大明宫遗址考古发现与研究》，文物出版社，2007年。

主要参阅书目

张永禄：《唐都长安》，三秦出版社，2010年。

张永禄：《唐代长安词典》，陕西人民出版社，2011年。

辛德勇：《隋唐两京丛考》，三秦出版社，1991年。

辛德勇：《古代交通与地理文献研究》，中华书局，1996年。

辛德勇：《旧史舆地文录》，中华书局，2013年。

韩保全：《古都西安考古文物文集》，陕西科学技术出版社，2014年。

李健超：《增订两京城坊考》，三秦出版社，2006年。

史念海：《河山集》（四、九卷），陕西师范大学出版社，1991年、2006年。

史念海：《汉唐长安城与生态环境》，黄河水利出版社，2001年。

〔日〕池田温：《唐研究论文选集》，中国社会科学出版社，1999年。

周勋初主编：《唐人轶事汇编》，上海古籍出版社，1995年版。

龚国强：《隋唐长安城佛寺研究》，文物出版社，2006年。

杜文玉：《唐代宫廷史》，百花文艺出版社，2010年。

杜文玉：《大明宫研究》，中国社会科学出版社，2015年。

〔日〕古濑奈津子：《遣唐使眼里的中国》，武汉大学出版社，2007年。

杨希义：《大明宫史话》，陕西人民出版社，2011年。

胡戟、刘后滨：《唐代政治文明》，西安出版社，2013年。

何岁利：《唐长安城考古笔记》，陕西师范大学出版社，2018年。

后　记

　　这本《大明宫遗址》，起初是在 2010 年为配合大明宫遗址公园建成和开放编写的。当时只是把历年撰写的多篇解说词在内容和体例上做了增补改编，不料出版之后，颇受读者的欢迎和好评。后来，在与大明宫遗址公园的讲解人员一起讨论工作实践中遇到的各种问题以及听取一些朋友的意见和建议，使我觉得有必要对这本小书再作增补。为此，在退休后的四五个年头里，经过时断时续的修改补充，便成了如今这样一本书。首先，订正了原书中的几处错误，并对部分字句做出调整。其次，扩展内容，增加了篇幅，除新增《宣政殿》和《紫宸殿》两章之外，还改写了部分章节，文字较初版大幅增加。再次，添加少量照片和线图，马得志先生是大明宫遗址考古事业的开创者和奠基人，这次终于搜得一幅马先生、杨鸿勋、刘庆柱与作者等人的合影，插入其中，了却一憾。最后，对某些学术问题，也稍做讨论，提出了自己的新观点，以供学界参酌。此外，本书收取资料也有所延伸，纳入了 2011 年之后考古、科研和文物保护的新成果。体例方面，一仍原貌，不做注释，文中插入少量夹注，书后增加了征引和参阅书目。

　　对《大明宫遗址》一书能够重新增加内容再次出版，我倍感欣慰，相信这本书对于讲好大明宫故事、讲好西安故事，讲好中国故事，不无益处。没有最好，只有更好，真心希望有更多更好相关著述面世，让大明宫遗址乃至西安市的众多文物古迹在广大观众眼中活起来、动起来。

值此再版机会，对近年来为本人和本书的修订给予无私帮助的西安市文物局、大明宫遗址区保护改造办公室、大明宫遗址公园管理公司、唐城考古队、西安博物院、隋唐长安城遗址保护中心的各位领导和同志深致谢忱。师文博和李振远两位同志为本书绘制专用线图，孙岭同志拓印大量文物拓片，吴春、张璠和韩海梅同志检阅了文稿，在此一并致谢。同时，对三秦出版社及参与本书编辑的胡艳丽女士等同志的辛勤劳动深表谢意。

书中难免错误和浅陋，敬请读者指正和谅解。

作 者

2021 年 7 月于西安陋室